KB097897

서중석의 현대사 이야기 ❶

서중석의 현대사 이야기

서중석 답하다
김덕련 묻고 정리하다

1

해방과 분단, 친일파,
현대사의 환희와 분노의 교차로

오월의봄

일러두기

본문의 추가 보충 설명, 특별면 편집 원고는 모두 김덕련이 정리했다.

1

우리는 21세기에 들어와 극렬한 '역사 전쟁'을 겪고 있다. 역사 전쟁은 한국과 일본 사이에, 또 한국과 중국 사이에 벌어지는 것으로 알고 있는 사람들이 많겠지만, 오히려 한국 사회 내부에서 더 치열하다.

사실 최근에 와서야 비로소 역사 교육이 정상적인 길로 들어서는가 싶었다. 박정희 한 사람만을 위한 1인 유신 체제의 망령인 국정 역사 교과서가 21세기 들어 사라졌고, 가장 중요한데도 공백이나 다름없었던 근현대사 교육이 이루어지면서 한국사 교육이 조금씩 자리를 잡아가고 있었다. 이런 흐름을 따라 이제 극우 반공 체제나 권력의 손아귀에서 벗어나 역사 교육이 학문과 교육 본연의 자세로 조심스럽게 나아가는 듯싶었다.

우리 현대사에는 조금 잘될 듯하다가 물거품이 된 경우가 종종 있다. 역사 교육도 그렇다. 교육의 현장이 순식간에 전쟁터가 된 것이다.

2008년 이명박 정권이 들어서자마자 수구 세력은 오염된 현대사를 재교육하겠다고 나섰다. 과거 중앙정보부 간부, 수구 언론 논설위원 등이 포함된 강사들이 서울을 비롯해 전국 각지로 보내져 학생과 교육계, '사회 지도층'을 상대로 현대사 재교육에 나섰다. 강사라기보

다 유세객遊說客이라는 표현이 맞겠지만, 이들 중 현대사 전공자라고
볼 만한 사람은 없었다. 현대사 전공자가 아니면 역사학자도 잘 모를
수밖에 없는 한국 현대사, 특히 해방 전후사를 수구 세력 이데올로기
대변자들한테 맡긴 것이다. 얼마나 다급했으면 그렇게 했을까 싶지만
해프닝이나 다름없었다.

거기까지는 그나마 양호했다. 그해 8월 15일은 공교롭게도 정부
수립 60주년이 되는 날이었는데, 특히 이날을 벼르고 벼르던 세력들
이 광복절을 건국절로 명칭을 변경해 기념해야 한다고 나섰다. 일부
는 뭐가 뭔지 모르고 가담했겠지만, 그것은 역사 교육의 목표, 국가
기강이나 민족정기를 한순간 뒤집어엎고 혼란에 빠트릴 수 있는 위험
천만한 행동이었다. 친일파를 건국 공로자로 만들 수 있는 건국절 행
사장에는 참석하지 않겠다고 독립 운동 단체가 단호히 선언하고, 독
립 운동가들이 자신들이 받은 서훈을 반납하겠다고 강경히 주장해서
간신히 광복절 기념식을 치를 수 있었다.

가을이 되자 일선 역사 교사들에게 날벼락이 떨어졌다. 지금 쓰
는 교과서를 바꾸라고 난리를 친 것이다. 모든 권력을 총동원해서 압
력을 가해왔다. 그 전쟁터 한가운데에 서서 교사들은 어떤 사념에 잠
겼을까. 역사 교사로서 올바르게 산다는 것이 무엇이라고 생각했을까.
그렇지 않으면 기구한 우리 현대사를 되돌아보았을까.

그로부터 5년 후 박근혜 정권이 등장하자 또다시 역사 전쟁이 벌어졌다. 이번에는 역사 교과서를 둘러싼 전쟁이었다. 2004~2005년부터 구체적인 본색을 드러내고 조직적으로 활동하며 수구 세력 내에서 역사 문제에 대해 강력한 발언권을 확보해온 뉴라이트 계열이 역사 교과서를 만든 것이다.

뉴라이트 계열 역사 교과서는 어이없이 참패했다. 일본 극우들이 2001년에 만든 후쇼샤 교과서보다 더한 참패였다. 일제 침략, 친일파와 독재를 옹호했다고 그 교과서를 맹렬히 비판하던 쪽도 전혀 상상치 못한 결과였다. 그 교과서가 등장하기 몇 달 전부터 수구 언론이 여러 차례 크게 보도해 분위기를 띄우고, 권력이 여러 방법으로 지원을 하는 등 나름대로 총력전을 폈으며, 수구 세력이 지배하는 학교 재단도 있었기 때문에 어느 정도는 채택될지도 모른다고 크게 우려했는데 결과는 딴판이었다.

2

왜 역사 전쟁에서 이승만을 띄우는가. 박정희의 경제 발전 공로는 진보 세력 일부도 인정하기 때문에 이제 이승만만 살리면 다 된다고 보기 때문일까. 그렇지 않다. 근현대 역사에서 너무나 중요한 '비결 아닌 비결'이 거기 내장되어 있기 때문이다.

우리에게는 '역사의 죄인'이 있다. 우리 역사에서 제일 큰 죄인은 누구일까. 우선 친일파, 분단 세력, 독재 협력 세력이 쉽게 떠오를 것이다. 이승만을 존경하는 사람들에는 여러 유형이 있다. 친일파, 분단 세력, 독재 협력 세력이 거기 포함된다. 이들은 이승만을 살리고 나아가 그를 '건국의 아버지' '국부'로 만들어놓을 수만 있으면 '역사의 죄인'에서 벗어날 수 있다고 믿는 것 같다. 나아가 이승만이 국부가 되면 권력이나 사회적 지위, 기득권을 계속 움켜쥘 수 있다고 확신하고 있는 것 같다.

역사 전쟁은 수구 세력이 일으키는 불장난이라는 생각이 들 때가 있다. 60~70년 전 역사를 가지고 지금 아무에게도 득이 되지 않는 소모적인 전쟁을 일으킬 필요가 없기 때문이다. 사실을 왜곡하는 일 없이, 개방 시대에 맞게 그 시대를 폭넓게 이해하도록 가르치면 되는 것이다. 문제는 친일파, 분단 세력, 독재 협력 세력은 그렇게 생각하지 않는다는 데 있다. 자연인으로서 친일파는 생명이 다했지만, 정치적·사회적 친일파는 여전히 강성하다. 그러니 자꾸 문제를 일으킨다. 어두운 과거를 떨치고 새 출발을 할 때 보수주의가 자리 잡을 수 있는데, 비판자들을 마구잡이로 '종북'으로 몰아세우고 대통령 선거에서 NLL로 황당무계한 공격을 하는 데서 알 수 있듯이, 그들은 과거를 떨치지 못하고 독재 권력이 행했던 과거의 수법에 의존하고 있다. 이렇듯 수구 세력이 정치적 생명을 연장하려고 하기 때문에 역사 전쟁이 지겹게도 반복되고 있는 것이다.

우리에게는 '역사의 힘'이 있다. 항일 독립 운동과 반독재 민주화 운동이 줄기차게 계속된 것도, 우리 제헌 헌법에 자유·평등의 독립 운동 정신이 담겨 있는 것도 역사의 힘이다. 우리 국민이 친일파, 분단, 독재를 있어선 안 되는 잘못된 것으로 보는 것도 역사의 힘이다. 막강한 힘의 지원을 받은 역사 교과서가 참패한 것도 그렇다. 2014년에 국무총리 후보가 역사의식 때문에 순식간에 추락한 것도 역사의 힘이 아니고서는 설명하기 어렵다. 그런데도 해방-광복 70주년이 되는 2015년에 들어서자마자 역사 교과서를 국정화하겠다는 소리가 들리고, 수구 언론은 과거처럼 '이승만 위인 만들기'에 노력하고 있다.

진보 세력은 역사의 죄인 혐의에서 자유로울까. 현대사 진실 찾기, 역사 바로 세우기를 방기한 것은 어떻게 설명할 수 있을까. 1980년대에 운동권은 극우 반공 세력의 역사관을 산산조각 냈다고 생각하기도 했지만, 그것은 자만이었다. 현대사 진실 찾기를 방기할 때, 그것은 또 하나의 이데올로기이자 도그마로 경직될 수 있었다. 진보 세력은 수구 세력이 뉴라이트의 도움을 받아 근현대사 쟁점에 나름대로 논리를 세워놨는데도 더 이상 자신을 채찍질하지 않았다.

1980년대에 그렇게 현대사에 열을 올리던 사람들 가운데 몇이나 해방과 광복, 광복절과 건국절의 차이를 설명할 수 있을까. 그들은 단정 운동에 대해서 어느 정도 지식을 가지고 있을까. 이승만이 대한민국을 건국한 국부가 아니고 제헌 국회에서 표결에 의해 선출된 초대 대통령에 지나지 않는다는 것은 또 얼마나 알고 있을까. 한마디로 이승만 건국론이 잘못된 주장이라는 것을 일반 사람들에게 구체적인 사실을 들어 조리 있게 설명해줄 수 있을까. 현대사의 이런저런 문제를 가지고 생각이 다른 사람들과 논전을 벌일 경우 상대방을 얼마나 설득할 수 있을까.

3

나는 역사 전쟁이 싫다. 특히 요즘은 이제 제발 그만두었으면 싶은 마음이 간절하다. 내가 현대사에 관심을 가진 것이 1960년대 중반부터이니, 반세기라는 긴 세월 동안 극우 세력의 억지 주장이나 견강부회와 맞닥트리며 살아온 셈이다. 하지만 어떡하겠나. 숙명이려니 하고 받아들이지 않을 수 없다.

2013년 6월 제자와 지인들 앞에서 퇴임사를 하면서 이런 이야기들을 전했고, 젊은이들이 발분하여 현대사를 공부해줄 것을 거듭 당부했다. 그러고 나서 얼마 후 프레시안 김덕련 기자에게서 현대사 주제들을 여러 차례에 걸쳐 인터뷰하고 싶다는 요청이 왔다. 그다지 부담이 없을 것 같아 응했다. 한국전쟁부터 시작했다.

김덕련 기자는 뉴라이트가 제기한 문제들을 포함해 여러 가지를 예리하게 추궁했다. 당연히 쟁점 중심으로 얘기가 진행됐다. 그런데 곧 출판 제의가 들어왔다. 출판을 한다면 좀 더 체계적으로 인터뷰를 이끌어가야 할 것 같았다. 그래서 이승만 건국 문제, 친일파 문제, 한국전쟁과 이승만 문제, 집단 학살 문제, 5·16쿠데타 평가, 3선 개헌과 유신 체제, 박정희와 경제 발전 문제, 부마항쟁과 10·26과 광주항쟁, 6월항쟁 등 중요 쟁점을 한층 더 깊이 파고들어가기로 했다.

욕심도 생겼다. 이승만에 대해서는 직간접적으로 다룬 여러 저작과 논문이 있지만, 박정희에 대해서는 두세 편의 논문과 일반적인 글이 있을 뿐이었다. 그렇지만 현대사에서 박정희는 18년이라는 커다란 몫을 가지고 있고, 1960~1970년대의 대부분이 포함된 그 18년은 정치적으로나 경제적으로나 대단히 중요한 시기였다. 그 중요한 시기 동안 박정희가 집권했으니, 그 시기를 통사로 한번 써야 하지 않겠느냐는 의무감 비슷한 것이 있었다. 그러던 차에 인터뷰가 책으로 나오게 된다니, 박정희 집권 18년의 전체 상을 박정희 중심으로 살펴보고 싶은 의욕이 생겼다.

해방 직후의 역사도 1980년대에 와서야 연구되었지만, 박정희 시기도 마찬가지였다. 그 당시 한국인의 대다수가 박정희의 창씨 명을 알지 못했고, 심지어 그가 남로당의 프락치였다는 사실조차 모르고 있었다. 적지 않은 사람들이 막 보급되던 TV 화면에 빠지지 않고 등장하는 박정희의 모습을 그의 참모습으로 알고 있었다. 더욱이 1990년대 중반, 특히 IMF사태 이후 박정희 신드롬이 일어나면서 그는 대단한 능력자로 신비화되기도 했다.

나는 박정희가 쿠데타를 일으켰던 그때부터 이미 박정희의 모습을 지켜보았다. 덧칠하지 않은 있는 그대로의 박정희를 볼 수 있었다. 그는 그렇게 특별한 능력이나 지식을 가진 사람이 아니었다. 다만 권력에 대한 집착이 생사를 초월하도록 강했고, 상황을 판단하는 총기가 있었으며, 콤플렉스도 있었고, 색욕이 과했다.

그런데 나는 박정희의 저작, 연설문집, 그에 관한 여러 연구와 글을 들여다보면서 의외로 일제 때의 군인 경험이 그의 일생에 지대한 영향을 미쳤음을 알게 되었다. 유신 체제, 민족적 민주주의-한국적 민주주의, 민족과 주체성 강조 등 '정치 이념'이 해방 이전의 세계관에서 먼 거리에 있지 않았다. 일제 때 군인 정신으로 민족, 주체를 강조하게 되었다는 것이 아주 이상하게 들릴지 모르겠지만, 거기에 박정희의 박정희다운 특성이 있고, 한국 현대사의 일그러진 자화상이 담겨 있다.

김덕련 기자와 인터뷰를 하게 된 것은 행운이다. 그는 대학 시절 국사학과에 재학 중일 때 내 현대사 강의를 들었다고 하는데, 현대사 지식이 풍부하고 문제의식이 날카로웠다. 중요 쟁점도 놓치지 않았고 미묘한 표현도 잘 처리했다. 거기다 금상첨화 격으로 꼼꼼하며 자상하기까지 하다. 김덕련 기자와 나는 이러한 작업에 잘 어울리는 좋은 팀이라고 생각한다. 출판에 대해 자신의 철학을 가지고 있고 공들여 편집하느라 애쓴 오월의봄 박재영 대표에게도 감사드린다.

2015년 3월 봄날
서중석

차례

해방과 분단

친일파

연표

1947년

5월 21일	제2차 미소공동위원회 개막
7월 19일	여운형 피살
10월 9일	《조선말큰사전》1권 발간
10월 21일	제2차 미소공동위원회 결렬
11월 14일	유엔 총회, 유엔 감시 아래 남북한 총선거 결의

1948년

2월 26일	유엔 소총회, 남한만의 총선거 결의
4월 3일	4·3항쟁 발발
4월 19일	남북조선정당사회단체대표자연석회의 시작(~23일)
4월 26일	남북 협상 시작(~30일)
5월 10일	제헌 국회의원 선거(5·10선거)
7월 17일	제헌 헌법 제정
8월 15일	대한민국 정부 수립 공포
9월 1일	반민족행위처벌법 국회 통과
9월 9일	조선민주주의인민공화국 정부 수립
10월 19일	여순사건 발발
12월 1일	국가보안법 공포

1949년

6월 5일	국민보도연맹 창설
6월 6일	경찰, 반민특위 습격
6월 20일	김약수 등 소장파 국회의원들 구속되며 국회 프락치 사건 본격화
6월 26일	김구 피살

해방과 분단

어느 날 갑자기 온 해방?
우리는 해방을 주체적으로 맞았다

해방과 분단, 첫 번째 마당

김 덕 련 해방 공간은 한국 현대사에서 매우 중요하다. 결정적 국면이라는 표현이 조금도 지나치지 않다. 수많은 연구자가 해방 공간에 관심을 둔 것도 그 때문이다. 그러한 해방 공간을 다각도로 조명했으면 한다. 한국인들은 해방을 어떻게 맞이했나.

서 중 석 우리가 현대사에 관심이 없다보니까 막연히, 해방이 어느 날 갑자기 주어진 것 아니냐고 생각하는 사람이 많은 것 같다. 어떻게 해방을 맞았는지를 잘 모른다. 해방을 어떻게 맞았는지를 여러 면에서 살펴볼 수 있지만, 가장 중요한 건 우리가 해방을 주체적으로 맞았다는 것이다. 해방은 어느 날 갑자기 주어진 게 아니다. 끊임없이 항일 투쟁을 해온 분들이 중심이 되어 주체적으로 맞았다. 이 점이 굉장히 중요하다. 우리처럼 주체적으로 해방을 맞은 나라는 그리 많지 않다. 이 점을 적당히 넘겨서는 안 된다.

여운형을 중심으로 한 건국준비위원회(건준)는 새로운 사회를 맞이하고 새 나라를 세우기 위한 활동을 해방된 바로 그날부터 구체적으로 했다. 해방된 그날부터 스스로 치안을 맡고 행정 등에 관한 여러 일을 직접 해나간 곳은 전 세계에서 거의 찾아볼 수 없다. 그런 점에서도 우리가 대단히 뜻깊게 해방을 맞이했다고 얘기할 수 있다.

— 1945년 해방 당일 상황은 어떠했나.

그해 8월 15일 아침 8시경, 여운형은 조선총독부의 제2인자인 엔도 류사쿠 정무총감을 만났다. 그 자리에서 엔도 정무총감은 천황이 항복을 선언할 것이라고 하면서 치안 문제를 부탁했다. 그때 여운형이 엔도로서는 기가 막힐, 깜짝 놀랄 만한 주장을 한다. 엔도는 단순히 치안 협조를 부탁했을 뿐인데, 여운형은 감옥에 갇혀 있는 정치범(사상범)과 경제범을 즉시 석방하라고 한다. 그리고 '치안 유지와 건설 사업에 아무런 구속과 간섭을 하지 말라', '학생 훈련과 청년 조직화 같은 것에 간섭하지 말라'고 한다. 한마디로 우리 스스로 새 나라를 건설해나가겠다, 주체적으로 해방을 맞아 일을 해나가겠다는 것을 엔도 정무총감한테 분명하게 얘기한 거다.

당시 엔도 정무총감은 굉장히 당황한 것 같다. 물론 일제가 패망할 날이 머지않았다는 것을 조선총독부 고위 관리가 짐작했을 수는 있다. 그러나 육군을 중심으로 마지막까지 옥쇄 작전을 펴면서 절대로 항복하지 않겠다고 주장하던 터여서, 일제가 그렇게 쉽게 망할 거라곤 엔도도 짐작을 못했던 거다.

그런데 항복이 결정된 후 조선총독부는 일제가 한국에 와서 그간 저지른 악행을 볼 때 '일제가 망했다. 항복했다'는 소문이 퍼지면 한국인이 일본인에게 엄청난 해악을 끼치고 일본인 재산을 약탈할 것이라고 보고 한국인에게 영향력이 큰 여운형을 특별히 초치해 치안을 부탁한 것이다. 그런 상황에서 여운형은 '우리 스스로 새 나라를 세울 구체적인 작업을 하겠다'고 한 것이다. 워낙 다급한 상황이었기에 엔도 정무총감은 그걸 수락했다.

—— 그 직후 건준과 치안대 조직은 급속히 확산됐다.

건준은 그날 바로 활동에 들어갔다. 8월 16일에는 여운형의 지시에 따라 해방되기 훨씬 이전부터 청년들을 조직하고 있던 장권(YMCA 체육부 간사이자 유도부 사범)을 중심으로 중앙건국치안대가 발

건국준비위원회 집회에서 연설하고 있는 여운형. 여운형을 중심으로 한 건국준비위원회는 해방된 바로 그날부터 새로운 사회를 맞이하고 새 나라를 세우기 위한 활동에 구체적으로 착수했다.

족한다. 이 중앙건국치안대가 굉장히 발 빠르게 전국 각지에 치안대를 조직하는가 하면, 각지에선 각지대로 그리고 남북 할 것 없이, 물론 명칭이 다른 경우도 있지만 스스로 치안대를 만드는 것을 볼 수 있다.

한국인들이 '해방이다! 정말 우리나라가 생기는구나!' 이런 해방의 기쁨을 느낄 수 있었던 것은 치안대가 완장을 두르고 '이제 치안을 우리가 맡게 됐소! 모두 협력해 새 나라를 세우는 일을 같이 해나갑시다!', 이러면서 동네와 거리를 오가며 얘기하고 다니면서다. 그전까지 일본 순사라든가 일본 관리들한테 얼마나 우리가 심하게 공출당하고 압제를 당했나. 그야말로 순사가 오면 애도 울음을 딱 그친다는 공포 분위기 아니었나. 그런데 하루아침에 세상이 변하니 '이거야말로 해방이고 이제 우리가 역사의 주인이 되는 것 아니냐'는 감격을 맛보지 않을 수 없었던 것이다.

치안대와 건준은 전국적으로 조직된다. 건준 지부의 경우 8월 말까지 전국에 145개가 만들어진 걸로 나온다. 치안대, 보안대 등은 162군데에 설치됐다는 기록이 있다. 건준은 남한에만 있었다고 잘못 알고 있는 사람도 있지만, 그렇지 않다. 북한에도 있었다. 예컨대 북한에서 제일 중요한 지역인 평양이 있는 평남에도 조만식을 중심으로 건준 평남 지부가 만들어진다. 북한에서 공업이 가장 융성하고 제일 큰 화학 콤비나트가 있던 함남에서도 도용호를 중심으로 건준 함남 지부가 바로 발족하는 걸 볼 수 있다. 이렇게 건준이 전국적으로 조직되고 각 지역에서 치안대가 조직돼 활동했다는 것, 이것 자체가 굉장히 뜻깊은 것이다.

해외 독립 운동 세력의 귀국
왜 늦었나?

— 이 무렵 해외 독립 운동 세력은 어떤 움직임을 보였나.

우리는 일제한테 강점당한 그날부터 독립 운동을 해왔다. 일본이 독일과 한편이 돼 연합국과 싸우게 됐다고 할 때부터 한국의 많은 독립 운동 세력은 일제가 머잖아 망할 거라고 생각했다. 그렇지만 언제 망할 것인가, 이것까지는 생각하기가 어려웠다. 그들은 일제가 패망할 것이라는 판단에 따라 독립 운동을 한 단계 높여 나라를 세우기 위한 건국 사업에 들어갔다. 해외에 있던 독립 운동 세력도 각지에서 해방을 맞을 준비를 다 하고 있었다.

중경(충칭)에 있던 대한민국 임시정부는 1941년 일본이 진주만 기습 작전을 펴자마자 바로 일제에 선전 포고를 했다. 그리고 일제의 패망에 대비해 조소앙이 중심이 되어 건국강령을 만들었다. 임시정부는 미국 특수부대와 연합해서 국내 진공 작전을 펴는 등 1945년 8·15를 전후해서 해방을 맞을 준비를 더 구체적으로 하고 있었다.

연안(옌안)을 중심으로 한 조선독립동맹 세력도 해방을 맞을 구체적인 준비를 하고 있었다. 조선의용군과 조선독립동맹 지부가 각지에 흩어져 있었는데, 연안으로 집결하면서 해방을 맞을 준비에 들어갔다. 또 만주 빨치산들도 하바롭스크 부근에 있는 흑룡강(헤이룽강) 옆에서 교도려라는 것을 편성해 활동하면서, 1945년 7월이 되면 해방을 맞기 위한 구체적 조직을 해나가는 것을 볼 수 있다.

해외 각 지역의 독립 운동 세력이 이렇게 모여 준비는 했지만, 8·15 해방이 됐을 때 고국에 바로 들어올 수가 없었다.

── 그 이유는 무엇인가.

두 가지 때문이었다. 하나는 거리다. 중경이 얼마나 먼가. 지금도 비행기로만 3시간 넘게 걸리지 않나. 또 연안은 서안(시안)에서도 한참 더 들어가는 궁벽한 곳이다. 그래서 중국공산당 본부가 거기에 있었던 것이다. 거기서 한국까지 오는 것도 보통 어려운 일이 아니다. 하바롭스크 쪽도 마찬가지다. 한국에 들어온다는 게 그렇게

대한민국 임시정부 요인들. 앞줄 왼쪽 두 번째가 이시영, 그 옆으로 김구, 김규식, 조소앙이 나란히 서 있다. 해방이 되고 한참 뒤에야 임시정부 요인들은 조국으로 돌아올 수 있었는데, 그 까닭은 연합국이 귀국을 막았기 때문이다.

간단하지가 않다.

　　그러나 그보다 훨씬 더 중요한 요인이 작용해 빨리 귀국할 수 없었다. 미국과 소련은 해외 독립 운동 단체가 들어오면 한국 문제를 두 나라가 중심이 돼 풀어가는 데 문제가 생긴다고 본 것이다.

――　중국과 소련에 있던 세력뿐만 아니라 미국에 있던 이승만도 바로 귀국하지 못했다.

　　해방이 됐을 때 이승만은 귀국을 서둘렀다. 그런 데는 굉장히 발 빠른 사람이었다. 그러나 미국 국무부에서는 이승만을 상당히 안 좋게 생각했다. 그래서 여권을 내주지 않았다. 이승만은 여러 가지 방법으로 들어오려 했지만 그게 잘 안 됐다. 그러다가 아마 남한에 주둔하던 존 하지 사령관의 건의에 따른 것이 아닌가 싶은데, 도쿄에 있던 더글러스 맥아더 사령부에서 군용기를 보내 이승만의 귀국을 도왔다. 그렇게 해서 이승만은 10월 16일이 돼서야 국내에 들어온다. 해방 후 두 달이 지나서야 들어온 거다.[•]

대한민국 임시정부, 그쪽은 귀국이 훨씬 더 늦었다. 11월 23일이 돼서야 제1진이 국내에 들어오고 제2진은 12월이 돼서야 들어온다. 그러면 김일성 쪽은 한반도와 맞닿은 소련하고 가까웠으니 빨리 들어왔을 것 아니냐고 생각하는데, 그렇지 않다. 한반도를 공략하게 돼 있던 부대인 제25군의 작전 등의 문제 때문에 그렇게 되지를 않았다. 김일성이 귀국한 건 9월 19일이다. 예전에 여러 설이 있었는데 이날이 확실하다. 소련 자료에 그렇게 나온다. 그날 김책 등과 함께 원산에 상륙한 걸로 돼 있다. 그러니 김일성 쪽도 해방 후 한 달 넘게 지나서야 들어온 것이다.

조선독립동맹 쪽도 늦게 귀국했다. 이 세력이 들어오는 것을 소련이 막았다. 중경 임정이 서울에 들어오는 것을 미국이 상당히 오랫동안 지체시킨 것과 똑같은 방식이었다. 김두봉을 비롯한 조선독립동맹의 주요 지도자들이 북한 땅에 들어오는 건 12월 초다.

• 이승만은 10월 4일 미국 워싱턴에서 출발했다. 샌프란시스코를 거쳐 하와이까지는 민항기를 이용했고, 하와이에서 일본까지는 군용기에 탑승했다. 맥아더는 서울에 있던 하지를 불러들여 도쿄에서 이승만과 회동했다.

신탁 통치?
한국은 그렇게 수준 낮은 나라가 아니다

── 해외 독립 운동 세력의 귀국이 그렇게 늦춰진 만큼, 국내에 있던 이들의 역할이 더 막중했을 것 같다.

그렇다. 해외에서도 해방을 맞을 만반의 준비를 갖추었다고 얘기할 수 있지만, 지리적으로 너무 멀었고 이들이 들어오는 것을 연합국이 지체시켰다. 해방을 맞을 만반의 준비를 국내에서 갖추고 있지 않았더라면 '신탁 통치 받아도 싸다', 우리가 이런 얘기를 들을 뻔했다.

미국이 한국에 신탁 통치를 실시해야 한다고 주장한 근거 중 하나로 내세운 게 뭐냐 하면 '한국은 자치 경험이 없지 않느냐. 그러니까 정치적 경험을 쌓아야 한다. 그러기 위해서는 일정한 기간 동안 신탁 통치를 받아야 한다'는 것이었다. 그러니 우리가 해방을 주체적으로 맞이하지 못하고 그야말로 타율적으로 맞았다면 어떻게 됐겠나. 예컨대 미군이 들어온 후에야 한국인이 치안 같은 걸 담당할 수가 있었다, 이렇게 됐다면 '한국은 신탁 통치를 받을 만큼 수준이 낮은 나라, 자치 능력이 없는 나라 아니냐', 이런 얘기를 들었을 것이다. 그런데 우리는 해방을 맞을 준비를 갖추고 있었다. 그것을 선두에서 이끌어간 중심인물이 여운형이다.

── 여운형은 언제부터 그걸 준비했나.

여운형은 1930년대 말경부터 일제가 위태로운 짓을 하고 있다

서울 경운동 삼광한의원에서 열린 조선건국동맹 모임. 왼쪽 네 번째가 여운형이다. 건국동맹은
전국에 지부를 조직하고, 해외에 있던 독립 운동 세력과도 연계해 다가올 해방을 준비했다.

고 생각했다. 그래서 도쿄를 오가며 국제 정세에 관한 정보 등을 모으면서 준비하고 있었다. 1941년 12월 진주만 기습이 있자마자 바로 해방을 맞을 준비를 해나간다.

1942년 YMCA에 있던 장권에게 '네가 앞으로 치안대를 조직해야 한다. 우리 스스로 치안을 맡아야 한다'며 준비 작업을 하게 했다. 그에 더해 식량 문제를 담당할 사람을 찾아내고, 건국동맹을 조직하고, 또 농민들을 중심으로 농민동맹을 조직하고, 그러면서 교사 조직, 철도원 조직, 노동자 조직 등 여러 조직을 만들어가는 것을 볼 수 있다.

── 건국동맹이 활동하기가 어려웠을 것 같다.

건국동맹은 전국에 지부를 조직했다. 해외에 있던 독립 운동 세력과도 연계를 시도했다. 제일 연락을 많이 한 데는 연안에 있던 조선독립동맹이었다. 그리고 임시정부하고 연락하려고 건국동맹에서 파견한 대표가 북경(베이징)까지 갔는데, 그때 일제가 패망한 걸 알았던 거다. 건국동맹 측은 만주에 있던 독립 운동 세력들이 어디로 갔는지를 처음에는 몰랐다. 그래서 제대로 만나지 못했다.

그와 동시에 무장 세력도 조직했다. 또한 지하투쟁을 했던 공산주의 세력이 여러 갈래로 나뉘어 있었는데, 이들도 다른 곳과는 연결이 잘 안 되고 대개 여운형과 연결되는 걸 볼 수 있다.

이렇게 건국동맹을 중추로 여러 다른 조직 및 해외 독립 운동 세력과 연계하고, 무장 세력을 조직하는 작업을 하면서 8월 11일쯤이 되면 이만규에게 독립 선언서를 제작하게 했다. 일제가 곧 망한다는 사실을 구체적으로 파악했던 것이다. 당시 단파 방송을 듣고 있었던 여운형을 비롯한 몇 사람은 일본에 항복을 요구한 포츠담 선언을 8월 10일 일제가 받아들였다는 것을 알고 있었다. 그렇게 작업을 구체적으로 진행하면서, 지주·부르주아 세력을 대표하는 송진우하고도 연락을 하려고 사람을 보냈다.

그런 상황에서 8월 14일 저녁, 조선총독부에서 파견한 사람이 여운형한테 와서 '내일 아침 일찍 엔도 정무총감이 만나자고 한다'고 한 거다. 그러니 여운형은 뭣 때문에 만나자고 하는지를 잘 알고 있었던 거다. 그래서 치안 협조만 부탁하려 한 엔도 정무총감에게 여운형이 '아니다. 정치범 등을 석방하고, 치안은 우리 스스로 맡을 것이니 방해하지 말라'는 식으로 할 수 있었다. 그걸 통해 우리는 주체적으로 해방을 맞을 수 있었다.

꿈같이 맞은 해방
여운형과 건국동맹·건준의 활약

—— 보통의 한국인들은 해방 소식을 어떻게 접했나.

대다수의 일반 한국인들은 공출, 강제 동원, 징병 같은 걸로 무척 고초를 겪으면서도 '일제가 바로 망할 거다', 이런 생각까지는 못 했다. 일제가 망한다는 소문도 없지 않았지만, 일제가 계속 승리하고 있다고 항상 선전한 것도 한 요인으로 작용했다.

그러나 일부 층에선 8월 15일 낮 12시에 중대 선언이 있다는 걸 알았다. 한국인 중에도 일제 관공리나 경찰이 여럿 있지 않았나. '천황이 중대 발표를 한다더라'는 소문을 들은 소수가 8월 15일 라디오에 귀를 기울였다. 그런데 당시 전국적으로 조선인이 가지고 있었던 라디오 숫자가 적었다. 10만 대가 안 넘은 걸로 돼 있다. 거기다 대고 히로히토 천황이 상당히 떨리는 음성으로 소위 '종전 조칙'을 읽었다고 한다. 항복하면서, 전쟁을 끝낸다는 뜻의 '종전 조칙'이라고 한 것도 어울리지 않는 일이다. 어쨌건 그걸 떨리는 목소리로 읽었는데, 그때 또 라디오 감이 좋지 않았다고 한다. 전기 사정이 워낙 나쁘지 않았나. 그래서 무슨 소리를 하는지 잘 몰랐다고 한다. 천황이 아주 비통한 소리로 이야기하니까 무지무지하게 큰일이 일어난 모양이다, 이런 정도는 알겠는데 설마하니 완전히 망했다고까지는 생각하지 못한 사람이 많았다는 것이다.

경성부(오늘날 서울시) 관리를 한 사람의 증언을 들어보면, 갑자기 낮 12시에 떨리는 목소리가 나오는, 잘 들리지도 않는 그 방송을 듣던 일본인 관리들이 일제히 엎드리면서 통곡했다고 한다. '야, 이

한국인들은 정말 꿈같이 해방을
맞았다. 해방의 기쁨으로
환호하는 시민들.
사진 출처: e영상역사관

건 굉장히 중요한 것 아니냐. 망한 것 아냐?' 이런 생각을 했는데 귓
속말로 퍼지기 시작했다고 한다. 항복했다고. 그렇게 알았다고 한다.

─── 일제 패망 소식이 다수의 한국인들에게 알려지기까지 다소 시
간이 걸렸다는 말로 들린다.

일본이 패망했다는 것을 한국인들이 많이 알게 된 건 8월 16
일이다. 이날 오후 건준 부위원장 안재홍이 세 차례에 걸쳐서 방송
을 하면서다. 안재홍은 치안은 물론이고 경위대 신설, 정규병 편성,

물자 배급 유지, 정치범 석방, 대일 협력자 대책 등을 이야기했다. 그야말로 나라를 세우는 얘기를 쭉 했는데, 그 방송을 들은 한국인들은 정권이 우리에게 넘어온 것이 아니냐는 생각을 했다. 일제가 패망했다는 걸 사람들이 그 방송을 통해 확실히 알 수 있게 된 거다. 일제 측에서는 이 방송을 사전 검열하는 것을 잊었다고 하지만, 검열을 할 수가 없었을 것이다.

일제가 패망했다는 말이 얼마나 빨리 퍼져 나갔겠나. 정말 꿈같이 맞은 해방 아닌가. 아주 뛸 듯이 기뻐하며, 꽹과리를 치면서 각지에서 풍악을 울리고 현수막 같은 걸 갖고 나오는 사진들이 대개 8월 16일, 17일 그때 찍힌 거다. 그렇게 감격스럽게 해방을 맞이했다.

자유는 미국이 준 선물?
그들은 점령군이었다

해방과 분단, 두 번째 마당

김 덕 련 8·15를 해방이라고 부르는 이도 있고 광복이라고 하는 이도 있다.

서 중 석 용어에 대해 이야기하기 전에 먼저 할 얘기가 하나 있다. 뉴라이트가 수년 동안, '해방은 정치적 혼란만 불러일으켰다'는 식으로 많이 주장하더라. 그러면서 이승만 대통령의 '건국'이 굉장히 중요한 것이고 그게 위대한 거다, 이런 식으로 주장한다. 해방을 그만큼 깎아내리고 평가 절하하면서 이승만의 소위 '건국'이란 걸 대단히 중요하게 평가하는 것이다. 그게 구체적인 현실과 얼마나 거리가 먼 주장인지를 해방, 광복에 담긴 뜻과 관련해 충분히 알아둘 필요가 있다.

해방이나 광복이나 다 좋은 말이다. 2005년 정부에서 광복60주년기념사업회를 띄웠는데, 그때 나는 광복이건 해방이건 좋은 말이라고 여러 강연에서 얘기했다. 그런데 수업 시간이나 교사 연수 때 학생과 교사들에게 해방과 광복의 차이점에 대해 말해보라고 하면 아무도 대답을 못 하는 경우가 태반이었다. 그렇게 많이 사용되는 단어인데 왜 양자를 구별 못 할까? 참 이상하더라. 이렇게 말하는 여선생도 봤다. "해방은 소극적인 것 아닙니까? 광복은 적극적이잖아요." 이것도 참 이상한 주장이다. 예컨대 팔레스타인해방기구, 알제리민족해방전선 같은 사례도 그렇고 수많은 지하 조직도 이름에 '해방' 자가 붙은 게 굉장히 투쟁적인 성격을 지니는 경우가 많다. 그런데 어째서 해방을 소극적인 것, 광복을 적극적인 것으로 보는 건지 이상하다.

── 광복은 어떤 맥락에서 쓰였나.

광복은 중국이나 한국이나 19세기에 와서 비슷한 뜻으로 사용하게 됐는데, 그 이전엔 황제가 자리를 빼앗겼다가 자기 자리로 다시 돌아오는 것을 뜻했다. 19세기 말에서 20세기로 넘어가면서 일본 제국주의자들에게 국권을 침탈당하게 되자, 광복은 국권 회복을 뜻하게 됐다. 나라를 빼앗겼을 때에는, 빼앗긴 나라를 다시 세운다는 의미로 사용됐다. 1930년대 이후 광복군에서도 드러나듯이, 일제를 패망시키고 새로운 우리나라를 세우겠다는 뜻으로 광복을 사용했다고 보면 맞다. 그래서 1945년, 1946년에는 일부 식자층에서 '광복은 우리가 새로운 나라를 세우는 것을 의미하는 것이기 때문에 미군정 치하에서는 광복됐다고 얘기하면 안 되는 거다', 이렇게까지 학문적으로 설명하고 그랬다.

—— 해방은 어떤 맥락에서 사용됐나.

해방은 광복과 뜻이 많이 다르다. 사실 해방 3년기엔 다 해방이라고 썼다. 유신 초기인 1974년까지도 국사 교과서에 해방이라고 썼다. 유신 체제가 만들어지면서 국정 교과서가 나오지 않나. 첫 번째 국정 교과서도 그렇게 썼다. 그러다 두 번째로 나온 국정 교과서부터 광복이라고 많이 불렀다. 대한민국 임시정부를 그만큼 중시해야 한다는 생각으로 교과서에서 그 부분을 담당한 이들이 그렇게 한 것 같다.

해방 직후 8·15는 남한에서도, 북한에서도 해방절로 불렸다. "1948년 8월 15일 해방절에 해방 3주년 기념식이 열리고 대한민국 정부가 수립됐다"고 보도한 기사도 있다. 1949년 10월 정부에서 4대 국경일을 정할 때, 해방절이 광복절로 바뀌었다. 해방절은 북한에서도 사라졌다. 북한에서 8·15는 '민족 해방 기념일'로 불린다.

해방은 부자연스러운 것, 묶여 있는 것, 억눌린 것, 잘못된 것에서 풀려난다는 것을 뜻한다. 일제 때나 해방 직후나 '봉건적 사고와 인습에서 해방돼야 한다', 이런 말을 참 많이 썼다. 여성 해방이라는 건 여성이 남성한테 부당하게 억눌리는 상황에서 동등한 인격적 권리를 갖자는 의미 아닌가. 민족 전체가 제국주의자들한테 억눌려 노예 취급을 받던 데서 자유를 찾는 것, 이게 민족 해방이다. 인간 해방, 노동자 해방, 농민 해방도 비슷한 의미로 쓰였다. 그러니까 해방은 정치적, 사회적, 문화적, 경제적 성격을 두루 지니면서 잘못된 상태, 억눌린 상태에서 자연스러운 상태, 자유스러운 상태로 나아가는 것을 가리킨다고 볼 수 있다.

해방은 연합국의 선물?
독립 투쟁과 한국인의 노력, 안 보이나

── 앞에서 뉴라이트 이야기도 했지만, 역사적 상황을 잘 모르는 사람들 중에는 해방 하면 혼란을 떠올리는 이가 적잖다.

해방 3년기의 그 중요한 변화를 어떤 식으로 잘못 가르쳤는가 하는 것과 직결되는 문제다. 이와 관련해 서너 가지를 얘기하고 싶다. 우선 '해방은 연합국의 선물이다', 이렇게 주장하는 사람들이 있다. 해방 공간에서도 이승만과 한국민주당(한민당)은 물론이고 조선공산당의 박헌영도 '해방은 연합국에 의해 이루어진 것'이라고 얘기하는 대목이 나온다. 나는 박헌영이 이렇게 주장한 것은 다른 이유가 있어서 그랬을 거라고 본다.

경성콤그룹을 이끌던 박헌영. 경성콤그룹은 공산주의자 조직으로는 일제 말기에 국내에서 마지막으로 중요하게 지하투쟁을 한 조직이었다.

— 무엇 때문인가.

경성콤그룹이 공산주의자 조직으로는 일제 말기에 국내에서 마지막으로 중요하게 지하투쟁을 한 조직이라고 얘기들을 한다. 그러나 1941년 무렵 다수의 구성원이 체포된다. 그러면서 학생·청년 일부 조직을 제외한 나머지는 감옥소에 들어가 있거나 피신하게 된다. 경성콤그룹을 이끌던 박헌영도 광주에 있는 벽돌 공장에 들어가 있었다. 그런 사람들은 해방을 우리가 싸워서 맞았다고 말하기 난처한 점이 있지 않았느냐 하는 생각이 든다. 그래서 해방은 연합국에 의해 이뤄졌다는 주장을 조선공산당 일부에서 한 것 아닌가 한다.

이와 달리 여운형이나 김구는 아주 강하게 주장했다. 연합국이 일본을 패망시키는 데 중요한 노력을 한 것에 감사하지만, 우리도 해방을 위해 일제 강점기 내내 싸웠고 일제 패망에 대비했다고. 여운형은 건국동맹을 중심으로, 김구는 임시정부를 중심으로 해방을 주체적으로 맞을 준비를 하지 않았나. 연합국의 노력과 함께 우리가 끊임없이 항일 독립 투쟁을 하고 해방을 주체적으로 맞이하려는 노력을 한 것이 결합해 해방이 이뤄진 것이다. 우리가 끊임없이 독립 투쟁을 한 것은 연합국도 인정했다. 카이로 회담, 포츠담 회담에서 한국의 독립을 약속한 것도 우리가 독립 운동을 벌였기 때문이다.

이러한 것을 어떻게 교육하느냐에 따라 해방에 대한 인식이 굉장히 차이가 난다. 여운형, 김구의 주장이 해방 후 교육에서 묵살됐기 때문에 해방을 주체적으로 맞이하기 위한 우리의 노력을 제대로 인식하지 못하는 그런 얘기가 나오는 것 아니겠는가. 이와 관련해 적잖은 정치학자들의 견해도 우려스럽다.

—— 어떤 점에서 그러한가.

많은 정치학자들은 '해방 후 우리가 누리게 된 자유는 미국이 선물한 것 아니냐'고 주장하고 있다. 우리가 획득한 것이 아니라, 미군이 진주하면서 준 선물이라는 것이다. 이 점과 관련해 해방의 역사적 의의를 다시 한 번 살펴볼 필요가 있다.

● 경성콤그룹은 1939년 결성된 사회주의 단체로, 해방 후 재건된 조선공산당의 중추를 이룬다.

한국 역사상 최대의 변화 초래…
해방은 혁명이었다

—— 해방의 역사적 의의는 무엇인가.

해방은 수천 년 우리 역사에서 가장 큰, 획기적인 대변화를 가져왔다. 1919년 3·1운동도 대단히 중요한 게 틀림없고 그것을 통해 중요한 역사적 전환을 이뤘지만, 해방처럼 큰 변화를 가져온 것은 없다.

해방은 정치적 혁명이었다. 해방을 통해 우리가 정치적 자유를 획득하게 된 것이다. 한국은 수천 년간 군주 국가였고 그런 속에서 근대적인 정치적 자유가 있었다고 얘기하기 어렵지 않나. 더군다나 일제는 어떠한 정치적 자유도 허용하지 않았다. 언론, 출판, 집회, 결사의 기본적 자유도 없었다. 그건 3·1운동 이후 '문화 통치' 시기에도 마찬가지였다. 그때도 모든 언론 출판물이 검열을 받았다. 집회의 자유도 옥내 집회에 한해서 부분적으로 허용되었을 뿐이다. 그런데 해방이 되면서 모두 정치적으로 자유롭게 활동할 수 있었다. 우익 정당은 말할 것도 없고, 해방 직후에 제일 셌던 조선공산당도 그랬다. 언론, 출판, 집회, 결사의 자유도 마찬가지다. 해방 직후가 우리 전 역사를 통틀어서 그런 자유를 가장 만끽할 수 있었던 시기다. 특히 해방 초기에 아주 자유로웠다.

해방은 경제적 혁명도 가져왔다고 볼 수 있다. 예컨대 일제 강점기에는 일본인들이 한국에 있던 주요 기업을 다 차지하고 있었다. 큰 기업은 거의 다 일본인 것이었다고 봐도 틀림없다. 그게 우리 것으로 돌아오면서 한국인들이 경제의 주체가 된 거다. 그뿐만 아니

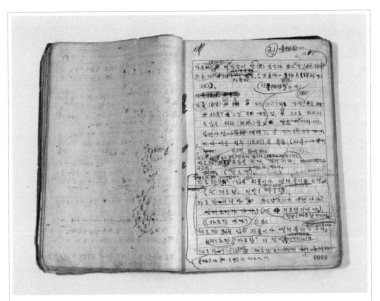

《조선말큰사전》. '말의 해방'을 상징하는 일 중 하나가 《조선말큰사전》 발간이다. 해방은 언어생활과 문화생활에 혁명적 변화를 가져다주었다.

라 시기상 약간 차이가 있지만 남한이나 북한이나 농지 개혁, 토지 개혁을 했다. 그러니까 '수백 년 숙원 사업이 해방으로 인해 풀리게 됐다. 농민이 토지로부터 해방됐다', 이렇게 얘기할 수 있는 거다.

— 해방은 문화에도 커다란 영향을 줬다.

그렇다. 해방은 문화적 혁명도 가져왔다. 해방 후 교육열이 엄청났다. 한글이 국민 문자가 된 것도 사실은 해방이 되면서다. 1443년에 한글을 만들어 1446년에 반포했다고 우리가 배우고 있지만, 그게 국민적인 문자로 사용됐다고는 안 보지 않나. 한말에 독립신문 같은 게 한글로 나왔지만 그건 소수만 봤다. 일제 강점기에 나온

1945년 9월 9일 미군이 도열한 가운데
조선총독부 건물 앞 국기 게양대에서 일장기가
내려오고 있다(왼쪽). 이어서 성조기가
게양되고 있다.

해방과 분단

신문도 국한용 혼용이었다.

해방 후 교사들이 특히 그랬지만 많은 사람이 한글을 열화와 같이 배웠다. 그러면서 한글로 된 교과서가 조금 있다가 바로 나오는 걸 볼 수 있다. 이건 조선어학회(오늘날 한글학회)가 그 수난 속에서도 계속 활동했기 때문에 가능했던 것이다. 해방맞이 준비였다. 해방이 되자마자 교과서를 한글로 낸 것은 문화적으로 우리가 조선어학회를 중심으로 준비를 했기 때문에 가능한 일이었다. 그것도 세로쓰기가 아니었다. 일본은 지금도 세로쓰기를 하지 않나. 우리는 바로 가로쓰기로 바뀌었다. 이처럼 언어생활과 문화생활에 혁명적 변화를 해방이 가져다준 거다.

── 사회적으로는 어떠했나.

해방은 사회적 혁명이기도 했다. 수많은 노동자 조직, 농민 조직, 문화인 단체가 생겨났다. 음악은 음악대로, 미술은 미술대로, 무용은 무용대로, 연극은 연극대로, 영화는 영화대로, 각자 다 조직을 만들었다. 청년 단체도 많았고 여성 단체도 참 많이 생겼다. 이와 같이 여성이건 청년이건 노동자건 농민이건 문화인들이건 단체를 만들면서 사회 활동에 적극적으로 뛰어드는 것을 볼 수 있다.

노동자, 농민, 청년, 여성들이 자유스럽게 조직 활동을 하는 것

'말의 해방'을 상징하는 일 중 하나가 《조선말큰사전》 발간이다. 《조선말큰사전》 편찬 작업은 1929년에 시작됐다. 1942년 초고가 완성됐지만, 일제가 조선어학회 사건을 일으켜 편찬위원들을 옥에 가두고 원고를 빼앗아가면서 위기에 처했다. 해방 후 지금의 서울역 창고에 방치돼 있던 원고를 극적으로 찾으면서, 1947년 《조선말큰사전》 간행이라는 열매를 맺을 수 있었다.

도 해방이 되면서 처음 있는 일이었다. 그런 면에서 엄청난 사회적 혁명이었다. 그런 걸 통해 한국 사회가 엄청나게 평등하게 된다. 놀라운 일이었다. 그런 분위기였기에 해방 직후엔 지주 세력이 꼼짝 못했다. 한국에서 부르주아 세력은 원래 약했던 거고.

정리하면 한국은 해방을 통해 시민 혁명이자 정치적 혁명, 사회적 혁명, 경제적 혁명, 문화적 혁명을 맞았다. 그야말로 유사 이래 이렇게 큰 변화를 순식간에, 한꺼번에 맞이하게 됐다는 것, 이건 정말 대단한 거였다. 젊은 사람들은 '공기가 자연스러운 것처럼 해방도 자연스럽게 왔네', 이렇게 생각할는지 모르지만 국내외에서 얼마나 많은 사람이 죽어가면서 싸워 우리가 해방을 맞이하게 됐는가와 연관시켜서 해방의 역사적 의미를 생각할 필요가 있다. 해방이 이렇게 중요한 것인데도 뉴라이트는 해방을 몹시 폄하한다.

점령군을 점령군이라 부를 수 없던
기막힌 시절

—— 그런 태도는 '미군이 들어와 우리에게 자유를 줬다'는 식의 인
　　식과 닿아 있는 것으로 보인다.

미국에 의해 자유를 획득했다? 그렇지 않다. 미군이 1945년 9월 8일 인천에 상륙해 9월 9일 서울에 들어와보니까, 한국인이 전부 자유스럽게 활동하고 있는 거다. 수많은 조직과 단체가 움직이고 있었고. 미국도 민주주의 국가인데 '너희들, 이제부터 활동하지 마. 우리 명령만 들어야 돼', 이러면서 한국인들이 자유롭게 활동하는

것을 중지시킬 수는 없는 것 아닌가.

그렇지만 미국은 정치적 자유에 부분적으로 제한을 가하기 시작했다. 질서를 말하면서 친일 경찰들을 다시 경찰서에서 일하게 했다. 그러면서 달라진 풍경이 많이 생기긴 했다. 예컨대 미국은 지방에 있던 인민위원회를 인정하지 않았다. 미군 전술 부대가 각 지방에 들어가서 제일 먼저 한 일이 인민위원회를 비롯한 여러 단체를 해체하는 것이었다.

그런 점에서 미군 진주 후 좀 달라졌다고 얘기할 수 있다. 무엇보다 중요한 건 언론, 출판, 집회, 결사의 자유와 정치적 자유를 비롯한 기본적 자유는 우리 스스로, 주체적으로 해방을 맞이하면서 획득한 것이었다는 점이다. 해방된 바로 그날부터 그런 자유를 누리지 않았나. 조선총독부 기관지였던 매일신보를 인수해 우리 스스로 매일신보를 내고 그랬다. 이게 나중에 서울신문으로 바뀌는 거다. 미국이 우리에게 자유를 준 게 아니다. 이 점을 정확히 인식하는 게 아주 중요하다.

── 미군이 당시 점령군으로 온 것인지, 해방군으로 온 것인지에 대한 논란도 있었다.

극단적인 반공 시기에 미군을 점령군이라고 부른다든가 건준에 역사적 의미를 부여하려 하면, 국가보안법이나 반공법으로 처벌하는 사례가 있었다. 한마디로 '건준에 대해선 얘기해선 안 되고 미군은 점령군이 아니라 해방군이라고 불러야 한다', 오랫동안 그렇게 이야기한 거다.

미군이 1945년 당시 비행기에서 뿌린 포고 제1호, 제2호를 봐

한반도에 입성한 미군의 모습. 미군은 1945년 9월 8일 인천에 상륙해 9월 9일 서울에 들어왔다. 그러면서 한국인들의 정치적 자유에 부분적으로 제한을 가하기 시작했고, 친일 경찰을 끌어들여 다시 일하게 하기도 했다.

라. "점령군"이라고 스스로 딱 못을 박았다. 그러면서 '질서에 절대 복종해야 한다. 우리 지시에 따라라', 이렇게 돼 있다. 그런데도 왜 점령군이라고 하는 걸 불온하게 여기고 단죄하려 한 건지 도무지 이해가 안 된다.

거꾸로 소련군을 해방군이라고 부르면 또 잡혀갔다. 그건 점령군이라고 부르라고 했다. 세상에, 미·소 양군이 똑같은 자격으로 한반도에 진주한 건데도 그랬다. 이런 희한한 역사를 우리가 상당히 오랫동안 가졌다. 또 건준에 대해선 입도 열지 못하게 했다.

── 한국 사회에서 언제부터 건준에 다시 주목하게 된 건가.

1945년 북한에 들어온 소련군의 모습.

해방과 분단

전두환 신군부 정권이 1980년 5·17쿠데타로 집권하면서 학교에서 많은 교수들이 쫓겨나지 않았나. 그중 한 명인 강만길 선생이 1984년에 《한국 현대사》, 《한국 근대사》를 창비에서 냈다. 쫓겨난 게 전화위복이 된 건지, 시간이 나니까 그런 저술을 하실 수가 있게 된 거다. 그런데 《한국 현대사》를 건준으로부터 열었다.

그러니까 사람들이 좀 놀랐던가 보다. 1984년만 해도 그럴 시점이다. 그때 내가 《신동아》에 근무하고 있었는데, 《신동아》 편집위원 중 고故 민두기 교수(서울대 동양사학과)가 '이런 게 있네. 강만길 교수가 이렇게 썼더라'라고 편집회의에서 얘기하면서 토론회를 열자고 했다. 그래서 고 정창렬 교수(한양대 사학과), 신용하 교수(서울대 사회학과) 등 몇 분이 모여 토론했다. 내가 담당했는데, 4시간인가 굉장히 긴 토론을 했다. 그런데 놀랍게도 거기에서 다 '강만길 선생이 쓴 것이 좋다, 옳다' 하면서 그걸 부연 설명했지, 이의를 제기하지 않더라. 그 이후 나온 통사 등 역사책은 거의 전부 해방 후 역사가 건준에서 시작됐다고 쓰게 된 거다. 그전엔 불온하게 여겼다. 참 기가 막힌 일이다.

한국 '최고의 혁명가' 여운형이 친일파?
"극우, 참 비열하다"

해방과 분단, 세 번째 마당

김 덕 련 1945년 8월 패망을 앞두고 일제가 여운형이 아니라 송진우에게 치안 협조를 부탁했다는 주장도 있다. 송진우가 하지 않겠다고 해, 일제가 할 수 없이 여운형에게 맡겼다는 주장이다.

서 중 석 그런 주장이 수십 년간 일종의 정사正史인 것처럼 강요됐다. 건준을 불온하게 여긴 시기에 특히 심했다. 그런 주장에 이의를 제기하는 사람을 이상하게 보고 그랬다.

　예컨대 한민당 쪽에서 낸 여러 자료나 한민당 핵심 간부인 김준연이 쓴 《독립노선》 같은 책을 보면, 조선총독부에서 송진우한테 치안을 맡기려고 했을 뿐만 아니라 더 나아가 행정위원회 조직을 위탁했고, 독립 준비까지 해도 좋다고 말했다는 주장을 편다. 그런데 '송진우는 떳떳한 분이니 딱 거부했는데 친일파인 여운형이란 자가 덥석 받아먹었다', 이런 식으로 한민당은 주장했다. 참 터무니없는 주장이다.

──　근거가 무엇인가.

　조선총독부 관리들이 송진우를 안 만난 건 아니다. 하급 관리, 엔도 정무총감보다 급수가 훨씬 낮은 총독부 사무관이나 다른 관리들이 송진우를 만나긴 했다. 일제가 되게 위급한 것 같으니 그 사람들도 엔도 정무총감과 똑같은 걱정을 한 거다. 일제가 망하면 한국인들이 엄청난 보복을 할 것 아니냐고 우려한 것이다. 그래서 조선총독부 고위층을 만나 치안 문제 같은 걸 상의해봤으면 좋겠다는 등의 몇 가지를 송진우한테 부탁하고 그랬다.

　그런데 1957년 8월 엔도 전 조선총독부 정무총감이 일본 국제

타임스와 회견을 했다. 사람들이 궁금해서 이 문제를 물었다. 그랬더니 엔도는 '여운형에게 치안 대책을 부탁했을 뿐이며 송진우와는 교섭하지 않았다', 이렇게 말했다. 조선총독부에서 한국인으로 요직에 있었던 최하영이란 사람도 조선총독부에서 만나려 했던 건 송진우가 아니라 여운형이었고, 여운형에게 치안권을 넘겨받게 했다는 점을 명확하게 밝혔다.

— 송진우는 어떤 태도를 취했나.

그 당시 송진우는 그런 문제를 조선총독부와 상의한다든가 '내가 치안을 맡을 테니 당신들이 총독부 고위층에 얘기해봐라', 이렇게 얘기할 위치에 있지 않았다. 1944년 일제가 점점 어려운 상황에 빠지는 것을 알고 안재홍은 여운형이 들어오라고 한 건국동맹에는 들어가지 않지만, 여운형 쪽을 만나면서 해방을 준비한다. 이때 안재홍은 송진우도 만났다. 어쨌든 송진우는 동아일보 세력, 지주·부르주아를 대표하는 중요 인물로 돼 있지 않았나. '위급한 상황이니 우리가 이제 준비를 좀 해야 할 것 아니냐?', 안재홍이 이런 이야기를 하니 송진우가 뭐라고 대답했느냐면 "긴박한 이 시국에서 오직 침묵밖에는", 이렇게 이야기했다. 송진우 전기에는 뭐라고 쓰여 있냐면, 일제 말에 이불 펴고 누워 중병을 가장하고 두문불출할 수밖에 없었다고 쓰여 있다.

아, 송진우와 가까운 사람들이 그 당시에 친일을 비롯해 문제가 있는 행동을 얼마나 많이 했나. 지주·부르주아 세력은 친일 아니면 민족 개량주의자로 비난을 받고 있었다. 그렇기 때문에, 송진우가 나서서 조선총독부하고 함께 뭘 한다는 건 송진우 자신이 생각해도 있을 수가 없는 것이었다. 여운형이 아니라 송진우에게 맡기려 했다는 주장은 조선총독부 상황을 봐도 사실이 아니란 걸 알 수 있다.

— 어떤 점에서 그러한가.

일제가 패망하면 일본인들이 보복을 당할 것이라는 두려움이 있지 않았나. '보복을 당하지 않기 위해 한국인한테 치안 협조를 부탁하자', 이렇게 하려고 할 경우, 아 한국인에게 영향력이 없는 사람에게 부탁해봤자 아무 소용이 없는 것 아닌가. 그래서 일제 말에 조선총독부 핵심 권력에 깊이 접근해 있던 다른 일본인이 쓴 글에도 '첫 번째로 꼽은 게 여운형, 그다음이 안재홍', 이런 식으로 나온다. 그건 누가 봐도 뻔한 것이었다.

한국인이 사랑한 지도자
여운형을 물어뜯은 세력들

— 여운형과 안재홍이 당시 국내에 있던 주요 인사 중 마지막까지 일제에 굴복하지 않은 이들이었다는 점과 떼놓을 수 없는 대목으로 보인다. 특히 여운형은 해방 후 실시된 첫 여론 조사(1945년 11월)에서 '조선을 이끌어갈 양심적 지도자', '생존 인물 중 최고의 혁명가' 항목에서 모두 1위를 할 정도로 대중의 신망이 높았다. 그런데도 친일파 등이 오히려 여운형을 친일파로 몰아가는 어처구니없는 일이 해방 공간에서 벌어지기도 한다.

여운형(왼쪽)과 안재홍. 여운형과 안재홍은 당시 국내에 있던 주요 인사 중 마지막까지 일제에 굴복하지 않은 이들이었다.

이번에 교학사 책을 만든 뉴라이트 쪽도 여운형을 헐뜯지 않았나. 뉴라이트가 그러는 건 근래의 일이지만, 오래전부터 한국의 극단적인 반공 세력은 여운형을 많이 헐뜯었다. 특히 해방 직후 한민당은 여운형에 대해 무지무지하게 중상모략을 했다. 공산당보다 건준과 여운형을 더 심하게 공격했다. 비열한 언사, 있을 수 없는 말들을 써가면서 말도 안 되는 주장을 하고 그랬다. 그 후 극우 세력이 건준을 불온하게 여기고, 최근에는 다시 뉴라이트가 그런 짓을 하는 것을 보면 기가 막힌다.°

° 교학사 고교 한국사 집필자인 권희영 한국학중앙연구원 교수는 여운형에 대해 "소련의 충실한 동맹국이 되려 한 것일 뿐 합리적·이상적 독립국 건설을 위해 노력했다는 이야기는 지어낸 것"이라고 주장했다. 여운형이 "스탈린의 선택을 받아 공산주의 국가를 세우고자 했다"는 것이다. 이는 수십 년간 학계에서 쌓아 올린 객관적 연구 성과와는 매우 동떨어진 주장이다.

— 여운형은 송진우 쪽에 어떤 태도를 취했나.

여운형은 '송진우 세력도 해방을 맞는 데 동참하게 하는 게 필요하다. 해방은 좌우가 힘을 모아서 맞을 때 큰 힘으로 나타나는 거다', 이런 생각을 많이 했다. 그래서 1945년 8월 11일경에 독립 선언서를 만들게 하는 등 구체적인 건국 작업에 들어가면서 12일, 13일에 송진우 쪽에 거듭 사람을 보낸다. 일제가 며칠 안으로 망할 것이니 함께 준비하자는 뜻이었다. 포츠담 선언을 일제가 수락한 것 같다고 귀띔했을 수도 있는 건데, 사실은 송진우도 단파 방송 내용을 알고 있던 소수 중 하나였다. 유명한 단파 방송 사건●●에 송진우 쪽이 연루됐다. 그리고 8·15 바로 그날에도 여운형은 자신의 왼팔로 불리던 이여성을 직접 송진우에게 보낸다.

그런데 송진우 쪽에서는 분명히 거부감을 나타냈다. '중경에 있는 임정을 봉대奉戴(공경해 높이 받듦)해야 한다', 이런 주장을 한다. 난이 '봉대'가 너무 심한 말이라고 보는데, 하여튼 송진우 등은 봉대해야 한다는 주장을 했다. 임시정부 이름을 빌려서 지주·부르주아 세력이 강한 한민당이 정치적인 힘을 회복해보겠다는 생각을 했던 것 같다.

나로서는 이해하기가 더 어려운 것이 한민당이 심지어 임정 측에, 건준과 여운형을 근거 없이 아주 심하게 비방하는 글을 보냈다는 것이다. 임정이 있는데도 여운형이 정부를 참칭하고 있다는 식으로 헐뜯었다. 그렇게까지 할 필요가 있었나 하는 생각이 들더라.●●●

●● 경성·개성 방송국에서 일하던 한국인 직원들이 미국의 단파 방송을 듣다가 1942년 말부터 1943년 초 검거된 후 정치 문제로 비화된 사건.

건준과 인민위원회는 처음부터 좌편향?
그렇지 않다

─ 일각에서는 여운형과 건준이 좌편향이었다고 주장한다.

뉴라이트뿐만 아니라 그 이전부터 수구 냉전 세력이 강하게 주장한 내용이다. 그게 그렇지 않다는 것은 송진우에 대한 여운형의 태도에서 잘 드러난다. 이미 건국동맹을 만들 때도 여운형은 좌우를 꼭 같이 주요 간부로 놓는 것을 볼 수 있다.

건준은 초기에 좌우 연합적인 성격이 대단히 강했다. 해방 이틀 후인 1945년 8월 17일 간부를 발표하는데, 그때 7명의 간부 명단을 보면 안재홍 부위원장 등 4명이 우파거나 중도 우파다. 좌파나 중도 좌파는 3명뿐이다. 여운형은 중도 좌파다. 그만큼 배려를 많이 하면서 일했다.

─ 그 후 건준 구성에 변화가 생긴다.

처음에 조선총독부와 조선군사령부는 한강 이북, 곧 당시의 서울에는 소련군이 들어오는 것으로 알고 여운형에게도 그렇게 말한 것으로 나와 있다. 그런데 8월 25일 무렵부터, 미군이 38선 이남에 들어온다는 소문이 확 퍼졌다고 한다. 난 이것도 이상하다. 용산에

●●● 문제의 글은 중경 임시정부 인사들이 귀국하기 전인 1945년 9월 14일, 한민당의 조병옥과 원세훈이 김구 등에게 보낸 편지를 말한다. 한민당은 이 편지에서 "일본 총독이 여운형을 통해 친일 정부를 세우려고 시도했"으며 여운형이 대중을 속이고 있다고 매도했다.

있던 일본의 조선군사령부는 미군이 38선 남쪽에 들어온다는 걸 알고 있었다. 송진우, 김성수 쪽도 그 사실을 일찌감치 알았을 것 같은데, 그렇지 못했나 보더라. 어쨌건 그 소문이 퍼진 게 자료상으로는 8월 25일, 26일쯤인 걸로 나온다.

그러면서 우파가 건준에서 우르르 빠져나갔다. 또 조선공산당 재건파가 강하게 헤게모니를 행사하면서 건준에 막 들어오기 시작했다. 건준이 중요 단체니까 그렇게 한 것이다. 그 결과 9월 4일에 3차 개편을 할 때쯤엔 사실 좌편향이 됐다고 이야기할 수 있다. 우파가 상당수 빠져나갔고 안재홍도 나가면서 그렇게 된 거다. 안재홍은 그럴 수밖에 없었을 것이다. 송진우, 김성수 쪽에서 강력하게 임시정부 추대를 밀어붙이는데 자기만 빠져버리면 우파에서 낙오자가 될 수 있는 거다. 그러니 건준에서 나가서 같이 임시정부 추대를 하게 된 거다.

참 해방 직후 양쪽으로 갈라져서 이러는 걸 보면 너무 심하다. 각자가 자기 판단대로 움직이기 어려운 점이 있었다.

— 인민위원회 역시 좌편향이었다는 주장이 나온다.

인민위원회는 그 이름 때문에도 처음부터 좌편향이었던 것처럼 보이지 않나. 이에 관한 상황을 짚을 필요가 있다. 여운형이 1945년 8월 15일 엔도 정무총감을 만났을 때 첫 번째 요구 사항이 정치범 등을 즉각 석방하라는 것이었다. 일제는 여운형 얘기를 듣기 전에는 정치범을 풀어줄 생각이 전혀 없었다. 그건 연합군이 와서 해야 할 문제라고 봤다. 다른 문제도 마찬가지였다. 조선 사람한테 맡길 생각이 없었다.

8월 16일 휘문고보 교정에서 환영을 받는 여운형. 여운형이 1945년 8월 15일 엔도 정무총감을 만났을 때 첫 번째 요구 사항이 정치범 등을 즉각 석방하라는 것이었다.

그런데 여운형이 주장했고 워낙 황급했으니 엔도는 여운형이 요구한 5개 항을 수락한다고는 했지만, 정치범 문제에 대해선 이렇게 답했다. '여운형 당신 말대로 하겠지만 그래도 최소한의 절차가 있어야 하는 것 아니냐. 정치범은 수속 절차라는 게 있어야 한다. 그러니 내일(16일)부터 당신이 가거나, 당신 편지를 가지고 오거나, 당신이 보낸 사람이 오거나 하면 다 석방하겠다.' 16일부터 전국의 옥문이 다 열렸다. 아, 이 양반들이 어떤 사람들인가. 다 지하투쟁을 하면서 새로운 나라를 세우겠다고 한 사람들 아니었나. 풀려나자마자 곧장 지방에 가서 조직 사업에 참여했다. 그래서 건준 지부 활동이 그렇게 활발하게 각지에서 이뤄진 것이다.

9월 6일 중앙에서 인민공화국을 선포하면서 이게 다 인민위원회로 이름이 바뀌었다. 그런데 그 인민위원회가 정말 좌편향이었나? 그렇지 않다.

해방과 분단

─── 그간 인민위원회에 대해서도 적잖은 연구가 이뤄졌다.

나중에 인민위원회는 동, 리, 면 단위에도 조직됐다고 한다. 굉장히 많이 조직됐는데, 이 인민위원회에 대해선 1990년대 초부터 많은 연구가 나왔다. 지방 조직이 어떠했는지가 궁금할 것 아닌가. 브루스 커밍스의 그 방대한 저작《한국전쟁의 기원》도 인민위원회에 얼마나 큰 비중을 두고 있나.

전라남도를 시작으로 여러 지방에 대한 연구가 이뤄졌다. 그 연구에 따르면 우파 세력이 강한 곳도 여러 군데 있고, 좌파 세력이 강한 곳도 있고, 양쪽이 동거한 곳도 있었다. '인민위원회에서 어느 한쪽이 아주 우세했다고 보긴 어렵다', 논문의 결론이 그것이었다. 경상남북도와 더불어 좌익이 대단히 우세한 지역으로 알려진 전라남도에서조차 인민위원회에서 좌익이 조금 더 우세했던 것 같긴 하지만 어느 일방이 아주 우세했다고 보긴 어렵다는 것이 연구 결과였다.

그러니까 처음에 건준에서 인민위원회로 조직 개편이 이뤄지고 할 때는 어느 한쪽으로 치우쳤다고 얘기할 수 없다. 그런데 10월부터 미군 전술 부대가 지방에 내려가서 제일 먼저 한 일 중 하나가 인민위원회를 해체하는 일이었다. 그러면서 무슨 일이 일어났는가 하니, 인민위원회가 그냥 다 해체된 게 아니라, 역할은 축소되거나 무력화되었지만 명칭은 존속하면서 우파가 빠져나가기 시작한 거다. 그러니까 이게 좌파 조직이 될 수밖에 없었던 거다. 그런 조직엔 공산당이 또 잘 파고들지 않나. 조선공산당 세력이 인민위원회에 많이 파고들어갔다. 그 결과 처음과 달리 나중에 가서는 좌편향이다, 이렇게 얘기할 수가 있다.

3·7제와 3·1제,
농민과 해방의 의미

── 지방 상황을 조금 더 짚어보자. 소작료 문제에서도 적잖은 변화가 이뤄졌다.

앞에서, 많은 한국인이 해방의 뿌듯한 감격을 맛본 건 8월 16일부터 치안대가 각지에서 활동하는 걸 보면서였다고 말했다. 그에 못지않게 뿌듯한 감격을 맛보게 한 것이 3·7제였는데, 이건 인민위원회가 활동할 무렵 '실시'됐다. 3·7제는 소작료를 소출의 3할로 하고 7할은 농민이 차지하라는 것이었다.

당시 한국인 대다수가 농민 아니었나. 그런데 조선 시대 소작제와 또 다르게 일제의 식민지 지주제는 지주의 권한이 강대했고 소작인에게는 너무 가혹했다. 3·7제가 실시되니까 농민들은 '이게 진짜 해방'이라고 느꼈다. '우리가 소작농으로 설움을 얼마나 많이 받았느냐. 그렇게 힘들게 농사를 지어도 다 소작료로 빼앗기지 않았느냐. 그런데 7할을 우리가 차지하고 3할만 지주한테 주면 된다? 아, 이런 세상을 만나게 됐으니 이거야말로 해방된 세상 아니냐', 이런 기쁨을 느꼈다는 것이다.

그래서 미군정에서도 나중에 3·1제를 실시한다. 무슨 이야기냐 하면, 해방을 맞은 한국 농민들의 그 기쁨을 미국도 묵살할 수 없었다는 것이다. 해방 후 한국인들이 스스로 누리고 있던 자유를 미국이 아주 묵살할 수 없었던 것하고 똑같은 일이 여기서도 일어난 거다.

3·1제는 소출의 3분의 1만 지주 몫으로 하고 3분의 2는 농민

이 차지하라는 거다. 66퍼센트를 농민이 차지하게 됐으니 3·7제랑 비슷한 것이다. 그래서 그것에 대해선 농민들이 고마워했다. 농민들이 3·1제도 좋아했다. 해방 공간을 살필 때 이런 점도 생각해볼 필요가 있다.

조선일보도 공감한 민족적 과제
토지 개혁과 친일파 처단

해방과 분단, 네 번째 마당

김 덕 련 해방 직후 많은 이가 공감한 역사적 과제는 무엇인가.

서 중 석 이 부분, 굉장히 중요하다. 단적으로 토지 개혁과 친일파 처단, 이 두 가지라고 이야기할 수 있다. 조선일보 사설을 통해서도 그걸 확인할 수 있다. 1945년 11월 23일 중경 임시정부 1진이 들어오고 2진이 12월 2일에 들어오는데, 2진이 들어온 직후인 12월 5일에 '임시정부에 제언함'이란 조선일보 사설이 게재된다. 거기 이런 주장이 나온다.

"첫째, 이상 양대(임시정부와 인민공화국) 세력은 어떠한 일이 있더라도 합작하여 민족 통일 전선을 완성할 것. 둘째, …… 민중의 총의에 의한 민주 정부여야 할 것." 이걸 가장 앞에 내세우고 있다. 당시 누구나 이야기하는 합리적인 주장이었다고 볼 수 있다.

이어서 이런 얘기를 한다. "조선에는 아직 사회적·경제적 기반이 봉건 제도를 못 벗어났으니", 앞에서 이야기한 '봉건적 관계로부터 해방된다', 그거랑 똑같은 이야기다. "이를 현실적으로 타파할 것. …… 이를 타파하자면 토지 문제가 무엇보다 선결되어야 한다." 이렇게 얘기한다. 토지 개혁을 해야 한다는 것이다.

그다음에 "넷째는 현재 민족 통일 전선의 암이 되어 있는 친일파, 민족 반역자 문제이다. 이런 도배를 신성한 우리의 건국에서 배제함으로써 후환을 단절하는 데 어느 누가 찬동치 않을 것인가." 조선일보가 이렇게 딱 얘기를 했다.

— 요즘의 조선일보와는 사뭇 다른 모습이다. 해방 직후 토지 개혁 열망이 그토록 높았던 이유는 무엇인가.

1945년 12월 6일 임시정부 환영 시가 행진. 임시정부 1진은 1945년 11월, 2진은 1945년 12월에 한국에 들어왔다.

우리나라에는 참 오랫동안 소작제가 있었던 것 같다. 그런데 지주전호제(전호田戶, 지주에게 땅을 빌려 경작하는 사람)라고 불린 조선 후기의 소작제보다 일제 때 식민지 지주제가 훨씬 가혹했다. 아주 가혹하기 짝이 없었다.

── 어떤 점에서 그러했나.

조선에선 관습적으로 소작인한테 한 번 소작지를 주면 계속 농사를 짓게 했다. 그런데 1910년 일제가 강점한 후 취한 첫 번째 조치 중 하나가 '지주가 소작하는 사람을 매년 바꿀 수 있다'고 한

것이다. 농민의 경작권을 인정하지 않고 지주의 권한을 강대하게 해
버린 거다. 일본인이 한국인의 토지를 쉽게 장악하게 하기 위한 정
책이었다.

그뿐만 아니라 조선일보, 동아일보 사설 같은 걸 읽어보면 일
제 때 소작료가 7할에서 9할까지 간다고 돼 있다. 진도의 소작 쟁
의 같은 걸 설명하면서 '9할까지 되니 농민들은 어떻게 살라는 말
이냐', 이렇게 쓰고 있다. 도대체 9할이 어떻게 가능한 것인지 살펴
봤더니만, 여러 가지 빚까지 포함해 그렇게 쓴 것 같더라. 예컨대 돈
문제 등 때문에 화학 비료를 안 쓰려 하는 농민에게 지주가 그걸 외
상으로 쓰게 해 발생한 비용 같은 것까지 다 들어간 것 아닌가 하
는 생각이 들더라. 그렇지 않고서는 9할이 될 수가 없지 않나.

─── 식민지 근대화론이 정면으로 응시하지 않는 일제 강점기의 실
    상이다.

그렇다. 조선 후기엔 지주와 농민이 소출을 반반 나눠먹는 병
작반수제竝作半收制였는데, 일제 때는 그게 아니었다. 대개 소작료가
60퍼센트 내지 70퍼센트였다. 그런 경우가 많았다. 그것도 농민이 지
주한테 갖다 바쳐야 했다. 일제 때는 수리세水利稅가 큰 부담이었는
데, 그런 수리세에다 심지어 지세까지 농민에게 부담시키기도 했다.
지주의 권한이 워낙 강대하니 이런 일이 생긴 거다.

아, 농민들은 소작지를 떼이면 죽은 목숨 아니었나. 남부여대男
負女戴하고 만주로 가야 하는 것이었다. 이렇게 지독한 일제의 식민
지 지주제를 맛봤기 때문에도 '해방이란 이런 굴레에서 벗어나는
거다', 이게 사람들에게 너무나 당연한 것이었다.

— 토지 개혁은 어느 누구도 거스를 수 없는 흐름이었다.

한민당도 토지 개혁에 직접 반대한 적은 없다. 다만 어떤 식으로 하느냐를 가지고 실질적인 반대를 한 것이다. 이와 달리 한민당의 김병로 같은 사람은 이미 1945년에 '소작료와 소작제, 이거 완전히 없애버려야 한다'고 주장한다. 그뿐만 아니라 토지를 무상 몰수, 무상 분배해야 한다고도 이야기한다. 아, 한민당 중진이 이렇게까지 발언하는 것을 볼 수 있다. 그만큼 식민지 지주제 폐해가 컸다. 거기에 한국인의 정의감까지 가세해서 '토지 개혁은 반드시 해야 하는 것'이라고 많은 사람이 생각했던 거다.

친일파가 준동하면서
해방의 감격이 사라졌다

— 친일파 문제도 심각했다.

정말 원성의 대상이었다. 해방 직후 친일 경찰이 80퍼센트 넘게 출근하지 않고 도망가지 않았나. 그런데 미군정이 친일 경찰들을 복귀시켰다. 친일 관공리를 몇 단계씩 승진시켰다. 일본인이 자리를 비우니까 그 자리에 친일파를 앉힌 거다. 패전국이자 전범 국가인 독일과 일본에 대해서는 현상 타파 정책을 썼는데, 한국에 대해서는 현상 유지 정책을 썼다. 미군정이 씻을 수 없는 잘못을 저지른 거다. 이뿐만 아니라 독일과 일본에 대해서는 간접 통치를 했는데, 한국에 와서는 바로 미군정을 설치해 직접 통치를 했다. 친일 경찰과 관리가 미군정에서 다시 큰소리를 치니 해방되고 불과 얼마 안 가서 '해방이 해방이 아닌 것 같다'는 주장이 나오는 것을 볼 수 있다. 그런데 친일파가 준동할 수 있는 기회가 또 다른 방식으로 찾아왔다.

─── 어떤 방식이었나.

하지 주한 미군 사령관이 한국에 와보니, 좌익이 너무 센 거 같았다. 그러니까 하지는 좌익을 누르기 위해 1945년 9월 17일 '정치 단체와 정례 회견을 하겠다'고 이야기해버렸다. 이게 바로 하지의 '정당은 오라'이다. 무슨 이야기인가 하니, 정당 대표들하고 만나겠다는 거다. 그 당시는 정당을 만드는 데 구체적인 기준 같은 게 없고 두세 명이 모여 뚝딱뚝딱 만들 수 있던 때인데, 그런 정당을 만들면 그 대표가 하지를 만날 수 있다고 하니 얼마나 대단한 것인가. 이때 한 달 안에 40~50개의 정당과 유사 단체가 생겼다고 한다. '여기에는 야심가, 불순분자 등이 대종을 이뤘다'고 돼 있는데 야심가, 불순분자가 뭘 가리키는 것이겠나. 친일파를 그렇게 부른 거다.● 그런데 이 문제는 이승만이 1945년 10월 16일 귀국하면서 더 불거졌다.

─── 어떤 식으로 불거졌나.

이 양반은 미군정의 강력한 지지와 성원을 받으면서 '정당, 사

● 미군이 들어오기 전 자율적으로 조직된 단체들에 좌익이 많자, 급조된 정당을 양산하게 해 좌익 성향 조직의 대표성을 떨어뜨리고 무력화를 기도한 것이다.

이승만은 1945년 10월에 한국에 들어왔다.
중앙청에서 열린 귀국 환영 대회에서 연설하고
있는 모습. 왼쪽에 앉아 있는 사람이 존 하지
사령관이다.

회단체 대표들과 만나겠다. 정당, 사회단체 대표들로 독립촉성중앙협의회를 구성하겠다', 이렇게 나왔다. 어떻게 줄을 설 것인가가 당시 친일파, 모리배의 최대 관심사였다. 그런데 미군정의 가장 강력한 지지를 받는 것처럼 보이는 이승만이 정당, 사회단체 대표들을 만나겠다고 하니 또 정당과 유사 단체가 뚝딱뚝딱 만들어졌다. 독립촉성중앙협의회 조직을 해나간다고 하자, 뚝딱뚝딱 만들어진 정당과 유사 단체가 100개 정도로 늘었다. 이게 말이 되는 건가.

하여튼 이러면서 친일파가 준동하기 시작했다. 그러면서 10~11월이 되면, 해방 후 두세 달밖에 안 됐는데 사회가 굉장히 암울해진다. 해방의 감격이 점점 약화되고 역사적 의미가 퇴색하는 거다. 혼란도 심해졌다.

독립은 안 되는데 친일파는 날뛰고…
화약통이 된 남한

— 그렇게 민중의 불만이 쌓여 1945년 말 "불만 댕기면 금방 폭발할 것 같은 화약통" 같은 상황이 된다.

"화약통" 이야기는 미국인 고위 관리*가 국무성에 보고한 내용이다. 한국은 정말 불만 댕기면 폭발할 것 같은 화약통이었다. 이게 반탁 투쟁 때 폭발하는 것이다.

● 미군정 고문 머렐 베닝호프를 말한다.

한국인들은 꿈같이 해방을 맞았다. 많은 한국인은 해방이 되면 바로 독립이 이뤄지는 줄 알았다. 상당히 천진난만하다고 할까. 그런데 독립이 안 되는 것이다. 그래서 걱정이 되는데, 더 암울하게 한 건 친일 경찰이 날뛰면서 사람들을 억압하고 못살게 구는 것이었다. 일제 때 관리를 한 친일파가 오히려 더 높은 자리에 올라가고 사람들을 막 하시下視하는 것이었다. 그야말로 세상이 어떻게 돼가는 건가 하는 생각이 많이 들게 하는 상황이었다. '독립은 안 되는데 친일파는 날뛴다', 참 걱정스럽지 않았겠나.

— 경제 상황도 좋지 않았다.

그렇다. 경제 상황이 아주 나빠지기 시작했다. 제일 큰 요인은 두 가지다. 하나는 일제와 관련돼 있다. 일제 때는 놀라울 정도로 인플레이션이라는 게 없었다. 그 점은 좋았다. 그런데 일제 말에 조선총독부에서, 정확히 말하면 조선은행에서 화폐를 엄청나게 찍어냈다. 전시 말에 필요한 수많은 수요를 그걸로 충당하려다보니 그렇게 된 것이다. 그때부터 인플레이션이 막 일어났는데, 해방되고 나서도 일제가 또 막 찍어냈다. 미군이 들어올 때까지 일제가 그런 건 장악하고 있었다. 자기들이 쉽게, 편안하게 귀국하려고 그런 것 같다. 그렇게 하는 것이 재산을 챙겨서 도망갈 때 유리하다고 본 것이다. 그 때문에 엄청난 인플레이션이 생겼다.

— 다른 하나는 무엇인가.

한국은 일제 말에 지독한 통제 경제였는데, 미군정이 그런 한국 실정을 잘 모르고 미국식으로 자유 경제를 실시해버렸다. 해방 직후, 처음엔 일본인들이 자기 나라로 돌아가려고 공장에 있는 물건 같은 걸 팔아먹어서 어떤 물품은 한국인들이 싸게 사기도 했는데, 미군정의 조치 후 물건이 귀하게 됐을 뿐만 아니라 모리꾼이 날뛰기 시작했다. '생필품을 쟁이기만 하면 일제 말보다 훨씬 큰돈을 번다', 이런 분위기가 돼버렸다. 그래서 모리꾼이 당시 친일파 못지않게 욕을 많이 먹었다.

특히 쌀 문제가 심각했다. 일제 때 우리가 쌀을 얼마나 못 먹었나. 해방된 해 흉년이던 북한과 달리 남한엔 풍년이 들었는데, 12월 말이 되면 시중에 쌀이 잘 보이지 않게 됐다. 그해 10월 미군정이 식량 통제 제도를 폐지하자 모리꾼이 쌀을 박박 긁어 쟁여둔 거다.

그러자 미군정은 한국인들이 제일 싫어하는 것을 실시하게 된다. 일제 말에 쌀을 공출하면서 말 그대로 박박 긁어가지 않았나. 그 때문에 한국인들이 얼마나 심하게 굶주렸나. 그런데 미군정이 이름을 바꿔서 미곡 수집령을 내렸다. 그러니 누가 거기에 응하려 하겠나. 더군다나 1946년 7~8월이 되니까 하곡夏穀(보리와 밀처럼 여름에 거두는 곡식) 수집령까지 내렸다. 일제 때도 하곡 수집령은 없었다. 양식이 거의 바닥이 나는 보릿고개를 가난한 농민들이 보리로 넘긴다는 걸 일제도 알았기 때문에 거기까지는 공출을 안 한 거다. 그런데 미국은 워낙 다급하니까 그것마저 공출하라고 한 것이다. 이게 1946년 9월총파업과 10월항쟁이 일어난 주요 원인 중 하나다.

── 9월총파업과 10월항쟁에 대해 일각에선 여전히 '좌익의 이념 투쟁'이라는 식으로만 간주한다.

그토록 심했던 경제난을 생각하지 않을 수 없다. 9월총파업 초
기엔 좌익인 조선노동조합전국평의회(전평)뿐만 아니라 우익인 대한
독립촉성노동총연맹(대한노총)에 속한 노동자까지 가담했다. 노동자
들이 도무지 생활할 수가 없게 된 것이다. 10월항쟁의 경우 쌀 품
귀를 포함한 생활고가 큰 이유였는데, 이에 더해 친일파, 그중에서
도 친일 경찰에 대한 강한 적대감이 작용한 것을 많이 볼 수 있다.
그리고 해방이 됐는데 독립은 안 되는 데서 비롯된 암울함이 겹치
면서 일어난 것이다.

<hr />

1946년 물가는 1944년에 비해 92배로 오른 데 비해, 1945년 5월과 1946년 5월의 임금
을 비교하면 물가 상승분의 13분의 1밖에 오르지 않았다. 여기에다 쌀 자체를 구하기
어려운 지경에 이르면서, 9월총파업이 일어날 무렵 서울은 물론 전국 곳곳에서 쌀을 달
라는 시민들의 시위가 벌어졌다. 쌀 문제를 해결하지 못한 미군정에 대한 불만에서 비롯
된 쌀 파동이었다.

역사를 바꾼 신탁 통치 논쟁
좌우익은 왜 그토록 싸웠는가

해방과 분단, 다섯 번째 마당

김 덕 련 해방 공간의 결정적 국면 중 하나가 모스크바3상회의(1945년 12월) 결정을 둘러싼 논란이다. 일각에선 이를 '찬탁'(신탁 통치 찬성) 대 '반탁'(신탁 통치 반대)의 대립으로 알고 있다.

서 중 석 찬탁 대 반탁은 적절한 규정이 아니다. 그간 나는 이런 지적을 참 많이 했다. 우익이 반탁 투쟁을 했다는 점에서 반탁은 맞다. 그러나 좌익은 모스크바3상회의 결정을 지지한 것이지, 신탁 통치 하나를 지지한 것이 아니었다. 모스크바3상회의 결정에서 제일 중요한 것은 임시정부 수립이었다. 좌익은 임시정부 수립을 중심에 놓고 '모스크바3상회의 결정을 지지한다', 이렇게 나왔는데 지금까지 우리는 '찬탁, 반탁' 식으로 교육을 받아왔다. '모스크바3상회의 결정 지지'라고 하면 너무 길어지니 그냥 찬탁으로 해버리는 게 좋다, 이렇게 생각하는 사람이 있는지도 모르겠다.

이 문제에 대해선 정말 오해가 많다. 1960년대 후반에 조순승 교수가 미국에서 영문판으로 저서를 냈는데, 미국 국무부 자료를 활용해 신탁 통치에 관한 내용을 상당히 서술했다. 신탁 통치 내용이 어떤 것이라는 건 그때쯤이면 학자들은 알 수가 있었다. 최상룡 교수가 1970년대 초반에 도쿄대에서 쓴 박사 논문에도 논란이 됐던 신탁 통치가 어떤 것이었다는 게 잘 서술돼 있다. 또 1980년대 이후 현대사 연구 성과가 쌓이고 그랬는데도 1990년대까지 억설이 많이 통용되고 교육도 제대로 되지 않았다. 이런 식으로 해서야 되겠는가 하는 생각을 참 많이 했다. 2000년대 들어서는 국사 교과서도 달라져 상당히 정확히 기술하는 편이다.

— 진보 성향 인사 중에도 이를 제대로 알지 못하는 이들이 적잖다.

1945년 12월 말 우익의 반탁 집회.
친일파가 반탁 투쟁에 적극 가세해
매국노, 민족 반역자에서 갑자기
애국자로 둔갑했다.

　　나이 드신 분일수록 잘못 알고 있는 게 많다. 진보적인 선생 중
한 분이 이렇게 얘기하는 걸 들은 적이 있다. '신탁 통치를 5년 이내
로 한다고 했으니까 길어봤자 5년 아니냐. 5년간 신탁 통치를 받고
통일 국가를 세웠더라면 분단과 전쟁의 고통을 겪지 않고 훨씬 더
강력한 국가를 갖지 않았겠느냐.' 틀렸다고 볼 수는 없지만 '5년 이
내 신탁 통치', 이 부분은 '융통성'이 많이 있을 수 있었다. 또 다른
분은 이렇게 말씀하더라. '신탁 통치를 하고 임시정부를 세운다.' 이
건 거꾸로 얘기한 거다. 모스크바3상회의 결정에 따르면 임시정부
를 세우는 것이 우선이고 신탁 통치는 나중 문제였다.

　　일부 서양 학자들은 신탁 통치 논쟁을 도무지 이해하기가 어려
웠나 보더라. 모스크바3상회의 결정을 살펴보면 좌우가 그렇게까지
싸울 문제가 아니고, 경우에 따라서는 신탁 통치 문제가 한국인의

모스크바3상회의 결의 전문

1. 조선을 독립 국가로 재건설하며, 조선을 민주주의적 원칙하에 발전시키는 조건을 조성하고, 일본의 장구한 조선 통치의 참담한 결과를 가급적 속히 청산하기 위하여 조선의 공업, 교통, 농업과 조선 인민의 민족 문화 발전에 필요한 모든 시설을 취할 임시 조선 민주주의 정부를 수립할 것이다.

2. 조선 임시정부 구성을 원조할 목적으로 먼저 그 적의한 방책을 연구·조정하기 위하여 남조선 미국 점령군과 북조선 소련 점령군의 대표자들로 공동위원회가 설치될 것이다. 그 제안 작성에 있어 공동위원회는 조선의 민주주의 정당 및 사회단체와 협의하여야 한다. 그들이 작성한 제안은 공동위원회 대표들의 정부가 최후 결정을 하기 전에 미국, 영국, 소련, 중국 각국 정부에 그 참고에 공하기 위하여 제출되어야 한다.

3. 조선 인민의 정치적, 경제적, 사회적 진보와 민주주의적 자치 발전과 독립 국가의 수립을 원조·협력할 방안을 작성함에는, 또한 조선 임시정부와 민주주의 단체의 참여하에서 공동위원회가 수행하되, 공동위원회의 제안은 최고 5년 기한으로 4국 신탁 통치의 협약을 작성하기 위하여 미국, 영국, 소련, 중국 제 정부와 협의한 후 제출되어야 한다. (북한 측 번역문: 공동위원회는 조선 민주주의 임시정부를 참가시키고 조선 민주주의 제 단체를 인입하여 조선 인민의 정치적, 경제적, 사회적 진보와 민주주의적 자치 발전과 또는 조선 국가 독립의 확립을 원조·협력(후견)하는 제 방책도 작성할 것이다. 공동위원회의 제안은 조선 임시정부와 협의 후 5년 이내를 기한으로 하는 조선에 대한 4개국 후견의 협정을 작성하기 위하여 소련, 미국, 영국, 중국 제 정부의 공동 심의를 받아야 한다.)

4. 남북 조선에 관련된 제 문제를 고려하기 위하여 또는 남조선 미합중국 관구와 북조선 소련 관구의 행정, 경제 면의 항구적 균형을 수립하기 위하여 2주일 이내에 조선에 주둔하는 미소 양군 사령부 대표로서 회의를 소집할 것이다.

해방과 분단

1946년 1월 좌익의 모스크바3상회의 절대 지지 집회. 좌익은 모스크바3상회의 결정을 지지한 것이지, 신탁 통치 하나를 지지한 것이 아니었다. 모스크바3상회의 결정에서 제일 중요한 것은 임시정부 수립이었다.

대응 여하에 따라 적절히 처리될 수도 있었는데, 어째서 한국 사람들은 이걸 가지고 머리가 터지도록 싸웠는지, 또 그 결과 나중에 분단까지 가는 데에도 이 문제가 명분으로 작용하는지 이해하기가 어렵다고 쓴 글을 읽은 적이 있다. 정말 그런 점이 있는 것 같다.

찬탁 대 반탁?
오래된, 치명적인 오해

— 1945년으로 돌아가 구체적으로 짚었으면 한다.

먼저 반탁 운동이 어떻게 시작됐는가를 살필 필요가 있다. 그해 12월 16일 미국, 영국, 소련 세 나라 외상이 모스크바에서 만나 논의하는데, 제일 중요한 의제 중 하나가 한국 문제였다. 그때까지 연합국은 한국 문제에 대해 어떤 결정도 하지 않았다. 그래서 구체적으로 논의를 한 거다. 사실 8·15 이후 넉 달이나 지난 시점에 논의한다는 건 너무 늦은 거다. 8·15 후 시간이 흐르면서 굉장히 합리적인 결정이 나와도 자신들의 정파와 정치적 이해관계가 맞아떨어져야 각 정파가 받아들일 수 있는 상황이 된 건데, 그렇지 못할 수도 있는 것 아닌가. 논의가 너무 늦게 진행된 것 자체가 큰 문제가 된다고 볼 수 있다.

—— 모스크바3상회의 결정 내용이 잘못 알려지면서 문제가 커졌다.

12월 24일 무렵부터 동아일보에 일방적으로 소련을 헐뜯는 기사가 실렸다. 사실에 맞지도 않고 어떤 데서도 구체적으로 입증이 안 된 내용이었다. 12월 26일 저녁에는 이승만이 방송에서 '어느 나라에서는 한국을 독립시키려 하는데 다른 어느 나라에서는 신탁 통치를 하려 한다', 이런 식으로 얘기했다. 이것도 참 이상한 것이다. 이승만 이 양반의 위치를 생각하면 여기서 독립시키려는 나라는 미국, 신탁 통치를 하려는 나라는 소련을 가리키는 것 아니겠나. 그렇게 보면, 정반대로 얘기하고 있는 것이다.

더 놀라운 건 12월 27일 자 보도다. 이날 동아일보는 1면 톱기사로 "소련은 신탁 통치 주장, …… 미국은 즉시 독립 주장"이라는 제목 아래 '소련은 남북 양 지역을 일괄한 일국 신탁 통치를 주장'한다고까지 보도했다. 이런 식으로 보도한 게 동아일보만은 아니지만, 동아일보는 28일에도 신문 전면을 거의 전부 '소련의 신탁 통치

동아일보 12월 27일 자 왜곡
보도 기사. 이날 동아일보는 1면
톱기사로 "소련은 신탁 통치
주장, …… 미국은 즉시 독립
주장"이라는 제목 아래 '소련은
남북 양 지역을 일괄한 일국 신탁
통치를 주장'한다고 보도했다.

주장'과 그에 대한 반대·성토 기사로 채웠다. 그러고는 소련의 음험
한 침략주의를 규탄했다. 12월 29일 자에서도 조선일보, 동아일보
등 신문이 굉장히 격렬한 논조로 썼다. 이런 상황에서 반탁 투쟁이
시작됐다.

── 신탁 통치는 제2차 세계대전 당시 미국의 전후 구상 중 하나였
     던 걸로 알고 있다.

1942~1943년 무렵부터 미국은 신탁 통치를 주장하고 소련은
그 문제에 대해 소극적으로 나왔다. 그리고 여러 학자들이 1960년
대 이후 연구에서 주장하는 것처럼, 해방 직후 남북 상황을 볼 때
소련은 '즉시 독립'을 주장하는 게 자국에 유리하다고 본 것 아닌
가. 실제로 모스크바3상회의에서 제임스 번즈 미국 국무장관은 12

월 17일, 한국에 신탁 통치를 실시하자고 주장했다. 그걸 12월 20일 뱌체슬라프 몰로토프 소련 외상이 전반적으로 바꿔놓은 것이다. 이렇게 두 나라를 중심으로 만들어진 안을 영국 외상까지 봐가지고 27일에 서명하는데, 그게 모스크바3상회의 결정이다.

하여튼 간에, 12월 27일 자 보도는 내용도 터무니없는데다 출처도 없다. 뉴스라는 건 출처가 있어야 하는 것 아닌가. 그런데 '모 통신사에서 12월 25일에 보냈는데 합동통신에서 이걸 받았다', 이런 식으로만 돼 있다. 이처럼 도무지 알 수가 없는 이상한 보도가 나오면서 12월 28일부터 '전 생명 걸고 반탁 투쟁을 해야 한다'(1945년 12월 28일 한민당 성명), '죽엄이냐 독립이냐'(조선일보 1945년 12월 29일 사설 제목) 이런 식으로 분위기가 싹 잡혔다.

왜곡 보도와 친일파 신분 세탁,
역사를 뒤흔들다

── 반탁 투쟁은 어떤 식으로 전개됐나.

반탁 투쟁이 본격적으로 일어나는 건 12월 29일인데, 많은 사람이 부정확하게 알고 있는 게 있다. 뭐냐 하면 '반탁 투쟁을 가장 중심에 내걸고 싸운 것일 거다' 하는 사고다. 이날 중경 임정 요인들뿐만 아니라 우익의 여러 대표자들까지 모여 경교장에서 '각 정당·사회단체 대표자 회의'라는 걸 연다. 그러면서 이렇게 내세웠다. '1. 연합국에 중경 임시정부 즉시 승인을 요구함. 2. 신탁 통치 절대 배격.' 신탁 통치 배격은 뒤에 가 있고, 임정을 우리 정부로 인정해달라는 요구를 그 앞에 내세운 거다. 그러니까 이때의 반탁 투쟁은 중경 임정 추대 운동의 일환으로 벌어진 것이라고 볼 수 있다. 하여튼 그러면서 우익을 중심으로 반소, 반공 투쟁을 겸한 반탁 투쟁이 대대적으로 벌어지게 된다. 그런데 더 놀라운 현상이 벌어진다.

—— 무엇인가.

친일파의 변신이다. 예전에 친일파로 활동했던 사람들, 그리고 그런 사람들이 모인 단체들이 12월 29일부터 반탁 투쟁에 나섰다. 그 이후 친일파가 반탁 투쟁에 적극 가세하는 걸 볼 수 있다. 매국노, 민족 반역자에서 갑자기 애국자로 둔갑한 거다.

그 당시에도 '친일파가 세탁했다'는 표현이 나오더라. 친일파는 해방 정국에서 두 가지를 통해서 변신이랄까 세탁을 한다. 하나는 반탁 투쟁, 다른 하나는 이승만의 단정(단독 정부 수립) 운동이다. 단정 운동에서 친일파가 대단한 힘을 발휘하며 한민당과 함께 중추 역할을 하지 않았나.

—— 모스크바 결정의 정확한 내용은 언제 한국인들에게 알려지나.

이제 모스크바3상회의 결정이 어떻게 알려지게 되는가를 짚어보자. 12월 29일 동아일보에 대문짝만하게 보도된 게 있다. '한국에 신탁 통치 실시 결정.' 모스크바3상회의 결정에서 가장 중요한 내용인 민주주의적 임시정부 수립이 거의 전달되지 않고 이렇게 보도됐다. 그러면서 소련을 맹렬히 비난했다. 사람들이 읽어보면 소련이 신탁 통치 실시를 주장했다는 건 말할 나위도 없거니와 '모스크바3상회의 결정은 신탁 통치인가보다', 이렇게만 생각하게끔 돼 있다.

모스크바3상회의 결정이 언제 한국인한테 전문 그대로 알려지느냐. 그건 12월 30일 자 동아일보 한 귀퉁이에 들어 있다. '미 육군성 코뮈니케'라고 돼 있는데, 이게 사실 맞는 거다. 왜냐하면 한국엔 군사 체계로 들어오게 돼 있다. 미국 국무부, 육군성, 맥아더 사령부, 그다음에 하지 사령부로 가는 거다. 그러니까 틀린 것이 아니지만 사실 한국인은 이게 뭔지를 전혀 생각할 수가 없었다. 그리고 모스크바3상회의 결정에 대해 이미 다 잘못 알고 있지 않았나. 그래서 이것(미 육군성 코뮈니케)을 주의 깊게 읽은 사람은 거의 없었을 거다. 번역도 아주 서툴게 돼 있어서, 나중에 우리가 알고 있는 번역문은 이것하고 상당히 차이가 난다. 그래도 이게 사실이다. 여기에 있는 게 우리가 알고 있는 모스크바3상회의 결정문이다. 신탁 통치는 말할 것도 없이 반대해야 하는 것이었지만, 상황이 이렇게 되면서 반탁 투쟁이 특이한 형태로 일어난 면도 생각을 안 할 수는 없다.

3상회의 결정에서 제일 중요한 건
임시정부 수립

── 모스크바3상회의 결정에 대해 반탁 세력이 처음에는 잘 몰랐다고 하더라도, 반탁 운동 규모가 점점 커진 1946년 초까지도 몰랐던 건가.

그렇지는 않다고 본다. 알았다는 확실한 증거가 있다. 그전에 먼저 모스크바3상회의 결정이 어떤 내용이었는지 살필 필요가 있다. 결정의 첫 번째는 한국에 임시정부를 수립한다는 것이었다. 그것도 조속히, 또 민주주의 정부를 수립하겠다는 것이었다. 모두 한국인이 바라던 바였다. 두 번째는 그렇게 하기 위해 미소공동위원회(미소공위)를 연다는 것이다. 미소공위가 한국의 정당·사회단체들과 임시정부 수립 문제를 협의하게끔 돼 있다.

세 번째의 앞부분은 '연합국이 한국을 여러 가지로 도와줘야 한다'는 건데, 이건 나쁜 소리가 아니다. 그런데 후단에 가서 그렇기 때문에 '한국에 신탁 통치를 5년 내의 기한으로 실시한다'고 돼 있다. 문제는 그 부분도 중요하지만 그것 못지않게 아주 중요한 게 있다는 것이다. 뭐냐 하면 3상회의 결정에 나오는 신탁 통치는 유엔 헌장에 나오는 신탁 통치하고 다르다는 점이다. 신탁 통치의 구체적인 내용, 그러니까 어떤 식으로 신탁 통치를 할 것인지는 미소공위가 한국 임시정부와 협의한 후, 신탁 통치 당사국(미국, 소련, 영국, 중국)에 회부해 공동 심의를 받도록 돼 있다는 거다. 나중에 동아일보 설의식 주간이 사설에 쓴 대로, 신탁 통치의 구체적 내용은 결정된 바가 없는 거다. 다만 실시한다고만 한 것이고, 구체적인 방안은 나중에 임시정부와 상의해서 마련하도록 돼 있었던 것이다.

그러니까 김규식 같은 사람은 이렇게 주장한 거다. '모스크바3상회의 결정을 지키지 않으면 분단되고 분열을 겪는 건데, 모스크바3상회의 결정 제1항은 우리에게 필요한 것 아니냐. 빨리 미소공위에 협력해 임시정부를 수립하고, 그런 다음에 임시정부에서 신탁 통치를 열화와 같이 반대하면 될 것 아닌가. 제3항에 임시정부하고 협의한다고 돼 있는데, 우리가 다 반대하면 되는 것 아닌가. 그러면 미국, 소련도 어떻게 우리 의견을 무시하겠는가. 우선 임시정부를 세

임시정부 수립을 위해 미국과 소련이 개최한
미소공동위원회가 열렸다. 사진은 여운형이
미국 측 대표(위쪽), 소련 측 대표(아래쪽)와
함께 있는 모습이다.

위놓고 보자.' 그 얼마나 현명하고 정확한 답인가. 실제로 미국 정부나 하지 등 주한 미군 고위 관리들은 '신탁 통치 문제는 한국인이 하기에 달렸다. 자주 독립과 배치되지 않는다. 한국을 돕자는 것이다. 결코 해로운 것이 아니다'라고 밝혔다.

── 미군정은 반탁 운동에 어떤 반응을 보였나.

하지 사령관은 반탁 운동에 한편으로 놀라면서도 다른 한편으로는 좋아했다. 반탁 투쟁 전까지 좌익이 너무나도 강한 것처럼 보였기 때문이다. '정국이 어떻게 돼가는 건가', 이게 하지의 큰 걱정이었다. 미국은 무엇보다 한국에서 자국의 이해관계를 실현해야 하는데, 좌익이 강하니 간단한 문제가 아니었던 거다. 더욱이 미군정이 등용한 친일파는 한국인들로부터 민족 반역자로 매를 맞고 있었다. 그런데 친일파가 반탁 운동에 참여하면서 애국자로 둔갑했다. 그러니 하지는 '반탁 투쟁이 이렇게 엄청난 변화를 가져오는구나. 우익한테 정치적 헤게모니를 주다니' 하고 감탄하지 않을 수 없었다.

그런데 본국에서는 하지에게 '모스크바3상회의 결정을 한국인한테 잘 주지시키고 실행에 옮겨야 한다'고 했다. 하지만 반탁 투쟁은 모스크바3상회의 결정에 반대한다는 뜻 아닌가. 제1항(임시정부 수립)마저 거부한다는 뜻을 내포한다고까지 판단할 수도 있는 문제였다. 그런 점에서 심각한 면이 있었다. 그런 반탁 투쟁을 친미 세력의 주력이 하고 있었다. 여기서 하지의 딜레마가 생겨난다.

이런 사정을 알아서 그랬겠지만, 번즈 미국 국무장관은 12월 31일 '한국에 반드시 신탁 통치를 실시한다는 건 아니다', 이런 이야기까지 했다. 하지도 12월 29일 한국인한테 '신탁 통치는 결정된 바가 없고 구체적인 내용은 한국인을 순전히 돕자는 뜻'이라고 설명했다. 그러니 한국 사회에 얼마나 더 혼란이 일었겠나.

3상회의 결정 전면 지지 의사 담은
4당 코뮈니케

— 참으로 긴박하고 혼란스러운 상황이었겠다.

그렇다. 신탁 통치 문제에 대한 이해가 사람마다 달랐다. 이제 왜 우익도 모스크바3상회의 결정을 잘 알고 있었다고 보는지 이야기할 차례인데, 이 대목에서 4당 코뮈니케(공동 성명)를 살펴볼 필요가 있다.

모스크바3상회의 결정을 놓고 남한 내부가 극심한 정쟁에 휩싸이자, 여운형 같은 사람들이 가장 중요한 정치 세력인 한민당, 국민당(안재홍), 조선공산당, 조선인민당(여운형), 이 4당이 모여 해결책을 모색하자고 한다. 그래서 1946년 1월 7일, 4당 코뮈니케라는 걸 발표하게 된다. 4당의 주요 인물들이 모여서 결정한 것이다.

— 4당 코뮈니케에는 어떤 내용이 담겼나.

그걸 보면 '조선 문제에 관한 모스크바 3국 외상 회의의 결정에 대하여 조선의 자주 독립을 보장하고 민주주의적 발전을 원조한다는 정신과 의도는 전면적으로 지지한다', 이렇게 돼 있다. 굉장한 거다. 이건 모스크바3상회의 결정을 전면 지지한 거다. 그다음은 이렇다. '신탁 통치(국제 헌장에 의하여 의구되는 신탁 제도)는 장래 수립될 우리 정부로 하여금 자주 독립의 정신에 바탕을 두어서 해결케 함.' 신탁 통치에 관한 내용이 유엔 헌장에 있는데, 거기선 사실상 주권을 침해하는 행위로 돼 있다. 그런데 하지의 설명도 그렇고, 모스크바3상회의 결정 제3항을 자세히 읽어봐도 신탁 통치에 관한 구체적인 내용은 없는 상황이었다. 그래서 이렇게 쓴 것이다.

김규식의 주장과 똑같지 않나. 임시정부를 먼저 세운 다음 신탁 통치 문제는 임시정부가 자주 독립의 정신으로 해결하자는 것 아닌가. 국제 헌장에 나오는 신탁 통치는 반대하겠다, 그걸 노골적으로 쓸 수 없으니까 이렇게 표현한 거다.

이 초안을 작성한 사람이 한민당 대표로 온 김병로다. 김병로가 초안을 잡고 4당이 합의한 거다. 그러니까 우익, 특히 한민당도 모스크바3상회의 결정이 뭐라는 걸 잘 알고 있었던 거다. 반탁 투쟁은 모스크바3상회의 결정을 잘 몰랐기 때문에 한 것은 아니다.●

── 우여곡절 끝에 제1차 미소공위(1946.3.20.~1946.5.6.)가 열리지만, 열매를 맺지 못한다. 장애 요소 중 하나가 미소공위가 1946년 4월 18일 발표한 코뮈니케 5호 문제였다. 예전에 반탁 투쟁을 했더라도, 모스크바3상회의 결정을 지지하면 임시정부 수립 문제를 협의할 대상으로 인정하겠다는 내용이다. 이 코뮈니케 5호를 두고 태도가 엇갈렸다.

● 4당 코뮈니케는 해방 공간에서 좌우 주요 정당이 민족 국가 건설 방안과 관련해 합의한 유일한 문서다. 그러나 한민당과 국민당이 태도를 바꾼 탓에 4당 코뮈니케는 바로 무효가 됐다.

미소공위에 협조해야만 통일 정부를 세울 수 있고 그래야만 지독한 좌우 대립, 내전으로 번질 수 있는 문제들을 막을 수 있는 것 아닌가. 그래서 김규식과 여운형 쪽은 '어떻게든 미소공위에 협조해야 한다'고 했다. 이승만은 머리가 잘 돌아가는 사람이기 때문에 미국의 태도를 파악하고 '코뮈니케 5호를 지지한다', 이렇게 나왔다. 그런데 김구를 비롯한 중경 임정 요인 같은 원로 독립지사들은 '안 된다. 신탁 통치는 반대다', 이렇게 나왔다. 김규식이 이들을 열심히 설득한다. 그 결과 5월 초에 우익의 대표적인 단체인 비상국민회의와 민주의원에서 '우리도 코뮈니케 5호에 대해 서명하겠다'고 나온다. 김규식의 말을 존중한 것이다.

그런데 그때 돼서는 소련이 '반탁 투쟁을 하면서 코뮈니케 5호에 서명한다는 건 모순이고 뭔가 책략이 있는 것'이라고 하면서 틀어버린다. 그러면서 제1차 미소공위가 실패로 돌아간다.

좌익은 신탁 통치를 찬성했다?
김일성 '엉터리 신년사'의 비밀

해방과 분단, 여섯 번째 마당

김 덕 련 반탁 투쟁이 거세게 벌어졌을 때 이승만은 어떤 태도를 취했나.

서 중 석 이승만은 1945년 12월 말부터 1946년 정초까지 자기 생각을 말하지 않았다. 이승만과 여운형, 두 사람만 이 시기에 그랬다. 이승만은 반탁 투쟁에서 김구의 헤게모니가 너무나도 강하게 작동하는 것에 불만이 컸던 것 같고, 반탁 투쟁이 미군정과 갈등을 초래하는 것 아니냐 하는 우려를 하지 않았을까 싶다. 나는 이 두 가지로 생각해보는데, 다른 사람들은 여기에 대해서 해명을 않더라. 하여튼 이상하다고만 써놨다. 12월 30일 암살당한 송진우의 '훈정설'처럼 이승만이 신탁 통치 문제에 애매한 태도를 취했다는 주장들은 나온다.●

　여운형은 1945년 12월 29일부터 이듬해 정초까지 입을 다물고 일체 입을 열지 않는다. 여운형이 나중에 이 부분에 관해 직접 얘기한 건 없어도, 왜 그랬는지를 알게끔 하는 것들이 있다. 모스크바3상회의 결정이 한국에 관한 유일한 결정인 만큼 굉장히 중요하고 이걸 지키지 않으면 분단되는 것인데, 신탁 통치 조항이 정확히 어떤 의미인지 의심스러웠던 거다. 당시로선 잘 알 수가 없었다. 그 부분에 대해 정확히 알아야만 자신이 어떤 식으로 하는 게 올바른지를 판단하고 태도를 밝힐 수 있을 것 아닌가, 이걸 굉장히 고민한 것

● 모스크바3상회의 결정을 두고 논란이 일었을 때, 송진우는 미국과 협조하는 것이 중요하고 미군정과 충돌하는 일은 피해야 한다며 훈정설을 폈다. 송진우가 신탁 통치에 찬성했다는 명확한 기록은 찾기 어렵지만, 송진우의 그와 같은 태도는 당시 많은 사람에게 신탁 통치를 지지하는 것으로 받아들여졌다.

같다. 모스크바3상회의 결정을 보면 제1항(임시정부 수립)이 아주 중요한 것이긴 하지만, 제3항(신탁 통치)을 어떻게 처리할 것인가도 고민할 수밖에 없었던 거다.

나중에 하지가 여운형을 만났을 때 '신탁 통치 문제로 걱정할 것 없다. 신탁 통치 내용은 한국인을 지원하기로 돼 있는 것이지 다른 건 아닌 거다', 이런 식으로 이야기했다고 여운형 글에 쓰여 있다. 그런 과정을 거치면서 '모스크바3상회의 결정을 총체적으로 지지할 필요가 있다. 신탁 통치 문제는 민족 자주 정신에 의해 해결해야 한다', 이렇게 정리했다. 그게 여운형의 기본 태도였다. 여운형은 모스크바3상회의 결정에 감정적으로 대응하는 것을 굉장히 걱정했다. 우리의 주권을 해치면 단호히 배격하고 반대해야 하지만, 미군이 말하는 바와 같이 그렇지 않다면 신탁 통치 문제에 신중하고 유연하게 대응해야 한다고 역설했다. 민족의 운명이 좌우되는 문제였기 때문이다.

— 좌익이 이 당시에 취한 태도도 논란이다.

좌파라고 해도 여운형을 비롯한 일부 중도 좌파는 조선공산당하고 의견이 많이 달랐다. 문제는 좌파에서 가장 조직이 강한 게 조선공산당이라는 점이었다. 이 조선공산당이 지나친 원칙주의라고 할까, 비현실적인 방향으로 나아가고 있었다.

좌익이 찬탁이란 걸 했다고 보수 세력이 주장하는데, 그것의 제일 중요한 근거가 '1945년 12월 27~29일 좌익에서도 신탁 통치를 반대한다는 성명을 냈다가 나중에 돌아선 것 아니냐', 이렇게 쓰고 있지 않나. 그런데 사실 1945년 12월 28일, 29일 조선공산당 대변인 정태식이 발언한 것이라든가 인민당의 현우현이나 이여성이 발언한 걸 보면 '모스크바3상회의 결정 내용을 잘 모르겠다. 그런데 우리가 아는 신탁 통치는 반대한다', 이 내용이다. '우리가 이전에 알고 있던, 그러니까 유엔 헌장에 있는 것처럼 주권을 침해하는 신탁 통치는 반대한다', 이런 뜻으로 이야기한 것이었다.

좌익은 1945년 12월 29일에서 30일 사이에 반파쇼공동투쟁위원회를 결성한다. 그러면서 '연합국이 신탁 통치를 실시한다는 것은 우리 민족이 분열된 모습을 보여서다. 분열하면 신탁 통치를 실시하려고 할 테니 단결해야 한다. 파쇼 친일 세력을 배격하고 민주주의 세력이 모두 단결하자'고 한다. 그런데 여기엔 이승만, 한민당, 나아가 김구 세력까지 배제한다는 의미도 없지 않아 들어 있다. 조선공산당이 자기 세력을 키우려고 내세운 주장이라고 해석할 수도 있다.

결정적 순간,
김일성 '엉터리 신년사'에 담긴 비밀

— '민족 분열 행위를 하고 있다'고 우익을 비판하는 동시에 신탁 통치 반대를 이야기하던 좌익이 어느 순간 태도를 바꾸면서 논란이 커졌다.

좌익 가운데 공산당이 그러한 태도를 보였다. 내가 본 자료에 의하면 공산당 측은 1946년 1월 1일 오후 또는 1월 2일부터 모스크바3상회의 결정을 지지한다는 쪽으로 돌아선다. 그러더니 1월 2일에 조선공산당 중앙위원회와 조선인민공화국 중앙인민위원회에서

1945년 '붉은 군대 환영 평양시민대회'에 참석한 김일성. 김일성은 1946년 1월 2일 '모스크바3
상회의 결정을 지지한다'고 발표한다.

모스크바3상회의 결정을 전면적으로 지지한다고 나온다. 이게 바로
유명한 '찬탁으로 전환'이라고 보수 세력이 주장하는 거다.

—— 일각에서는 이를 소련의 지령에 따른 것이라고 주장한다.

소련의 지시를 받고 하루아침에 태도를 바꾸었다고 설명하는
방식이다. 흥미로운 건 김일성의 지시라고는 안 한다는 것이다. 그도
그럴 것이 김일성은 북조선분국 책임자이고 북조선분국은 조선공산
당에 속하는 것이니까 그렇게 주장하는 사람이 없는 것 같다. 그런
데 소련의 지시를 받았다는 증거를 제시하는 사람을 내가 본 적은
없다. 다만 그렇게 추정하는 것이다.

소련 지령설과 관련해 지금으로선 어느 쪽이 더 맞다고 이야기
할 수는 없다. 다만 소련 지령설에 대립되는 얘기는 몇 가지 할 수

있다. 뭐냐 하면 소련 지령설 중 하나는 박헌영이 평양에 가서 지령을 받았다는 건데, 그 당시 박헌영은 몸이 아파서 북행하기가 쉽지 않았다고 측근이 써놓은 게 있다. 그때만 해도 교통편이 나빠서 평양까지 다녀오려면 적잖은 시간이 걸린다. 그런데 어떻게 하루 이틀 만에 지시를 받고 남쪽에 내려와서 1월 2일에 발표할 수 있다는 건지 의문이라는 얘기도 설득력이 있다. 나는 이렇게 본다. 1월 1일에 김일성 이름으로 신년사가 나오는데, 이 신년사가 좌익이 사실은 그때까지 모스크바3상회의 결정을 잘 모르고 있었다는 걸 확실히 이야기해준다.

—— 김일성 신년사엔 어떤 내용이 담겼나.

신년사를 보면, 조선에 임시정부를 수립하기 위해 연합국이 조선에 대하여 5개년간 후견제를 실시하기로 했다고 말하고 있다. 아주 잘못 알고 있는 것이다. 소련이 1월 1일 이전에 지시했다면, 이런 엉터리 신년사가 나올 수가 없는 거다. 그러고 나서 1월 2일, 일부에선 저녁때라고 보고 있는데, 김두봉과 김일성의 이름으로 '모스크바3상회의 결정을 지지한다'고 나온다. 공교롭게도 같은 날 남과 북의 공산당이 지지하고 나왔다.

그런데 김일성 신년사에 모스크바3상회의 결정을 잘못 알고 쓴 내용이 담겼다고 하지 않았나. 이런 상황인데 박헌영이 북한에 가서 소련 지시를 받고 내려와 1월 2일에 태도를 바꿔 발표한다? 이건 박헌영이 귀신이 아니고서야 시간적으로 맞지 않는 것 아니냐는 생각을 갖게 한다. 우익과 대립하던 조선공산당의 이 무렵 태도를 보면 모스크바 결정 과정을 잘 모르고 있었다는 점을 엿볼 수 있다.

우익의 왜곡, 좌익의 패착,
사표 낸 하지

— 어떤 태도를 말하는 것인가.

소련의 타스 통신에서 1946년 1월 24일, 모스크바3상회의 결정의 전체 과정을 다 밝혀버린다. 소련 측이 보기에는, 남쪽에서 이상한 반탁 투쟁이 벌어지고 있었기 때문이다. 그래서 '모스크바3상회의 결정 과정은 이런 거다'라고 하면서 미국이 신탁 통치를 주장한 것 등 구체적인 상황을 얘기했다. 그러니까 하지가 놀라서 '이게 맞느냐'고 본국 정부에 물었다. 미국 정부에서 '그게 대부분 맞는 거다', 이렇게 답하자 하지가 사표까지 내고 그랬다. 아주 놀라운 일들이 일어난 거다.

하여튼 신탁 통치는 미국이 주장한 것이고 소련은 임시정부 수립을 주장했다는 건 조선공산당으로선 우익을 공격할 수 있는 아주 좋은 재료다. 우익은 중경 임정 추대 운동의 일환이자, 그와 함께 반소·반공 운동으로 반탁 투쟁을 벌이고 있었다. 그런 상황이었기 때문에, 신탁 통치를 주장한 게 소련이 아니라 미국이라는 건 조선공산당이 우익에 반격하는 데 참 좋은 소재 아닌가. 그런데 1946년 1월 초순에는 그것을 일체 얘기하지 않았다. 조선공산당도 나중에 가서야 이것(초기에 국내 언론을 통해 알려진 신탁 통치 주장 국가)이 거꾸로 돼 있다는 걸 안 거다.

— 친일파까지 반탁 대열에 대거 합류해 '반탁에 협력하지 않으면 민족 반역자'라는 식으로 좌익을 몰아붙이던 때였다. 친일파가

아니라 좌익이 시쳇말로 나라를 판 세력이라는 주장이었다. 그런데도 조선공산당이 '신탁 통치를 주장한 건 우익이 의지하는 미국'이라는 반박을 곧바로 하지 않았다는 건, 지적한 대로 모스크바3상회의 결정에 대해 잘 모르고 있었음을 시사하는 대목이다.

그렇다. 그다음에 더 중요한 것이 있다. 텍스트 문제다. 모스크바3상회의 결정문은 텍스트가 2개다. 하나는 영어, 다른 하나는 러시아어로 돼 있다. 신탁 통치 부분이 러시아어 텍스트에는 뭐라고 돼 있느냐 하면 '아뼤까'로 돼 있다. 신탁 통치trusteeship의 러시아어 번역은 '아뼤까'가 아니다. '아뼤까'는 우리말로는 후견으로 번역된다. 도와준다는 뜻이다.

1946년 1월 2일 김두봉과 김일성의 이름으로 나온 공동 성명서엔 '아뼤까'라고 돼 있다. 무슨 말이냐면, 신탁 통치라고 하지 않고 '연합국은 후견제를 실시한다고 한다. 우리를 도와준다고 하니 우리는 지지한다', 이런 식으로 설명했다. 그런데 남쪽에서 조선공산당이 같은 날 낸 성명서를 읽어봐라. 거기 보면 이런 말이 한마디도 안 들어 있다. 조선공산당이 이것도 나중에 안 거다. 이렇게 그 당시는 정보에 어두운 때다.

그런 점에서도, 소련의 지시를 받고 한 것 같지는 않다. 서울에 있던 소련 영사와 상의를 했을 수는 있다. 조선공산당 정치국 위원이던 강진이라는 사람이 러시아말을 아주 잘했는데, 이 사람이 소련 영사를 만났다는 기록은 나온다. 반탁 투쟁 때 조선공산당이 되게 황당했을 것 아닌가. 우익한테 헤게모니도 뺏기고 하니까. 그러니 이게 도대체 무슨 내용인가 하고 여기저기 알아보지 않았겠나. 그러나 나는 소련 영사도 이 시기에는 모스크바 결정의 자초지종을 몰랐을 거라고 본다.

— 조선공산당은 이 문제에 관해 태도를 바꾼 후 강도 높은 공격을 받는다. 지지자들 사이에서도 의견이 엇갈린다. 예컨대 적잖은 사람들이 '반탁 대회'로 알고 갔던 좌익 주도 행사가 '반탁 반대, 모스크바3상회의 결정 절대 지지 대회'로 치러지자 당황하는 일도 발생한다(1946년 1월 3일 서울시민대회).

이 시기 조선공산당으로 대표되는 좌익이 보인 모습엔 보수 세력이 찬탁이라고 주장하면서 막 공격할 수 있는 요소가 있었다. 사실 조선공산당 지방 간부들 중 상당수가 '신탁 통치 문제에 대해선 우리 얘기를 분명하게 밝힐 필요가 있지 않느냐', '중앙 간부들이 한 일이 이해가 안 된다', 이렇게 들고나오는 걸 볼 수 있다. 예컨대 1946년 2월 중순에 열린 중앙당 간부와 지방당 간부 연석회의 등에서 그런 발언들이 나온다. 지방 간부들 중에서도 특히 경상도 간부들이 그런 게 많았다. 그쪽은 다른 생각을 했던 것 같다. 중앙의 결정이 잘못된 게 아니냐는 생각도 있었던 것 같다.

그런데도 조선공산당은 한번 결정한 걸 밀고 나갔다. 국민을 설득하려면 자신들이 왜 그런 결정을 내렸는지를 잘 설명해야 하는데 그렇지 않았다. '대다수 한국인이 반대하는 신탁 통치는 우리도 반대한다'는 것을 강하게 내세우면서 '그럼에도 제1항(임시정부 수립)을 실천해야 하는 거다', 이렇게 이야기했으면 간단한 것 아닌가. 그런데 그렇게 하지 않고 '모스크바3상회의 결정은 연합국이 우리를 도와준다고 결정한 것이니 좋은 거다', 이렇게 이야기를 해버린 거다.

이런 걸 보면, 좌익이 일제 시대에 너무 감옥 생활을 많이 하는 속에서 상당히 단순한 원리주의적 사고 같은 걸 강하게 갖게 됐고 그런 게 해방 후에도 많이 작용한 게 아니냐, 그래서 그런 비현실적인 주장을 하게 된 것 아니냐는 생각이 든다.

12번 테러와 암살도
'정의로운 바보'를 꺾지 못했다

해방과 분단, 일곱 번째 마당

김 덕 련 해방 후 국제 정세를 고려하면, 당시 미국과 소련이 협력해서 한국 문제를 해결할 가능성은 없었던 것 아니냐는 의견도 있다. 미소공위가 성공할 가능성이 있었는가 하는 의문이다.

서 중 석 미소공위에 기대서 통일 정부를 수립한다는 게 현실적이었는가, 이런 논의는 현재적 시각에서 제기될 수 있다고는 본다. 이 대목에서 우리가 몇 가지 생각해야 할 점이 있다.

우선 제2차 세계대전 이후 미국과 소련, 두 나라 군대가 점령한 지역은 딱 한 군데밖에 없다. 한반도다. 독일하고 오스트리아는 네 나라가 점령했다. 베트남엔 영국군과 장제스의 중국 군대(국부군)가 들어갔다가 나중에 프랑스 군대한테 다 비워줬다. 영국군이나 국부군은 같은 패였다. 거기서 이견이 생길 수가 없었다. 또 인도네시아에선 영국군이 일본군의 무장을 해제했다. 그러고는 네덜란드 군대가 들어간다. 이와 달리 한국에만 자본주의 세계를 지휘하는 그야말로 거대 강국으로서 미국이 남한에, 그리고 사회주의 총사령탑으로서 소련이 북한에 들어왔다.

지금 와서 보면, 어떻게 두 나라가 타협하겠는가라고 생각할 수 있다. 그렇지만 1945년에서 1947년의 일정한 시기까지 '두 나라가 협력해 한반도에 한국 정부를 세우자', 이에 대해 상당히 노력했음을 수많은 문서가 보여주고 있다. 이것을 다 무시할 수는 없다.

미소공위 구성 문제를 생각해볼 필요는 있다. 미소공위는 다수가 군인들로 구성돼 있었다. 지금 우리 정부에서도 군인들이 요직을 맡고 있는데, 군인들은 문제를 정치적으로 해결하는 능력이 부족하다. 모든 걸 작전으로 생각하는 면이 있다. 미국과 소련의 군인들 모두 자국의 이해를 실현하는 데 작전으로 임하고, 한국인들과

미소공위를 지지하는 좌익들.

함께 정치적으로 이 문제를 어떻게 해결할 건가 하는 사고가 약했
다. 그런 점에서 문제가 있었지만, 나는 미소공위를 탓하기 전에 우
리 정치 세력은 과연 무엇을 했느냐, 이런 생각을 하지 않으면 안
된다고 본다.

—— 각 정치 세력은 미소공위에 어떤 태도를 취했나.

김규식과 여운형으로 대표되는 중도 우파, 중도 좌파는 미소공
위가 성사되도록 혼신의 힘을 다 기울였다. 그야말로 전력투구한 것
이다. 여운형은 또 '미소공위의 성공을 바라기 전에 우리 스스로 주

좌우 합작 시사만평. 극좌 세력과 극우 세력이 합작을 방해하는 것을 풍자하고 있다. 그림에서 악수하고 있는 인물은 여운형(왼쪽)과 김규식.

체가 되어 자율적 정부를 먼저 수립하자. 그런 다음에 미소공위한 테 그걸 인정하게 하면 되는 것 아니냐'는 주장도 했다. 자율적 정부라는 건 좌우 합작 정부 아니겠나. 이와 달리 극우와 극좌는 미소공위 성사 쪽으로 이끌어갔다고 보기 어렵다.

극좌는 미소공위 지지 성명을 연달아 냈다. 적극 협력하겠다고 했다. 그렇지만 정말 그렇게 볼 수 있을까. 그렇다고 보기 어렵다. '반탁 투쟁 세력은 전부 배제하자. 또 친일파는 절대 배제하자', 이렇게 나온다. 그런데 생각하기에 따라서는 친일파가 너무 광범위할 수 있다. 또 반탁 투쟁 세력은 친미 세력 아닌가. 친미 세력의 주류를 배제한다고 하면 미국이 무엇 때문에 미소공위에 나오겠나. 미국이 안심하고 미소공위에서 임시정부를 만들 수 있도록 좌익도 고려해야 하는 건데 그렇게 하지를 못했다. 일방적인 주장을 펼쳤다. 참 편협했다고 본다.

극우는 더 문제가 되는 행동을 취했다. 미소공위에 아주 직접적으로 거리를 뒀다. 미국으로선 친미 세력이 미소공위에서 이뤄지는 임시정부의 주력이 돼야 하는 것 아니었겠나. 그런데 극우는 미소공위에 협력하지 않았다. 제2차 미소공위에 대해선 극우 세력이 아주 노골적인 공격을 한다. 그러니까 미국이 이럴 수도 없고 저럴 수도 없는 딜레마, '하지의 딜레마'에 빠지는 것을 볼 수 있다.

미소공위가 성공하는 것이 쉽지 않은 일이었지만, 극좌와 극우가 미소공위에 과연 현명한 태도를 취한 건가. 통일 정부를 세우기 위해 얼마만큼 노력했단 말인가. 이런 점에선 해도 너무했다. 미소공위가 완전한 성공까진 못 가더라도 적어도 몇 단계는 갔어야 하는 건데, 최소한의 첫 단추도 못 끼운 것 아닌가. 그렇게 된 데에는 극좌와 극우의 탓이 크다고 본다. 그건 우리가 반성해야 할 일이지, 미소공위 또는 미국과 소련을 먼저 비난하는 건 너무 발 빠른 이야기 아닌가 하는 생각이 든다.

'정의로운 바보'들…
좌우 합작과 남북 협상, 성공 여부만 따져선 안 된다

—— 이는 미소공위 시기 좌우 합작 운동과 남북 협상의 실현 가능성에 대한 물음표로 이어진다. 더 나아가 이런 견해는 미국과 소련의 분할 점령으로 분단은 필연에 가까운 일이 됐고, 따라서 이승만의 단정 노선이 불가피했다는 주장으로 이어지기도 한다.

많은 분단 세력은 좌우 합작과 남북 협상을 비난한다. 1950년대엔 좌우 합작과 남북 협상에 참여한 분들이 요시찰인 명부에 들어가고 그랬다. 사찰 대상이었다. 이승만 정권에서 이들을 아주 사갈시했다. 이른바 비국민 취급을 했다. 일제 때 비국민이면 얼마나 무서운 거였나. 국민들한테 완전히 따돌림을 당할 수 있는 존재였던 거다. 그렇게까지 몰아세우고 그랬다.

그리고 좌우 합작에 대해 많은 정치학자가 '실패한 것 아니냐', 이렇게 써놓고 그랬다. 난 이런 평가에 동의하지 않는다.

─ 그 이유는 무엇인가.

성공 여부만 따지는 게 맞는 건가. 그렇게 따지면 일제 때 독립운동이란 게 언제 성공할 수 있었나? 예컨대 3·1운동, 참으로 엄청난 민족적 의의가 있지 않나. 헌법 전문에도 들어가 있다. 그렇지만 성공 여부만 놓고 따진다면 '그건 실패를 거듭한 것 아니냐', 이렇게 이야기할 수도 있다. 수많은 독립 운동에 대해서도 마찬가지다. 당장 성공할 수 없었지만 그럼에도 만세를 외치고, 독립군으로서 일본과 싸우고, 그러다 죽고 처형당하고 고문당해서 몸이 망가지면서도 싸우고 또 싸운 것 아닌가.

단재 신채호는 일제에 맞서 싸우는 것과 관련해 '우리한테는 무엇을 할 것이냐 안 할 것이냐의 문제만 있는 것이지, 성공 여부를 가지고 얘기해선 안 된다', 이렇게 말했다. 난 모든 독립 운동자에 대해 단재의 이야기가 맞다고 본다. 당장에 성공하길 바랐다면, 강력한 일본에 대항해 싸우는 것처럼 바보가 없었다. 그런데도 재산을 전부 탕진해가면서, 자식들을 가르치기는커녕 굶주리게 하면서 독립운동에 그야말로 몸을 던져 그 많은 고초를 겪고 죽음에 이르고 한 것은 자유롭고 평등한 민주주의 국가를 건설하자는 대의, 그것 때문 아닌가. 그 사람들이 분단 국가, 분단 정부를 꿈에라도 생각이나 했겠나.

— 오늘날 한국이 있을 수 있는 건 그런 '정의로운 바보' 조상들 덕분이다.

해방 이후도 난 마찬가지라고 본다. 좌우 합작과 남북 협상은 우리한테 필요한 것이었다. 성공 여부부터 따지기 전에 뭐가 옳은가, 이 문제도 같이 생각해야 하는 것이다. 물론 성사 문제를 생각하지 않을 수 없는 거지만, 양자를 같이 생각해볼 필요가 있는 거다. 그와 함께 누가 좌우 합작을 깨려고 했는가를 생각해야 한다. 이 점을 기억해야 한다.

좌우 합작, 남북 협상을 주도한 사람들은 자기들의 활동을 통일 독립 운동이라고 했다. 독립 운동의 연장이라고 이야기했다. 여운형과 김규식은 합작만이 민족의 살길임을 아주 강한 신념으로, 쉬지 않고 역설했다. '38선을 경계로 북에 소련군, 남에 미군이 있는 상황에서 친미·반소 혹은 친소·반미로 나가면, 그래서 어느 일방이 자기들의 이해관계만 관철하려 한다면 통일 정부가 어떻게 가능하겠나. 어느 한쪽으로 기울지 말고 두 나라의 호의에 감사하되, 우리 주체적으로 합작을 하고 스스로 중심이 돼서 임시정부를 미소공위가 구성할 수 있도록 노력해야 하는 것 아니냐.' 이렇게 주장했다. 아울러 지정학적 요인 때문에도 어느 한쪽에 기울어진 주장을 해선 절대 안 된다는 논리를 강하게 폈다.

1947년 8월 3일 거행된 여운형 장례식 장면.
여운형은 12번 테러를 당하다 1947년 7월 19일
서울 혜화동 로터리에서 총격으로 암살되었다.

—— 어떤 의미인가.

뭐냐 하면, 이런 이야기다. '한반도는 전부터 대륙 세력과 해양 세력이 접합하는 지역 아니냐. 이젠 자본주의와 사회주의를 대표하는 세력이 들어와 있다. 이처럼 중요한 지역에서 자기 당파 이해만 관철하려 하면 내적으로 엄청난 손실을 초래하고 외적으로는 두 나라 중 한 나라의 불신을 강하게 사 절대 통일 정부를 수립할 수 없다. 이와 달리 우리가 친미·친소 정책을 견지함과 동시에 내부에서 경쟁은 하더라도 좌우 합작을 이뤄내면, 안정과 평화를 얻을 수 있을 뿐만 아니라 두 나라의 경쟁적인 지원도 받을 수 있다. 지정학적으로 대단히 중요한 한반도를 잃지 않으려고 미국과 소련은 경쟁적으로 우리를 지원할 거다. 지정학적 요인을 패배적으로만 생각할 게 아니라 전진적으로, 미래 지향적으로 생각할 필요가 있다.' 이걸 여운형과 김규식, 특히 여운형이 아주 강조하는 걸 볼 수 있다.

여운형의 주장은 21세기에 들어와 특히 설득력을 갖게 되었다. 지구상에서 4대 강국에 둘러싸인 나라는 한국밖에 없다. 이러한 지정학적 특징은 오히려 정치적, 경제적으로 한반도에 대단히 유리하게 작용할 수 있다. 그것은 우리가 하기에 달려 있다. 그리고 그 핵심은 남북 관계에 좌우되게끔 되어 있다.

12번의 테러와 암살도
그의 뜻을 꺾지 못했다

—— 좌우 합작에 앞장선 이들은 좌익과 우익으로부터 모두 공격을

받았다. 특히 여운형은 거듭 테러를 당했다.

좌우에서 여운형과 김규식을 아주 지독할 정도로 공격했다. 합작 노선을 마구 흔들어댄 거다. 여운형은 여러 차례 테러를 당한다. 예컨대 1946년 10월 7일은 좌우 합작 7원칙에 합의한 좌우 양쪽 대표가 모여 기자들한테 공식 발표를 하는 날이었는데, 이날 아침 여운형은 갑자기 테러를 당한다. 그래서 그 자리에 갈 수가 없었다. 그 테러는 틀림없이 좌익에서 한 걸로 보고 있다. '여운형처럼 중요한 인물이 그 자리에서 좌우 합작 7원칙을 발표하면 합작에 반대하는 우리는 뭐가 되느냐', 이래서 여운형이 참석하지 못하도록 테러를 해버린 거다. 여운형은 12번 테러를 당하다 결국 암살된다. 대부분의 테러를 극우가 했다고 보나, 몇 번은 좌익에서도 했을 거라고 추측하고 있다.

여운형은 1947년 7월 19일 서울 혜화동 로터리에서 총격으로 암살당했다. 장례식에 참 많은 사람이 울면서 모여들었다. 그렇게 인파가 몰렸는데, 남로당은 꽃다발조차 보내지 않았다. 남로당은 처음에 여운형이 자기들 노선을 따르면 위원장으로 모시겠다고 하지 않았나. 세상에, 자기 당의 영수로 모시겠다던 사람이 분단의 길목에서 그야말로 억울하게 죽은 건데 아무리 기분 나빠도 꽃다발 정도는 보내야 하는 것 아닌가. 이와 달리 북한에서는 상당히 조의를 표했다.

── 김규식도 고초를 겪었다.

극우 세력에게 여러 차례 비난을 받는다. 예컨대 1947년 1월에 하지 사령관을 비롯한 미군 고위 간부들은 '미소공위를 다시 열 테니 이제는 제발 반탁 투쟁을 안 했으면 좋겠다. 통일 정부를 세우는 데 협조 좀 해달라'고 거듭 당부했다. 그런데 극우는 외려 반탁독립투쟁위원회를 만들어 맹렬히 반탁 투쟁을 하는데, 그때 김규식을 아주 심하게 공격했다. 미군정 자료를 보면, 김규식을 공산당으로 몰아서 매장하려는 짓을 우익에서 꾸미고 있다는 내용마저 나온다. 김규식은 이승만, 김구와 함께 우익 3영수로 꼽힌 인물 아닌가. 그렇게 3영수 중 한 분으로 떠받들다가도, '반탁 투쟁만이 우리에게 유리하다. 단정 운동에 유리하다'고 볼 때는 사정없이 빨갱이로 몰아버린다는 것은 한국의 정치 풍토가 어떤가를 잘 얘기해주는 것이다. 그런데 이런 극과 극의 대결이 일시적인 현상이 아니라는 점에서도 생각할 대목이 있다.

— 무엇인가.

국내에 사회주의가 1919~1920년경부터 들어왔다고 많은 사람이 보고 있는데, 그때부터 한국에선 극과 극의 대결이 나타난다. 일제 때 지하에서 가장 강력한 조직이 조선공산당이었다. 공산주의가 사회주의의 대종을 이뤘다. 그 시기에 그런 곳은 전 세계에서 찾아보기 어려웠다. 소련은 공산 국가니까 말할 필요가 없는 것이고, 서유럽은 물론 동유럽에서도 공산당이 그렇게까지 강력한 힘을 가진 곳은 없었다. 이건 일제 통치가 워낙 악랄하고 억압적이었기 때문에 반대 세력 사이에서도 강하고 급진적인 주장을 하는 곳이 세를 얻은 것이라고 볼 수 있다.

반면에 지주·부르주아 세력의 대종은 친일파와 민족 개량주의

우익 3영수로 불리던 김규식, 이승만, 김구(왼쪽부터). 그중에서 김규식은 좌우 합작, 남북 협상만이 민족의 살길이라고 주장하며 의미 있는 활동을 펼쳤다.

자, 이쪽으로 기울어버렸다. 특히 일제 말에 각계를 대표한다는 인사들이 어떤 태도를 취했나. 친일 정도가 아니지 않나. 일제의 침략 전쟁, 군국주의에 편승해 그 앞잡이가 되고 민족의식을 말살하는 황국 신민화 운동에 앞장서지 않았나. 이러니 일제 때 너무 심한 극과 극의 대결이 나타난 거다.

해방 후에는 여운형이 신망을 얻었다. 한국인들이 건준과 여운형에게 얼마나 고마움을 느꼈겠나. 주체적으로 해방을 맞는 데 여운형의 노력을 잊을 수가 없는 것이었다. 그래서 여운형의 인기가 그렇게 높았던 거다. 그러나 제일 강력한 조직은 조선공산당이 장악하고 있었다. 그러면서 한민당, 이승만 쪽과 극과 극의 대결을 하는 것 아닌가.

정부 수립 이후에도 극단적인 점은 비슷하다. 이승만 정권은 지

　　　　　　　　　　　　　　해방과 분단

금으로 따지면 중도적 혁신계로 볼 수 있는 조봉암이나 진보당의 존재조차 인정하지 않았다. 박정희 유신 체제는 그보다도 훨씬 더 심한 1인 독재 정권이었다. 일제 시대 이래 이런 상황이 이어지면서 중도파, 균형 감각을 가진 합리적 보수주의자, 사회민주주의자가 자리 잡을 수 있는 풍토가 마련될 수 없었다. 이런 점도 우리 근현대사를 굴곡지게 만드는 요인으로 작용했다.

난 그런 상황 속에서, 그렇게 심한 비난과 공격을 받으면서도 합작을 죽을 때까지 추진했던 여운형, 김규식, 안재홍 같은 사람들이 참으로 의미 있는 활동을 했다고 평가한다. 여운형과 김규식의 합작 노선은 오늘날에도 의미가 있다는 점에서 더 큰 의의가 있다.

미국·중국·러시아·일본 달려오게 만든 '한반도의 힘'

—— 합작 노선이 오늘날에도 의미가 있다고 보는 근거가 무엇인가.

남북 관계에서 잘 드러난다. 남북기본합의서(1991년)가 말해주듯이, 남북은 1990년대에 우여곡절을 겪기도 하지만 교류하고 대화하고 협력하는 시대로 접어들었다. 그러면서 2000년에는 드디어 정상 회담이 열리고 6·15선언까지 나오는 것 아닌가. 정말 엄청난 변화를 일으킨 거다. 이 정상 회담을 전후해 강대국들이 한반도를 얼마나 주시했는지를 주목할 필요가 있다.

—— 당시 남북 정상 회담은 세계 주요 언론의 톱뉴스였다.

그랬다. 사실 그 무렵 중국하고 북한은 무지하게 사이가 나빴다. 왜냐하면 1990년 소련이 대한민국 정부를 승인한 것만 해도 북한으로선 참을 수가 없는데, 1992년에는 중국이 대한민국을 승인하지 않았나. '그럼 우리는 어떻게 하라는 말이냐.' 김일성으로서는 그렇게 생각할 수밖에 없었다. 정말 그것에 대해서는 크게 당혹하고 화를 내고 그랬던 거다. 그러면서 아주 냉랭한 사이가 됐다.

그런데 6·15정상회담 정보를 중국은 빨리 알았다. 그에 따라 6·15정상회담 직전부터 중국에서 고위 사절이 잇따라 오고 김정일이 장쩌민을 찾아가고 또 중국에서 고위 사절단이 오면서 큰 원조가 중국으로부터 오는 것을 볼 수 있다.

러시아도 바로 움직였다. 블라디미르 푸틴 대통령이 2000년 7월 평양을 방문해 김정일과 정상 회담을 했다. 러시아도 대한민국을 승인하면서 한때 북한과 사이가 나쁘지 않았었나. 그런데 6·15정상회담을 보며, 이거 가만히 있으면 안 되겠다 싶었던 거다.

더 놀라운 것은 미국이었다. 2000년 10월 매들린 올브라이트 국무장관이 북한으로 가서 김정일과 손을 맞잡는 사진이 우리 신문에도 대문짝만하게 나오지 않았나. 그러면서 빌 클린턴 미국 대통령의 방북 문제가 진지하게 논의됐다. 그 후 미국이 권력 교체기에 들어가고 조지 부시가 대통령이 되면서 방북이 안 되긴 했지만, 하여튼 미국 국무장관이 달려가고 미국 대통령의 방북이 이뤄질 뻔했다는 것, 이건 어마어마한 일이다.

그에 못지않게 큰일이 북한과 일본 사이에 있었다. 북한과 일본은 지구에서 제일 사이 나쁜 나라 중 하나다. 이 둘은 정말 사이가 나쁘다. 남한과 일본이 사이 나쁜 건 저리 가라다. 그런데 일본이 6·15정상회담이 이뤄질 무렵부터 갑자기 큰 규모로 쌀을 줬다. 그러고는 2002년에 고이즈미 준이치로 총리가 북한을 직접 방문해 김정일과 정상 회담을 하면서, 국교 정상화를 곧 할 것처럼 보였다. 그때 일본인 납치 문제에 대한 일본 내 여론이 격앙되는 일만 발생하지 않았더라면 국교가 정상화되고 북한이 엄청나게 달라질 거라고 많은 사람이 보지 않았나.

—— 6·15정상회담을 즈음해 한반도 주변 강대국들이 참 바쁘게 움직였다.

왜 이런 일이 일어났느냐. 난 김정일이나 북한이 대단해서가 절대로 아니라고 본다. 남한과 북한이 협력하고 한반도에 평화가 정착하고 우리 한민족이 단결할 걸로 보이니까 강대국들이 그런 반응을 보인 거다. 지정학적으로 워낙 중요한 곳 아닌가. 세계 4대 강대국이 정치적, 군사적, 경제적으로 접합하고 있는 곳이 또 어디 있나. 한반도 하나밖에 없다. 이건 해방 직후하고 또 다르다. 그렇기 때문에 우리가 어떤 식으로 남북 관계를 맺느냐는 굉장히 중요한 문제다.

여기서 여운형, 김규식, 안재홍이 얼마나 중요한 얘기를 해줬는가, 이것을 우리가 계속 생각하면서 미래를 열어가야 한다. 난 이 점을 굉장히 중요시한다.

남북 협상,
분단을 막기 위한 최후의 노력

해방과 분단, 여덟 번째 마당

김 덕 련 1947년 여운형이 암살되고 제2차 미소공위도 성과 없이 막을 내리면서 한반도는 급격히 분단으로 치달았다. 분단을 막기 위한 마지막 노력으로 1948년 남북 협상이 꼽히는데, 이에 대해서도 평가가 엇갈린다.

서 중 석 남북 협상처럼 설왕설래 논란이 많은 부분도 없다. 남북 협상에 대해 극우 세력이 아주 심하게 중상모략을 많이 했다. 그들로선 남북 협상 시기에 반민족 세력으로 부각되다보니까 정말 불쾌감을 금할 수 없어서 그랬겠지만, 난 극우 연구자들이 남북 협상에 대해 제대로 된 사료를 가지고 쓴 것을 본 적이 없다. 그들이 쓴 걸 많이 봤는데, 정치적 선전으로 비난하는 것 일색이다. 자료도 너무 구태의연한 옛날 것을 쓰고 있다. 새 자료를 얼마든지 활용할 수 있는데도 그렇게 하지 않고 있다. 그런데 놀라운 건 극우 반공 세력은 물론 진보 세력에서도 1948년 연석회의와 남북 협상을 제대로 구별하는 사람이 드물다는 거다.

— 연석회의와 남북 협상, 어떻게 다른가.

1948년 4월에 두 개의 중요한 회의가 열렸다. 하나는 남북조선정당사회단체대표자연석회의, 이름도 아주 길다. 이 연석회의가 19일부터 23일까지 평양 모란봉극장에서 열렸다. 그다음에 회의장을 바꿔가며 26~30일 사이에 남북 협상이 진행됐다. 4김(김구, 김규식, 김일성, 김두봉) 회담을 중심으로 열렸는데, 어떤 때는 양김(김규식, 김일성) 회담도 열렸다. 협상에서 김규식은 하나하나 따지는 철저한 사람이었고, 저쪽 실력자는 김일성 아니었나. 이것 말고 15인 회의(15인

남북조선정당사회단체대표자연석회의의 북한 대표단. 오른쪽부터 김일성, 박헌영, 김원봉, 김달현, 허헌, 김두봉.

지도자협의회)도 있었는데 그건 분위기 잡는 것이었고, 실질적으로 제일 중요한 건 그 자리(4김 회담, 양김 회담)에서 결정된 걸로 보고 있다.

연석회의와 남북 협상은 전혀 다른 회의다. 연석회의는 북쪽 구상대로 밀고 나간 거다. 참여한 정당·사회단체가 아주 많고 명단만 보면 대단한 걸로 보이지만, 북한에서 계획한 대로 이끌고 간 것에 지나지 않는다. 그러니 북한에서 연석회의를 그렇게 높이 평가하는 거다. 이와 달리 남북 협상에 대해서는 북한에서 거의 언급하지 않는다. 남북 협상이란 말 자체가 북한엔 없는 것 같더라. 상세하게 써놓은 책에서도 지도자협의회는 나와도 남북 협상이란 용어는 본 기억이 없다.

하나의 국가를 위한 최후의 노력
남북 협상은 북한이 원한 게 아니다

── 남북 협상은 어떤 과정을 거쳐 열렸나.

남북 협상은 북한이 원해서 연 게 아니다. 연석회의에 그렇게 나오라고 했는데도, 김구는 연석회의가 열리는 19일에야 서울을 떠났다. 연석회의에는 22일에 잠깐 나와서 짤막한 인사말을 했는데, 남한이나 북한이나 단독 선거를 해선 안 된다는 취지였다. 오로지 우리는 통일 정부를 세우는 것에만 진력해야 한다고 역설했다. 당시 생각을 그대로 이야기한 것이다. 김규식은 출발도 21일에야 했다. 연석회의 같은 건 용납 안 한다고 확실하게 보여준 것이다. 연석회의에 일체 참석하지 않았다.

그러고는 김규식과 김구는 '통일 문제를 논의해야 할 것 아니냐. 김두봉하고 김일성 나와라', 이렇게 했다. 북한에서도 이걸 무시할 수가 없었다. 남쪽에서 온 제일 중요한 두 사람 아닌가. 북한에서도 그렇게 선전하고 있었으니, 두 사람의 주장을 묵살할 수 없었던 거다. 더구나 김규식은 연석회의에 일체 안 나오지 않았나. 그래서 4김 회담이 열린 거다. 당시 분위기와 관련해 몇 가지 언급할 게 있다.

> 김구와 김규식은 1948년 2월 김일성과 김두봉에게 남북 지도자 회담을 제안하는 편지를 보냈다. 한 달여가 지나도록 답신은 오지 않았다. 그사이 유엔 소총회에서 남한 총선거안이 통과되고 미군정은 5월에 선거를 실시하겠다고 발표했다. 남한 단독 선거 일정이 발표된 후, 북한은 4월에 평양에서 연석회의를 열자는 제안을 했다. 그와 별도로 김구와 김규식에게는 작은 범위의 지도자 연석회의를 평양에서 열자고 제안했다. 김구와 김규식으로선 북한 측의 의도에 의구심을 품을 수밖에 없는 상황이었다.

—— 무엇인가.

남북 협상은 통일 정부를 세우기 위한 최후의 노력이었다. 이게 아주 중요하다. 한국인들은 수천 년간 같은 지역에 살면서 하나의 정부를 세웠다. 그것도 중앙 집권적으로 사회와 역사를 발전시켜온 나라다. 이런 나라가 전 세계에 없다. 생각해봐라. 일본도 우리하고 다르다. 그런 역사로 인해 한국은 영국, 프랑스, 이탈리아 등과 비교도 안 될 정도로 단일성이 강하게 된 거다. 그래서 배타적 성격도 강하지만, 그만큼 '한반도엔 하나의 국가만 있어야 한다', 이게 신앙처럼 된 거다. 태생적이고 자연 발생적인, 일종의 즉자적인 것이었다. 반드시 그래야 한다는 것이었다. 이유가 필요 없는 주장이었다. 일제도 남북을 하나의 지역으로 통치하지 않았나. 분단시키지 않았다. '평양 사람과 서울 사람이 갈라져야 한다. 다른 국가에 살면서 서로 싸워야 한다', 이건 한국인들에겐 너무나 잘못된 것이었다.

예컨대 1960년대에 박정희 정부가 조사했을 때도 90퍼센트 이상이 반드시 통일돼야 한다고 답했다. 5·16쿠데타 후 통일 운동을 탄압하고 통일 문제를 언급하기 어렵게 만든 박정희 정권 아래에서도 그랬다. 1980년대까지도 80퍼센트 이상이 통일돼야 한다고 했다. 그 뒤로 조금씩 달라지긴 하지만, 그렇게까지 통일을 열망했다.

더군다나 1945년, 1946년에는 일부 지도자만 '이게 어떻게 되는 건가' 걱정했지, 한국인 대다수가 '분단이 올 것'이라고 생각했다는 건 어떤 사료에서도 찾을 수가 없다. 민중이 그런 생각을 했다는 건 안 나온다. 그런데 1948년 들어, 뭔가 큰일 났다는 생각을 많이들 하게 된 것 같다. 그렇기 때문에 그야말로 이 분단을 반드시 막아야 하는 것 아니냐 하는 움직임도 커졌다. 또 1948년에 가면 '분단되면 필연적으로 전쟁이 일어날 거다', 이 이야기가 남북 대표가 만나야 한다는 주장마다 빠지지 않고 나온다. 외세를 등에 업은 동족상잔의 참혹한 전쟁, 국제전이자 내전인 그런 전쟁이 일어날 수밖에 없으니 분단을 기필코 막아야 한다는 논리였다. 경제적으로도 하나의 국가를 이뤄야 잘살 수 있다는 주장이 제기됐다. 그때 남한은 경제적으로 매우 나빴고 북한은 경제적으로 잘돼가는 것처럼 보이지 않았나. 그래서도 그런 주장이 나오고 그랬다.

남북 협상 공동 성명 제2항
'전쟁은 안 된다'

── 1948년 설(2월 10일)을 맞아 김구가 발표한 '삼천만 동포에게 읍고함(울면서 고함)'은 지금도 회자된다.

김구는 '분단이 된다는 건 우리 몸을 두 동강 내는 것과 똑같다'고 신체에 비유해 이야기했다. 사실 우리가 어렸을 때뿐만 아니라 1960~1970년대에도 이런 표현을 많이 썼다. 전 세계에서 이런 표현을 쓰는 건 한국밖에 없었을 거다. 분단이 어떻게 신체를 두 동강 내는 것과 같은 것이겠나. 그런데도 한국인은 그렇게 생각했다. 그만큼 '분단은 안 된다. 하나의 몸, 통일 국가가 있어야 한다'고 생각한 거다. 김구는 그러면서 "마음속의 38선이 무너지고야 땅 위의 38선도 철폐될 수 있다", "38선을 베고 쓰러질지언정 일신의 구차한 안일을 취하여 단독 정부를 세우는 데는 협력하지 아니하겠다"고 했다. 죽을지언정 어떻게 분단되는 걸 눈뜨고 볼 수 있느냐, 이런 식으

38선에 서 있는 김구. 김구는 '분단이 된다는 건 우리 몸을 두 동강 내는 것과 똑같다'고 이야기했다.

로 호소했을 때 한국인들 누구나 정말 흐느껴 울지 않을 수 없었던 정서, 분위기가 있었다. 그게 옳은가 그른가, 나는 그건 논리를 떠난 문제로 본다. 그런 걸 이해할 필요가 있지 않겠나.

당시 '분단을 막기 위해 두 분 선생이 나가시라. 북과 협상을 해라', 이렇게 문화인까지 성명서를 내고 그랬다. 108인 문화인은 '이 것은 성공하느냐 실패하느냐의 문제가 아니다. 당위와 부당위, 마땅히 해야 할 일과 해선 안 되는 일의 문제다. 전쟁을 막기 위해서 이건 해야 하는 것 아니냐', 이런 논리를 폈다. 그래서 평생을 독립 운동에 몸담았던 백범(김구)과 우사(김규식), 이 두 분이 중심이 돼서 남북 협상을 하게 된다.

─── 성공과 실패가 아니라 당위와 부당위의 문제라는 이야기는 두

해방과 분단

고두고 곱씹어볼 만한 대목이다.

백범도 그렇지만 특히 우사는 한반도에서 전쟁이 일어날 가능성을 굉장히 많이 생각했다. 미군정 자료에 많이 나온다. 전쟁을 막기 위해서라도, 한 번에 안 되면 두 번 시도하고 100번 실패하더라도 통일 정부를 세우기 위한 노력은 해야 할 것 아니냐, 그런 이야기를 하는 것을 볼 수 있다.

그러면서도 남한과 북한의 극단 세력한테 이용당해선 안 된다는 얘기를 강하게 한다. 그래서 김규식을 주석으로 한 민족자주연맹에서는 북한 측에서 '두 분 선생 다 오시라'고 하면서 열렬히 환영한다고 했을 때 조건을 내세운다. '민주적인 정부를 세운다' 등 5개 조건이었는데, 북한에서 다 받아들이겠다고 했다. 하여튼 김규식은 북한에 가서도 절대 이용당해서는 안 된다고 생각해 그 방법을 고심했다. 김구도 마찬가지였다. 그러니 연석회의에 대해 그런 태도를 보인 것이다.

── 남북 협상 결과는 어땠나. 북한에 이용만 당한 것 아니냐는 시각도 있다.

4월 30일에 공동 성명이 나온다. 이 성명을 보면 제1항은 '미국과 소련 양군은 철수하라'인데, 이건 당시 많은 사람이 주장했던 것이다. 거기에 김구와 김규식이 동의해줬다고 볼 수 있다. 제1항은 제2항과 직접 연계돼 있다. 이 점에서 제2항이 아주 중요하다. 북한이 쉽게 동의하지 않으려 한 부분이다. '외국 군대 철수 후 한반도에서 전쟁이 일어나선 안 된다', 이것이었다. 노골적으로 쓰진 않았

삼천만 동포에게 읍고泣告함(1948년 2월 10일)

친애하는 삼천만 자매형제여! 우리를 싸고 움직이는 국내외 정세는 위기에 임하였다. 제2차 세계대전에 있어서 동맹국은 민주와 평화와 자유를 위하여 천만의 생령을 희생하여서 최후의 승리를 전취하였다. 그러나 그 전쟁이 끝나자마자 이 세계는 다시 두 개로 갈리었다. 이로 인하여 제3차 전쟁은 되고 있다. 보라! 죽은 줄만 알았던 남편을 다시 만난 아내는, 죽은 줄로만 알고 있던 아들을 다시 만난 어머니는, 그 남편과 그 아들을 또다시 전장으로 보내지 아니하면 아니 될 운명이 찾아오고 있지 아니한가?

인류의 양심을 가진 자라면 누가 이 지긋지긋한 전쟁을 바랄 것이냐? 과거에 있어서 전쟁을 애호하는 자는 파시스트 강도군밖에 없었다. 지금에 있어서도 전쟁이 폭발되기만 기다리고 있는 자는 파시스트 강도 일본뿐일 것이다. 그것은 그놈들이 전쟁만 나면 저희들이 다시 살아날 수 있다고 믿는 까닭이다.

현재 우리나라에 있어서도 남북에서 외력外力에 아부하는 자만은 혹왈 남침 혹왈 북벌하면서 막연하게 전쟁을 숙망하고 있지마는 실지에 있어서는 아직 그 실현성도 없을 뿐만 아니라 전쟁이 실현된다 할지라도 그 결과는 세계의 평화를 파괴하는 동시에 동족의 피를 흘려서 적을 살릴 것밖에 아무것도 아니 될 것이다. 이로써 그들은 새 상전의 투지를 북돋을 것이요 옛 상전의 귀여움을 다시 받을 수 있을 것이다. 그들은 전쟁이 난다 할지라도 저희들의 자질子姪만은 징병도 징용도 면제될 것으로 믿을 것이다. 왜 그러냐 하면 왜정 하에서도 그들에게는 그러한 은전이 있었던 까닭이다.

(……)

삼천만 자매형제여!

한국이 있어야 한국 사람이 있고 한국 사람이 있고야 민주주의도 공산주의도 또 무슨 단체도 있을 수 있는 것이다. 그러면 우리의 자주 독립적 통일 정부를 수립하려 하는 이때에 있어서 어찌 개인이나 자기의 집단의 사리사욕을 탐하여 국가 민족의 백년대계를 그르칠 자가 있으랴? 우리는 과거를 한 번 잊어버려 보자. 갑은 을을 을은 갑을 의심하지 말며 타매唾罵하지 말고 피차에 진지한 애국심에 호소해

보자! 암살과 파괴와 파공罷工은 외군의 철퇴를 지연시키며 조국의 독립을 방해하는 결과를 조출할 것뿐이다. 계속한 투쟁을 중지하고 관대한 온정으로 임해보자!

마음속의 38선이 무너지고야 땅 위의 38선도 철폐될 수 있다. 내가 불초하나 일생을 독립 운동에 희생하였다. 나의 연령이 이제 70유 3인바 나에게 남은 것은 금일 금일 하는 여생이 있을 뿐이다. 이제 새삼스럽게 재물을 탐내며 명예를 탐낼 것이냐? 더구나 외군 군정 하에 있는 정권을 탐낼 것이냐?

내가 대한민국임시정부를 주지하는 것도 다 조국의 독립과 민족의 해방을 위하는 것뿐이다. 그러므로 내가 국가 민족의 이익을 위하여는 일신이나 일당의 이익에 구애되지 아니할 것이요, 오직 전 민족의 단결을 위하여서는 삼천만 동포와 공동 분투할 것이다. 이것을 위하여는 누가 나를 모욕하였다 하여 염두에 두지 아니할 것이다. 나는 이번에 마하트마 간디에게서도 배운 바가 있다. 그는 자기를 저격한 흉한을 용서할 것을 운명하는 그 순간에 있어서도 잊지 아니하고 손을 자기 이마에 대었다 한다. 내가 사형 언도를 당해본 일도 있고 저격을 당해본 일도 있었지만 그 당시에 있어서는 나의 원수를 용서할 용기가 없었던 것이다. 나는 이것을 지금도 부끄러워한다.

현시에 있어서 나의 단일한 염원은 삼천만 동포와 손을 잡고 통일된 조국 독립의 달성을 위하여 공동 분투하는 것뿐이다. 이 육신을 조국이 수요須要한다면 당장에라도 제단에 바치겠다. 나는 통일된 조국을 건설하려다가 38선을 베고 쓰러질지언정 일신에 구차한 안일을 취하여 단독 정부를 세우는 데는 협력하지 아니하겠다.

나는 내 생전에 38이북에 가고 싶다. 그쪽 동포들도 제 집을 찾아가는 것을 보고서 죽고 싶다. 궂은 날을 당할 때마다 38선을 싸고도는 원한의 곡성이 내 귀에 들리는 것도 같았다. 고요한 밤에 홀로 앉으면 남북에서 헐벗고 굶주리는 동포들의 원망스런 용모가 내 앞에 나타나는 것도 같았다. 삼천만 동포 형제자매여! 붓이 이에 이르매 가슴이 억색臆塞하고 눈물이 앞을 가리어 말을 더 이루지 못하겠다. 바라건대 나의 애달픈 고충을 명찰하고 명일의 건전한 조국을 위하여 한 번 더 심사深思하라.

지만 '너희들, 전쟁 일으켜선 안 된다'는 다짐을 북한한테 받은 것이다.

북한이 더 싫어한 것이 있다. 김일성이 공동 성명 발표 직전 기자들을 만나서도 일체 이야기를 안 한 부분이다. 통일 정부를 세우는 구체적인 방법을 제3항에 써놓고 있는데, '남북 정당·사회단체 대표자들이 한자리에 모여 임시정부를 구성하고 그런 다음에 총선거를 실시해 국회를 열고 통일 헌법을 만들어 통일 정부를 세운다'는 것이었다. 북한은 여기에 동의하지 않으려 했다. 남쪽에 이어서 자기들도 분단 정부를 수립하려고 했고 헌법도 만들어놓은 것이나 다름없었기 때문이다. 제3항에 동의했다가 나중에 분단 정부를 세우면 어쨌든 욕을 얻어먹을 수 있는 것 아닌가. 그랬는데 김규식과 김구가 이걸 꼭 집어넣어야 한다고 강하게 주장하니, 넣을 수밖에 없었던 것으로 보인다. 제4항이 '5·10 단독 선거 반대'인데, 이건 김구가 이미 연석회의에서도 얘기한 거다. 어떤 선거건 단독 선거는 반대한다는 것과 같은 뜻으로 해석하면 된다. 이것을 가지고 '북한에 이용당했다'고 말하면, 뭔가 많이 잘못된 것이 아닌가 하는 생각이 든다.

남북 협상과 5·10선거, 김규식 '불참가 불반대'에 담긴 숨은 뜻

── 분단 2년 만에 한국전쟁이 터진 걸 생각하면, 제2항이 실현되지 않은 건 매우 안타까운 일이다. 그와 별개로, 다른 문제를 짚었으면 한다. 말 많은 5·10선거 참여 문제, 어떻게 보나.

난 그것(남북 협상)과 동시에 5·10선거에 대한 참여도 중요하다고 생각한다. 이 점이 지금까지 내가 많은 진보 세력하고 의견을 달리한 대목이다. 당시 독립 운동 세력의 대다수는 분단 정부를 수립하게 되어 있는 5·10선거를 반대했다. 진보 세력도 그런저런 이유 때문에 5·10선거에 대해 상당히 비판적인 시선을 가지고 있었다.

난 미국과 소련이 협력해서 임시정부를 구성하려고 열심히 노력하는 상황에서 이승만처럼 단정 운동을 편 건 잘못된 것이라고 본다. 그렇지만 제2차 미소공위가 좌절의 위기를 맞는 1947년 하반기에 미국과 소련 간 냉전이 확연히, 구체적으로 드러났다. 한국은 국제 문제를 무시할 수 없는 상황인데, 1948년이 되면 남북이 독자적으로 통일 정부를 세울 수 있는 여건이 안 됐던 건 현실로서 인정해야 한다고 본다.

—— 남북 협상을 긍정적으로 평가하면서 5·10선거 참여를 인정하는 것은 뭔가 어색하다.

그렇지 않다. 독립 운동에 매진했던 두 거두와 독립 운동을 한 분들이 분단되기 전에 민족의 최후의 보루, 최후의 노력으로서 남북 협상을 한 것은 역사적 의미가 크다. 온 민족이 그렇게 바라던 일 아닌가.

사실 그때까지 통일 정부를 수립하기 위해 남북 정치 세력들이 구체적으로 노력한 게 있나? 없다. 모스크바3상회의 결정 논란 당시 1946년 1월 7일 좌우 주요 세력의 4당 합의(코뮈니케)가 나오긴 했지만, 한민당이 즉각 반발하고 국민당도 중경 임시정부 쪽에서 '이럴 수 있느냐'고 강경하게 나오니까 '동의하지 않는다'고 태도를 바꿔버렸다. 그러면서 파투가 났다. 좌우 합작 운동도 그렇게 많은 노력을 했지만, 실제로는 남한에서도 좌우 합작이 안됐다. 남북한 좌우 합작을 지향했는데, 그것도 안됐다. 만일 남북 협상마저 없었다고 한다면, 정말 우리가 통일을 위해 뭘 했다고 말할 수 있나. '온 국민이 그렇게 분단을 두려워하고 반대했는데 민족 지도자들이 분단을 막기 위해 무엇을 했는가' 하는 말이 나올 때 할 말이 없지 않았겠나.

우리는 1950년대부터 오랫동안, 어쩌면 지금도 '한국을 분단시킨 건 미국과 소련이다', 이렇게 분단 책임을 강대국한테 돌리고 있지만 정말 그렇게만 얘기해도 되는 것인지 가만히 생각해보자. 그렇기 때문에도 남북 협상은 분단을 막기 위한 시도로서 두 지도자를 중심으로 독립 운동을 한 분들이 안 할 수 없었던 일이었다고 본다.

그렇지만 조봉암이나 독립 운동을 한 사람 중 일부는 5·10선거에 참여해 극우 단정 세력의 진출을 막고, 훌륭한 대한민국을 만들려고 노력해야 하는 거다. 좋은 헌법을 만들고, 친일파 처단을 위한 법도 만들고, 농민을 위한 법도 만들고 그러면서 통일을 지향하는 활동을 적극 펴기 위해서도 현실을 인정해야 하는 것이다. 그래서 무거운 마음이더라도 5·10선거에 참여한 것은 그것대로 충분한 의미가 있다. 이 점을 생각해야 한다.

5·10선거 결과는 극우 단정 세력이 의도한 대로 나오지 않았다. 미군정의 여당 격으로 막강한 힘을 가졌던 한민당에서 29명밖에 당선되지 못했고, 이승만 지지 세력이 많은 독립촉성국민회는 55석을 차지했다. 그 반면 김구, 김규식과 대체로 뜻을 같이하는 중도파가 다수인 무소속은 85석이었다. 그러면서 조금 있으면 소장파 전성시대가 출현해 1949년 6월 국회 프락치 사건이 일어나기 전까지 진보적이고 민족적이던 소장파가 국회에서 큰 역할을 한다. 그들은

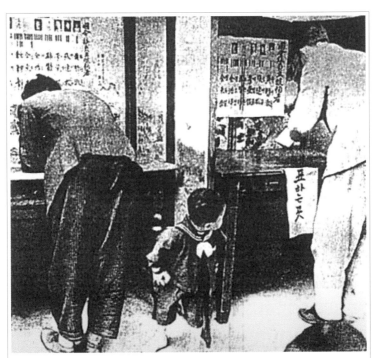

5·10선거 당시 모습. 선거 결과 소장파 전성시대가 출현해 1949년 6월 국회 프락치 사건이 일어나기 전까지 진보적이고 민족적이던 소장파가 국회에서 큰 역할을 하게 된다.

훌륭한 제헌 헌법을 만들기 위해 노력하고, 이어서 반민법(반민족 행위 처벌법) 제정과 반민특위 활동에 앞장선다. 농민의 입장에서 농지개혁법을 만들고 지방자치법도 만들었다. 통일 문제에도 나섰다. 이 때문에 이승만은 헌법을 만들 때도 여러 차례 불만을 표시했고, 반민법을 비난하고 반민특위와도 충돌한다. 농지개혁법에도 불만이 많아 나중에 바꿨고, 지방자치법은 시행하지 않았다. 5·10선거가 실시되면 단정 운동 세력이 제헌 국회를 좌지우지할 것으로 생각했는데, 이처럼 무소속 당선자가 많았고 소장파 전성시대가 출현한 것은 역사의 힘으로 볼 수밖에 없다. 독립 운동과 민중의 바람이 역사의 힘으로 작용해 제헌 국회로 하여금 단정 운동 노선과 다른 길을 가게 한 것이다.

사실 김규식도 선거 참여 문제에 대해 굉장히 깊이 생각했다.

—— 김규식은 어떤 태도를 취했나.

1948년 2월 26일 유엔 소총회에서 남한만의 선거가 결정됐을 때 김규식은 특이한 반응을 보였다. '불참가 불반대', 즉 자신은 남한에서 치를 선거에 참가하지 않겠지만 그 선거에 반대하진 않겠다는 거였다. 의미심장한 말이다. 제헌 국회에서 헌법을 제정하고(제헌 헌법) 대통령과 부통령을 선출했을 때에도, 그리하여 대한민국 정부가 섰을 때에도 김규식은 "나는 반대도 안 하고 참가도 아니하는 동시에, 그것나마도 낫게 되기를 바라며, 남 정부와 북 정부가 한데 합하여 우리가 살길을 얻기 바란다. 모두 다 통일을 완수하여 도탄에 빠진 민생을 구해내기를 바란다"고 말했다. 그리고 유엔에서 12월 12일, 선거를 치른 지역에서 유일한 합법 정부로 대한민국 정부를 승인하자 김규식은 '유엔 결의에 감사의 뜻을 표한다. 이 승인은 과거 40여 년 동안 남북 만주에서 독립군이 희생 분투하고 모든 애국자들이 노력한 결과인 것을 깨달아야 한다'고 하면서 다시 통일 운동을 해나가겠다고 말한다. 이런 태도에 나는 음미할 게 많이 있다고 본다.

1948년 말에서 1949년 정초에 3영수 합작설이라는 게 나온다. 예전의 우익 3영수(이승만, 김구, 김규식)가 다시 합작한다는 설이다. 나는 이건 김규식 쪽에서 퍼뜨린 이야기일 것이라고 보고 있다. 그러면서 1949년 5~6월에 가면, 민족 진영을 강화하겠다는 움직임을 보였다. 남북 협상에 참여한 세력이 이듬해(1950년)에 치러질 선거에 참여하겠다는 뜻이었다. 이승만 정권으로선 굉장히 심각한 문제였다. 그러면서 김구가 6월 26일 암살당한다.

이건 간단한 문제가 아니다. 김구 암살 문제에 대해선 구체적인 사료를 가지고 많은 생각을 해봐야 한다. 국회에서 1952년에 다시 대통령을 선출하도록 헌법에 돼 있지 않았나. 이승만의 가장 강력한 라이벌은 누가 봐도 김구였다. 김구는 이승만을 대신해 대통령으로 선출될 수 있는 사람이었다.

남북 협상에 참여했던 세력의 움직임은 김구가 죽은 다음인 7월부터 아주 구체화된다. 8월에 김규식을 의장으로 해서 민족진영강화위원회가 만들어지는데, 중도파 민족주의자들이 훌륭한 대한민국을 만들기 위해 적극적으로 정치에 참여하자는 의도에서였다.

─── 이승만 대통령이 부담을 느낄 수밖에 없었겠다.

이승만 정부가 1948년 4·3사건 때 얼마나 많은 사람을 희생시켰나. 그 많은 사람을 희생시키며 극단적인 반공 국가를 만들려고 했다. 같은 해 여순사건 때도 그 많은 피를 흘리면서 이른바 빨갱이 사냥을 폈다. 그 결과 1949년이 되면 감옥소는 만원이 됐다. 그러면서 1949년 6월에는 6·6 반민특위 습격 사건, 6월 20일부터 본격적인 국회의원 체포, 6월 26일에는 김구 암살 사건 등 이승만 정권의 '6월 공세'라고 하는 게 일어난다.

이에 더해 1950년 5·30선거 때 이승만 대통령이 직접 전국을 순회하면서 중도파를 당선시키지 말 것을 호소했다. 중도파가 강한 부산에서는 "반정부를 일삼는 또는 그러한 경력을 가진 인사들에게는 투표를 고려할뿐더러 당선된 뒤에도 선거인이 협의해 소환하도록 해야 할 것"이라고 헌법에 없는 말까지 했다.

5·30선거에서는 최초의 선거 바람이 서울, 경기와 부산 지역에서 중도파나 남북 협상 참여 세력을 중심으로 불었다. 정부가 '북로당 남반부정치위원회 사건', 일명 성시백 간첩 사건이라는 대형 사건을 터뜨리고 마치 중도파가 이 사건에 연루된 것처럼 엄청나게 발표해 대대적으로 보도되고 그랬는데도, 중도파가 약진했다. 조소앙은 미군정 경무부장으로 민국당 중진인 조병옥을 누르고 전국 1위로, 부산에서 장건상은 감옥소에 갇혀 있었는데도 전국 4위로 당선됐고, 안재홍, 원세훈, 윤기섭, 여운홍, 조시원, 김칠성 그리고 조봉암도 당선되어 이승만 정부를 경악케 했다. 그와 달리 한민당의 후신인 민국당과 이승만 추종 세력인 국민당은 추풍낙엽처럼 떨어져서 각각 24석밖에 못 얻었다. 이는 당시 민심이 어땠는지는 물론 국민들의 정치의식이 결코 낮은 수준이 아니었음을 보여준다. 유권자들은 독립 운동, 통일 운동에 헌신한 분들에 대해 감사와 존경의 마음을 지니고 있었다.

한반도의 분단, 미국의 책임이
무거울 수밖에 없는 이유

해방과 분단, 아홉 번째 마당

김 덕 련 38선이 어떻게 그어졌는지에 대해서도 의견이 엇갈린다.

서 중 석 마魔의 선, 가슴을 도려내는 단장斷腸의 선이라고 불린 데에서도 짐작할 수 있듯이 38선은 한국인한테 너무나도 큰 고통과 재앙을 안겨주었다. 그래서 한국인들은 해방 직후는 물론이고 1960~1970년대까지도 '한국의 모든 비극은 38선 때문에 생긴 것이다', 이렇게까지 생각했다. 그래서 38선을 그은 사람은 나쁜 사람이라는 생각을 많이 하게 됐다. 그런데 이 문제와 관련해 오랫동안 영향을 끼친 주장이 있다. 얼토당토않은 주장이었는데도 아주 오랫동안, 강력하게 한국인에게 영향을 끼친 주장이다.

—— 어떤 주장인가.

뭐냐 하면 이승만이 해방 직후에 강조했던 건데, 1945년 2월 4일부터 11일까지 열린 얄타 비밀 회담에서 38선이 그어졌다는 주장이다. 제1차 미소공위 회담이 1946년 3월 20일 열리기 바로 전에도 동아일보 등에 대문짝만하게 '얄타 비밀 회담 때 한반도가 분할됐다'면서 그 책임이 소련에 있다는 것을 시사하는 기사가 나오기도 했다. 이게 1940년대뿐 아니라 1950년대에도 정설처럼 먹혀들었다. 주입됐다고 해야 할까. 도대체 1960~1970년대에도 안 없어졌다.

• 1946년 3월 13일 동아일보는 '폭로된 얄타 비밀'이라는 기사를 통해, 얄타 회담에서 소련이 한반도 전체를 요구했으나 미국은 한반도 북부 지역만 주기로 했고 그 때문에 미국이 38선 문제에 대해 애매한 모습을 보이고 있다고 엉터리 주장을 했다. 모스크바3상 회의 결정 발표 직전인 1945년 12월 24일부터 나온 일련의 보도를 연상시키는데, 한마디로 미소공위에 재를 뿌리는 행위였다.

38선은 미국이 1945년 8월 11일 '38선을 경계로 미국과 소련, 양군이 점령하는 방식이 좋겠다'는 의견을 제안하면서 생겨났다. 결국 38선은 남북한을 가르는 분단의 상징이 되고 말았다.

1980년대 이후 많은 사실이 밝혀지면서 말도 아닌 게 됐다.

해방 직후 한 기자가 '얄타 비밀 회담에서 그런 협정이 있었다는 주장을 어디서 들었는가' 하고 이승만에게 물어봤다. 그랬더니 뚜렷한 근거를 제시하지 않고 다만 러시아인인가로부터 그런 얘기를 들었다고 했다. 근거를 제시하지 않은 거다. 1960~1970년대 이후에도 얄타 비밀 협정으로 38선이 그어졌는지에 대해 많은 사람이 찾아봤는데, 어디에서도 그 근거가 나오지 않았다. 이승만 추종자들은 '이승만은 국제 정세에 밝은 사람'이라고 주장하는데, 사실 이승만이 주장한 것엔 억지 주장, 일방적인 주장이 많았다. 가장 대표적인 게 바로 이 얄타 비밀 회담 얘기라고 할 수 있다.

— 1945년 7월에 시작된 포츠담 회담에서 38선이 결정됐다는 견해도 있다.

1945년 포츠담 회담에 참여한 클레멘트 애틀리
영국 수상, 해리 트루먼 미국 대통령, 이오시프
스탈린 소련공산당 서기장(왼쪽부터).
이 회담에서 트루먼과 스탈린은 한국 문제에
대해 침묵으로 일관했다. 사실상 한국 문제는
포츠담 회담에서 논의되지 않았다.

해방과 분단

신용하 서울대 명예교수 같은 분들이 그런 주장을 했다. 확정할 수 있는 자료는 안 나와도 그걸 시사하는 자료는 나온다는 논리를 펴면서 논문을 쓰고 그랬다. 그러면 지금까지 포츠담 회담과 관련해 그렇게 얘기할 만한 자료가 구체적으로 나온 게 있나? 아무도 발견해내지 못했다.

다 알다시피, 포츠담 회담에서 미국 대통령 해리 트루먼은 한국 문제에 대해 침묵으로 일관했다. 그렇게 한 가장 중요한 원인은 회담 중간에 '미국에서 핵 실험 성공'이라는 보고를 받은 것이다. 그래서 한국 문제에 대해 소련과 구태여 타협할 필요가 없다는 생각을 하고 있었다. 이오시프 스탈린도 그 회담에서 한국 문제를 먼저 꺼내려고 하지 않았다. 소련은 미국에서 생각한 것보다 월등히 빠른 속도로, 독일과 동부 유럽에 배치된 부대들을 아주 신속하게 일본과 전쟁하기 위해 시베리아, 연해주의 소만(소련-만주) 국경으로 이동시켜 배치하고 있었다. 그렇기 때문에 스탈린은 '무엇하러 내가 먼저 말을 꺼내나', 이런 생각을 했는지도 모르겠다.

한국 문제는 포츠담 회담에선 사실상 논의되지 않았다. 카이로 선언에 있었던 것을 반복하는 정도로 한국 문제를 처리하고 넘어간 것이다. 한국 문제를 구체적으로 어떻게 처리한다는 것은 포츠담 선언이 나올 때까지도 결정된 것이 없다.[•]

또 일부 학자는 한국을 독일이라든가 오스트리아처럼 네 나라가 분할 점령하는 방안을 미국 국무부에서 논의했다고 말한다. 그

• 미국, 영국, 중국은 1943년 11월 27일 카이로 선언에 합의하고 12월 1일 소련의 동의를 얻어 이를 발표했다. '적당한 시기에in due course' 한국을 자주 독립시킨다는 내용을 담고 있었다. 그러나 '즉시 독립'의 길을 차단한 'in due course'는 중경 임시정부 구성원을 비롯한 적잖은 한국인들을 실망시켰다.

건 사실이다. 자료에 나온다. 그런데 한반도는 너무 작아서 그렇게 하기에는 문제가 있다고 봐서 바로 취소하고 만다.

38선 그은 건 미국, 스탈린은 왜 침묵했나?

── 38선은 어떻게 탄생했나.

38선을 어떻게 그었는지는 딘 러스크 회고록을 비롯한 여러 자료에 그대로 나온다. 1945년 8월 11일에 미국의 러스크 대령하고 찰스 본스틸 대령이 명령을 받고, 한반도 문제를 어떻게 처리할 건가에 대해 '38선을 경계로 미국과 소련, 양군이 점령하는 방식이 좋겠다'는 것을 조지 링컨 준장한테 올렸다. 링컨 준장이 미국 육군성 장관에게 보고했고, 육군성 장관에게서 그걸 받은 국무장관이 일반 명령 제1호 초안으로 대통령에게 그걸 올린 거다. 트루먼 대통령이 그걸 일반 명령 제1호로 확정하고 나서, 한 부는 스탈린에게 보내고 한 부는 맥아더 사령부에 보내게 된다.

8월 16일 스탈린이 일반 명령 제1호에 대해 회답했는데, 한국 문제 관련 사안에 대해선 한마디도 하지 않았다. 이에 대해서도 수많은 학자들이 왜 이런 일이 일어났느냐를 연구했다. 왜냐하면 소련이 한반도 전체를 점령하기에 아주 유리한 지점에 있었기 때문이다. 소련 군대는 이미 8월 9일에 대일 선전 포고를 하고 그와 동시에 그날 0시를 기해 두만강을 넘기 시작했다. 8월 11일 나진에 있는 일본군 사단과 격렬한 전투를 벌이면서 청진 쪽으로 진출하고 있었다.

순식간에 남쪽까지 내려올 수 있다고 볼 수 있는 상황이었다. 그런데 스탈린은 왜 아무 말도 하지 않았을까에 대해 많은 학자가 의문을 품었다.

—— 왜 그랬나.

세 가지 설이 있다. 하나는 일본을 점령하는 데 소련이 개입하려고 했다는 것이다. 미국 등과 함께 독일, 오스트리아를 점령한 것처럼 홋카이도 등을 '여긴 우리가 점령하겠다'고 하려 했다는 주장이다. 미국은 이걸 용납할 생각이 조금도 없었다. 또 하나는 스탈린은 만주를 중시했다는 것이다. 한반도는 만주만큼 비중이 크지 않기 때문에 만주에서 소련의 권익을 지키는 데 더 관심을 가졌다는 것이다. 세 번째가 중요하다고 생각하는데, 스탈린은 유럽에서건 동아시아에서건 일본 점령 문제 하나만 얻은 게 없지 나머지 부분에서는 소련이 상당히 얻어냈다고 본 거다. 한국 문제 가지고 공연히 문제를 일으키고 싶지 않았기 때문에 한반도 문제를 그렇게 넘어간 것 아니겠느냐는 주장이다. 상당히 설득력 있는 주장이라고 본다.

한 가지 더 이야기하면, 1945년 미군 진주 직후는 말할 것도 없고 1970년대까지 '미군이 한반도에 들어온 것은 일본군의 무장 해제를 위한 것'이라는 속설이 광범위하게 퍼져 있었다. 물론 그건 미군 제24군단을 이끈 하지 사령관이 그렇게 설명했기 때문에도 그런 거다. 미국 정부도 그렇게 설명했다. 그러나 커밍스가 《한국전쟁의 기원》 1권에서 명료하게 지적했듯이, 그럴 거라면 소련 측에 한반도 점령을 다 맡겨도 되고 다만 신탁 통치를 실시한다는 것만 확실하게 하면 되는 것이었다. 그런데 왜 미국이 오키나와에 있던 제

24군단을 전속력으로 한반도로 보냈는가는 아주 간단한 문제다. '점령만이 국가 이익을 실현하는 데 가장 확실한 방법이다. 그런 점에서 38도선을 경계로 양군이 진주하게 된다', 이렇게 이야기할 수 있다.

이승만과 친일파 키운 미국, 분단 책임 크다

—— 미국과 소련 모두 한반도 분단에 적잖은 책임이 있지만, 어느 쪽에 더 큰 책임이 있는지에 대해서는 의견이 엇갈린다.

해방 직후부터 미국의 전통주의적인 주장은 소련에 많은 책임을 돌리는 것이었다. 그러나 한반도에 사는 사람들은 분단된 이래 계속해서 '미국과 소련, 두 강대국의 이해관계 때문에 한반도가 분할된 것이다', 그러면서 두 나라에 책임을 돌리는 경우가 많았다.

1970년대 이후 극우 단정 세력을 제외하면, 소련과 미국 중 누가 더 책임이 크냐고 했을 때 소련보다는 미국 책임이 더 큰 것 아니냐는 사고가 상당히 있었다. 왜 그런 주장이 나오고 특히 1980년대 이후엔 더 강하게 나왔느냐 하면, 북쪽 지역에선 소련에 의해 친일파가 청산됐고 토지 개혁처럼 한국인들이 열망했던 개혁 조치가 있었지 않느냐는 것이다. 그뿐만 아니라 '북한에서는 단정 운동이 전혀 일어나지 않지 않았느냐. 남한에 미군정이 있던 것과 달리, 심지어 북한에는 소군정도 없었다. 간접 통치만 있었을 뿐이다', 이렇게 주장하는 학자가 나오고 그랬다. 그것에 비해 미국 측에는 분단과 관련해 너무나도 큰 문제가 있었다는 것이다.

— 어떤 문제인가.

제일 큰 것은 하지의 딜레마, 즉 미국의 딜레마라고도 볼 수 있는 것이다. 신탁 통치는 미국이 1942년, 1943년 무렵부터 줄기차게 한반도에 적용하려 했던 것이고 1945년 모스크바3상회의 때도 번즈 미국 국무장관이 강력하게 편 주장이다. 그런데 바로 이 신탁 통치 문제가 남한에서 국론을 양분하는 데 굉장한 역할을 했다. 그 점에서도 미국이 신탁 통치를 실시하려 했던 건 문제가 심각하다.

그런데 그것보다 더 큰 문제는 반탁 투쟁을 친미 세력이 일으켰다는 것이다. 미국이 신탁 통치를 하자고 주장했는데, 친미 세력은 1945년 연말, 1946년 연초에 반탁 투쟁을 일으키며 일시적으로 정국의 헤게모니를 장악했고 그 과정에서 친일파는 신분을 세탁해서 애국자로 둔갑했다. 그런데 미국 국무부에선 '모스크바3상회의 결정을 이행해야 한다'는 지침을 하지에게 계속 보내니, 하지는 딜레마에 빠질 수밖에 없었다. 친미 세력이 모스크바 결정에 어긋나는 활동을 하니 미국 측은 미소공위에서 능동적이거나 적극적인 역할을 할 수 없었다. 1946년 제1차 미소공위가 열리는 과정에서 그런 점이 적지 않게 작용해 실패로 끝난 것이 아닐까. 이렇게 판단할 수도 있는 대목이다. 이승만과 친일파 문제에서도 미국의 책임을 생각해볼 것들이 있다.

— 무엇인가.

맥아더 사령부에서 이승만의 귀국을 돕고, 미군정이 이승만을 위대한 지도자로 한국인한테 내세운 것도 분단에 영향을 준 것 아니겠나. 맥아더나 하지와 달리 사실 미국 국무부는 이승만을 못마땅하게 여겼다. 해방 전 오랫동안 쉬고 있던 이승만이 활동을 재개했을 때 미국 국무부가 이승만에 대해 못마땅하게 생각했던 건 '너무 심하게 반소·반공적이지 않느냐'는 것이었다. 당시 미국 국무부는 미국이 추축국에 맞서 소련과 협력해야 하는 위치에 있다고 봤고, 한반도 문제도 결국 두 나라가 협력해서 처리해야 할 것으로 전망하고 있었다. 그렇기 때문에 일제 패망 후 이승만이 빨리 귀국하려 했는데도 미국 국무부에서 못 가게 막은 것이다. 미국 국무부는 이승만이 한반도에 들어온 후에도 이승만에 대해 상당한 우려를 표했다.

이승만 이분에게선 자기 쪽 사람만 중요하게 여기고 비판 세력은 다 적 비슷하게 사고하는, '추종자 아니면 적'이라는 양분법적인 면이 상당히 보인다. 그런 것은 해방 직후의 문제를 해결하는 데 매우 적절치 않다. 해방 직후엔 복잡하고 어려운 문제들이 이어졌는데, 미국이 그런 이승만을 내세워 남한 정치의 주도권을 장악하고 이승만을 통해 한국 문제를 풀어나가려고 처음에 생각했던 것은 상당히 큰 잘못이 아니냐는 주장이 또 있는 거다.

그것 못지않게 미군정이 친일파를 등용하고 키운 것도 분단으로 가게 하는 큰 문제를 불러올 수밖에 없었다. 친일파는 본질적으로, 어떻게 해서든지 처단되지 않고 그와 동시에 계속 출세하려는

하지는 1945년 10월 20일 연합군 환영회에서 "자유와 해방을 위해 일생을 바쳐 해외에서 싸운 분"이라며 이승만을 한껏 치켜세웠다.

욕구가 아주 강한 집단이었고 생존 능력이 '탁월한' 자들이었다. 그런 친일파가 힘을 갖고 있는 한 통일 정부를 세운다는 건 굉장히 어려웠다. 친일파는 모든 걸 동원해 단정 운동에 적극 뛰어들었는데, 미군정이 그런 친일파를 엄청나게 키워주지 않았나. 그런데 난 소련도 분단 책임을 면할 수 없다고 생각한다.

소련도
책임 면할 수 없다

— 어떤 점에서 그러한가.

반탁 투쟁에 반소·반공 운동으로서 정략적인 면이 많았던 건 분명한 사실이다. 그렇지만 반탁 투쟁에 담긴 독립에 대한 한국인들의 강한 염원, '수천 년간 독립 국가를 이어온 우리에게 신탁 통치는 있을 수가 없다'는 자기 역사에 대한 강한 믿음, 주체적으로 해방을 맞고 해방 직후 상황을 스스로 이끌어갔다는 강한 자부심, 이런 것들을 소련이 너무나 이해하지 못했다. 그러면서 반탁 투쟁의 선봉에 선 일부 세력이 보여준 반소·반공에 대해 상당히 감정적으로 대응한 것이 아닌가. 난 그런 점이 분명히 있다고 본다.

그리고 제1차 미소공위 실패 이후 김규식과 여운형이 좌우 합작 운동을 하게 되는데, 이때 여운형이 직접 북한에 가서 소련군 대표들과 얘기한 것도 자료에 나오지 않나. 소련 측에서 아주 냉담한 반응을 보인다. 제일 큰 이유는 미국 정부와 미군정이 좌우 합작을 지원한다는 것이었다. 하지만 한반도에 통일 정부를 세우려면 좌우 합작의 길밖에 없는 건 누가 봐도 확실한 것 아닌가. 그렇다면 아무리 미국과 미군정이 지원하더라도 소련은 소련대로 자기 세력을 키우면서 지원하면 되는 건데, 소련이 합작에 냉담한 반응을 보인 것도 문제다. 물론 미국과 소련 모두 점령 지역에서 자국의 이익을 실현하려 했다는 건 기본적인 것이다.

북한의 통일 논리,
왜 전면전으로 갈 수밖에 없었나

해방과 분단, 열 번째 마당

김 덕 련 분단 정부를 세우자고 발언한 대표적인 사례로 이승만의 정읍 발언(1946년 6월 3일)이 꼽힌다. 통일 정부 수립이 여의치 않으니 남방만이라도 임시정부 같은 것을 수립하자는 주장이었다. 이와 달리 일각에서는 이승만보다 김일성 쪽에서 먼저 분단을 획책했다는 주장을 편다.

서 중 석 그런 주장은 과거엔 별로 안 나왔다. 그런데 1987년 6월항쟁 이후 서서히 고개를 내밀더니만 특히 뉴라이트가 본격적으로 활약하는 2005년 무렵부터 많이 부각된 게 아닌가 싶다. 박정희 정권 시기까지는 분단 책임 문제가 별로 논의조차 안 됐다. 전두환 정권 때도 마찬가지였다. 6월항쟁 이후 현대사에 대한 새로운 연구가 이뤄지면서 분단과 관련된 주장이 많이 나왔다.

우선 이승만이 분단에 책임이 없다고 주장하는 건 낙타가 바늘구멍을 통과하는 것보다 어려울 것이라고 생각한다. 누가 봐도 단정 운동 하면 이승만을 떠올리는 것 아닌가. 그건 뉴라이트도 똑같을 것이라고 본다. 그것까지 억지를 부린다면 할 말이 없다.

분단에 관한 미국의 책임과 별개로, 미국과 미군정이 처음부터 한국을 분단하려 했다? 그건 아니라고 생각한다. 하여튼 간에 이승만은 미국 국무부가 우려했던 대로 너무 자기중심적이고 반소·반공적임과 동시에 친일파와 강하게 유착하는 모습을 보였다. 그러면서 한국 지도자로는 너무 빠르게 1946년 1월에 이미 단정 노선을 지향하는 움직임을 보인다. 그러다 제1차 미소공위가 실패로 돌아가자

● 이승만은 1946년 1월 21일, "자기의 정부를 자기가 조직"하여 정부를 세운 후 북쪽을 소탕하겠다는 뜻을 밝혔다. 이는 이승만의 단정 노선과 북진 통일 노선이 1946년 초에 이미 형성돼 있었음을 보여주는 것으로 받아들여지고 있다.

해방과 분단

이승만의 정읍 발언을 보도한 신문 기사. 분단 정부 수립을 이야기한 대표적인 사례로 이승만의 정읍 발언(1946년 6월 3일)이 꼽힌다. 통일 정부 수립이 여의치 않으니 남방만이라도 임시정부 같은 것을 수립하자는 주장이었다.

마자, 지방 순시 같은 걸 하면서 여러 곳에서 그런 것을 간접적으로 피력하다가 유명한 6·3 정읍 발언을 하는 것 아닌가.

이승만은 분단에 책임이 없다?
"낙타가 바늘구멍 통과하는 것보다 어려운 일"

—— 정읍 발언 후 이승만은 어떤 모습을 보였나.

정읍 발언 후 처음엔 강한 반발 때문에 단정 운동이 주춤한 적도 있다. 그러나 그해 가을에 접어들면서부터는 노골적이라 해도 좋을 정도로 분단 세력이 아주 강하게 단정 운동을 펴나가는 것을 볼 수 있다.

이승만은 1946년 12월 도미渡美 외교란 것을 한다. 미국 현지에 달려가 미국의 보수 반공 세력한테 '한국에 자유 정부, 그러니까 단

1947년 5월 제2차 미소공위 당시 사진. 오른쪽부터 여운형, 김규식, 이묘묵(영어 통역관), 말리크, 테렌티 스티코프(소련 측 대표), 허헌.

독(분단) 정부가 들어서야 한다'고 강력하게 호소하기 위해서였다. 그래서 이승만 측은 '하지는 공산주의자에게 이용당하고 있다'는 주장까지 하면서 단정 운동을 아주 강하게 펴지 않았나.*

그리고 제2차 미소공위(1947.5.21.~10.21.)가 어떻게 보면 마지막으로 실낱같은 희망을 품게끔 하는 것 아니었나. 통일 정부를 세우는 데 굉장히 어려움이 많은 상황이었지만, 미국이 마지막으로 소련과 협력해 해결해보려고 하니까 미소공위가 열린 것 아닌가. 그런 상태에서 민족적 지도자라면, 자신이 동의하지 않더라도, 최후의 시도일 테니까 그것이 어떻게 될 것인가를 잠시 바라보기라도 하는 자세가 담겨 있어야 한다고 본다. 그런데 이승만 측은 아주 심하게 제2차 미소공위에 대한 반대 공작을 벌이는 것을 볼 수 있다. 이 대

* 이승만 측은 미국에서 "하지는 한국을 소련에 팔아넘기려 한다"는 주장도 했다.

해방과 분단

목에서 생각해야 할 점이 또 있다.

— 무엇인가.

미소공위가 잘될 때 신문에 이런 내용이 보도됐다. '임시정부가 들어서면 김규식이 수반이 될 거다.' 난 권력의 향방에 촉각을 곤두세우던 이승만이 이런 보도에 영향을 받은 걸로 보고 있다. '미군정이 좌우 합작을 지원해 김규식을 전면에 내세워 키우려는 것 아니냐', 이승만의 이런 두려움도 작용했기 때문에 단정 운동을 강하게 펴는 일이 일어난 걸로 본다.

이승만은 분단 정부가 들어서면 미국이 분명히 자기를 지지할 것이라는 강한 믿음이 있었다. 그렇기 때문에 제1차 미소공위가 파열되자마자 단정 운동을 전개하면서 권력에 대한 강한 집착을 보였던 거다. 그 당시 하지는 이승만이 과대망상으로 제정신이 아니라고 판단했던 것 같다. 1946년 6월 초 하지는 어떤 정신과 의사로 하여금 이승만과 다소 은밀하게 면담을 하도록 일을 진행시켰다고 한다.

제2차 미소공위가 실패로 돌아갈 것 같은 아주 어려운 상황에서 하지가 미국 정부에 보낸 문서에는 이런 이야기까지 나온다. '말을 물가까지 끌고 갈 수는 있지만 억지로 물을 먹일 수는 없다.' 단정 세력이 너무나도 강하게 미소공위를 파열시키려고 하는데, 사실 미국으로서는 이승만을 비롯한 친미 세력이 모두 임시정부에 참여해야 하는 것 아닌가. 그렇지 않으면 임시정부를 무엇 때문에 하려하겠는가. 미국이 반탁 투쟁에 이어 단정 운동의 벽에 부딪힌데다 세계적 차원에서 냉전이 심화되면서, 한국이 분단의 길로 들어설 수밖에 없는 상황이 된 것이다.

분단을 먼저 획책한 건
이승만이 아니라 김일성?

─ 이제 단정 운동에 앞장선 이승만 쪽보다 북한에서 먼저 분단을
획책한 것 아니냐는 주장에 대해 짚었으면 한다.

'단정 운동에 앞서 북조선임시인민위원회가 1946년 2월 8일
만들어지지 않았나. 그러니까 북한에서 먼저 분단을 획책한 것 아
니냐', 이런 주장을 근래 많이 하는 것 같더라. 그런데 1945년 9월
미군이 서울에 들어오자마자 바로 미군정을 설치하면서 한국은 이
미 분단된 것과 다름이 없었다는 주장도 꽤 있지 않나. 그런 것과
비슷하게 난 얼토당토않은 주장으로 비칠 수 있다고 본다.

왜냐하면 미국이건 소련이건 점령 지역에서 일정한 통치 행위
를 안 할 수 없는 것이다. 그러면서 미군정을 설치할 수 있는 것이
고, 북조선임시인민위원회 같은 것도 생길 수가 있는 것이다. 일각에
서 북조선임시인민위원회에 분단 책임을 돌리는데, 그에 대해 두 가
지 얘기를 할 수 있다.

하나는 소련이 38선 북쪽에서 간접 통치 방식을 택했다는 것
이다. 미국은 남한에 군정을 설치해 직접 통치하는 방법을 택했다.
그런데 사실 미국은 전쟁에 책임이 있는 나라인 패전국 독일이나
일본에 대해서는 간접 통치 방식을 택했다. 그래서 '이것 거꾸로 된
것 아니냐. 한국인들은 억울하다', 그 당시에 이렇게 얘기하는 게 나
온다. 어쨌든 북조선임시인민위원회는 간접 통치 방식의 산물로 이
해해야 하는 면이 있다. 그다음에 북쪽에서 통치 기구와 행정 기구
의 얼개가 짜이는 과정을 보면 이게 생길 수밖에 없다는 점을 인식

할 필요가 있다.

── 어떤 점에서 그러한가.

소련 제25군 사령관 이반 치스차코프가 1945년 8월 24일 맨 먼저 평양으로 안 가고 함흥으로 가지 않았나. 그래서 '미군 사령관 하지만 한국을 전혀 몰랐던 게 아니라 치스차코프도 한국을 전혀 몰랐던 것 아니냐. 그러니까 함흥으로 간 것 아니냐', 이런 주장을 일부 학자가 하고 있다. 어쨌든 여기에서 함흥 방식이라는 게 나왔다.

미군이 점령 초기에 조선총독부의 일본인 관리들을 유임한 것처럼 치스차코프도 처음엔 함흥에 있던 일본인 도지사에게 치안을 맡겼다. 건준 함남 지부, 함남 공산주의자협의회에서 다음 날인 25일 즉각 항의하고 행정권 이양을 요구했다. 그러자 치스차코프는 '그러면 건준 지부와 공산당 측, 이 두 군데에서 반반씩 나와 집행위원회 같은 것을 구성해라. 그리고 위원장은 건준 쪽이 맡아라', 이런 유명한 함흥 방식을 채택한다. 치스차코프는 1945년 8월 26일 평양에 도착하자마자 평양에도 두 조직이 있다는 걸 알게 된다. 조만식을 중심으로 한 건준 평남 지부, 그리고 현준혁을 중심으로 한 조선공산당 조직이었다. 치스차코프는 두 단체를 불러서 '함흥과 마찬가지로 반반씩 구성하되 위원장은 건준 쪽에서 해라', 이렇게 한다. 그래서 조만식이 위원장을, 현준혁하고 건준 지부 쪽 오윤선 (기독교 장로)이 부위원장을 맡는다.

그런데 이렇게 되니까 각 도가 따로따로 노는 식이 돼버렸다. 예컨대 평양에서 원산까지 철도로 갈 경우 지역을 관할하는 방식이 각각 다르면 안 되는 것 아닌가. 그러면서 북조선5도행정국이 그해 늦가을 만들어진다. 교통국에서 북쪽 지역 교통을 전체적으로 통할하는 식이었다. 5도라는 건 북한의 5개 도를 말하는 것이다. 그 이전보다는 체계적이었지만 이것도 중앙 집권적인 행정을 하기엔 상당히 문제가 있었다. 어쨌든 그런 과정을 거치면서 인민위원회 체제가 북한에서 짜임새를 상당히 갖춰가니까 '북조선임시인민위원회를 발족하자', 이렇게 합의하게 된 거다. 여기에는 곧 열릴 미소공위에 대비하는 측면도 있었을 거다.

— 북조선임시인민위원회에서 실시한 토지 개혁(1946년 3월)을 비롯한 조치에 대해서도 의견이 엇갈린다.

토지 개혁 역시 분단 획책이 아니었느냐는 비판을 일부에서 했다. 그런데 북한에서 토지 개혁을 실시한 이유 중 하나는 그 당시 미군정 자료에 잘 나온다. 미소공위를 앞두고 북한이 우위를 점하려고 한 것이다. 북한 주민 대다수가 농민이니, 토지 개혁을 하면 이들에게 엄청난 지지를 받을 수 있지 않나. 그러면 미소공위에 임하는 소련 측의 입장이 훨씬 더 강화되는 것이다. 그 점과 떼려야 뗄 수 없는 관계가 있다는 것을 생각해야 한다.

당시 한민당이 토지 개혁에 대해 얼마나 비난을 퍼부었나. '토지를 강탈한다는 건 지주를 역적시하는 것 아니냐. 말도 안 되는 일이다', 이렇게 거세게 반발했다. 그렇지만 그럴 때에도 '이건 분단으로 가는 거다. 분단 정부를 세우려고 이런 짓을 하는 것이다', 이런 얘기는 하지 않았다. 이러한 점은 있다. 무상 몰수, 무상 분배는 급진적인 토지 분배 방식으로, 북의 지주와 부르주아를 위협해 다수가 남으로 내려가 반공의 최전선에 서도록 했고, 남의 지주와 부르주아의 반발을 사 통일 국가를 세우는 데 갈등 요인을 제공했다.

— 1947년 말 북한에서 임시헌법제정위원회를 만든 것도 북측에서 먼저 분단을 촉진했다는 근거 중 하나로 거론된다.

1947년 11월 14일 유엔 총회에서 아주 중요한 결정을 내리지 않나. 한반도 전체에 걸쳐 총선거를 실시한다, 그 선거를 감시하기 위해 유엔임시위원단을 파견한다, 미국과 소련 양군은 조속히 철퇴할 것을 권고한다는 유명한 3개 항을 결의했다. 유엔에서 그 결의를 하자마자 북한이 불과 며칠 사이에 '그러면 우리는 헌법을 만들겠다'고 나온 거다. 그야말로 장군 멍군인데, 이것을 '북한이 먼저 분단 정부를 만들려고 획책한 것이다', 이렇게 보는 것은 관점에 문제가 있다.

1946년 12월에 발족한 남조선과도입법의원이 1947년 구체적인 활동에 들어갔을 때 미군정이 지시했다고 할까, 강력히 요구한 게 있다. 보통선거법을 빨리 만들어 확정해달라는 것이었다. 이걸 두고 많은 사람이 '이건 좀 문제가 있지 않느냐. 보통선거법을 왜 그렇게 빨리 만들려고 하느냐. 분단 정부 수립을 획책하는 것 아니냐'고 당시에 주장하고 그랬다. 그런데 미군정이 정말 무엇을 의도하고 그렇게 했는지 확실히 알려주는 자료는 또 없는 것 같다.

어쨌건 북한에서 유엔 총회 결의 직후 헌법 초안을 만들기 위한 위원회를 구성한 것을 가지고 '이건 단정으로 가는 것이다'라고 한다면 '보통선거법도 그런 것 아니냐. 그건 북한의 헌법 제정 움직임 이전에 한 것 아니냐', 이런 주장을 피하기 어렵지 않겠나. 1947

1948년 2월에 조선인민군이 창설되었다. 김일성 초상화 옆에 태극기가 휘날리는 것이 눈에 띈다.

년 9월에 한국 문제가 유엔에 넘어가자 바로 소련과 북한에서는 모스크바3상회의 결정을 지켜야 한다고 하면서 유엔에서 한국 문제를 다루는 것을 반대했고, 유엔 총회의 결의를 인정하지 않았다. 1947년 11월 14일 중국과 인도의 의견도 반영돼 남북 총선거를 결의했지만, 소련의 반발로 현실성은 없었다. 북측이 임시헌법제정위원회를 만든 것도 그러한 반발로 나온 장군 멍군이었다.

—— 북한에서 1948년 2월 8일 조선인민군을 창설한 것도 분단을 획책한 움직임으로 꼽힌다.

북한에서 분단 정부 수립과 관련해 좀 구체적인 게 있다면 군대 창설을 얘기할 수 있을 것 같다. 북한에서 정부가 수립되기 전인데, 어째서 이런 일이 일어났느냐? 이걸 명확하게 밝혀줄 자료는 지금도 나오지 않는다. 다만 군대 창설 직후(1948년 2월 11일)부터 임시 헌법 초안을 전 인민의 토의에 부친 것으로 돼 있다. 남쪽에 분단 정부가 들어서면 그 뒤를 이어 정부를 수립하겠다는 것 아니었겠나.

그런데 그해 3월에 가면 '연석회의를 4월에 하자'고 제안하는데, 이때는 그만큼 헌법 초안 일은 뒤로 미뤄진 것이다. 그 사람들은 처음부터 '헌법 초안은 남북 전체에 걸친 헌법의 초안이다', 이런 주장을 했다. 분단과 상관없다고 강조했다. 북한에서 이게 통과되는 건 9월 8일이다. 9월 9일에 북한 정부가 들어서는데, 바로 전날인 8일에 최고인민회의를 통과한다.

이 시기의 모든 자료가 구체적으로 얘기하듯이, 북한은 소련군의 지배를 받고 있었다. 이 시기(1948년 2월)에는 정부가 수립되지 않았다고 누구나 얘기한다. 다만 군대만 창설했다고 선언한 것이다. 당시 인민위원회에 강력한 통제권을 행사하던 사람이 니콜라이 레베데프 소장이다. 이 사람의 비망록을 보면 심지어 연석회의에 대해서도 상당히 구체적인 것까지 '지시'한 것으로 나와 있다. 그런 점으로 봐도 이 시기에 분단 정부가 들어섰다고 얘기할 어떤 근거도 찾아낼 수 없다. 다만, 남쪽에서 국군의 모체인 국방경비대가 그보다 먼저 생기긴 했지만 인민군 창설은 국방경비대보다 더 강한 의미를 갖는 것 아니겠느냐는 생각은 든다.•

난 여기서 분단 문제와 관련해 아주 중요한 두 가지를 논의해야 한다고 본다.

• 남조선국방경비대는 1946년 1월 탄생했다.

분단 논리로 귀결된 민주 기지론…
"북한, 아주 잘못된 판단을 했다"

—— 무엇인가.

하나는 민주 기지론이다. 북한에서 민주 기지론이 언제 나타나느냐에 대해선 학자마다 설이 구구하지만, 명백하게 민주 기지라는 단어를 쓰는 건 1946년 5월 제1차 미소공위가 실패로 돌아가고 나서 얼마 후부터다. 그때 미국을 제국주의 세력으로 비난하면서 '민주 기지를 북한에 건설해야 한다'는 논리를 편다. 그러면서 북한에서 '민주 3법'이라고 말하는 산업 국유화법, 남녀평등법, 노동관계법을 만든다.

민주 기지론과 같은 사고방식, 전략이 분단과 긴밀한 관계를 맺을 수 있는 것 아니냐, 이 점을 깊이 생각해볼 필요가 있다. 물론 민주 기지론은 이승만을 중심으로 1946년부터 강렬하게 전개된 단정 운동과는 정반대처럼 보인다. 민주 기지론은 북쪽을 먼저 민주 기지로 만들고 나서 남쪽까지 그렇게 하겠다는 거다. 즉 2단계 통일론이다. 통일을 위한 방법으로 민주 기지론을 제시하는 형식이었다.

그런데 민주 기지론에 따라 남쪽이 사회주의화한다? 그건 기대할 수 없었던 건데, 북한에서 아주 잘못된 판단을 했다고 본다. 그 논리대로라면 전쟁을 빼놓고는 사회주의를 남쪽에 전파한다는 건 누가 봐도 불가능했다. 1946~1948년 정치 과정을 봐라. 남쪽에서 사회주의 혁명이 일어난다? 눈곱만큼도 그 가능성이 없었다. 그러니 결국 전쟁에 호소하는 방식밖에 없었던 건데, 그게 얼마나 큰 잘못인가.

그렇기 때문에 민주 기지론은 그것을 주장한 사람들의 주관적 의사와는 상관없이 분단으로 가는 논리로 귀결될 수밖에 없지 않았나 하는 점을 중시하지 않을 수 없다. 그런데 사실 제1차 미소공위 실패 직후 민주 기지론을 주장했던 북한은 미국이 다시 미소공위를 열기 위한 협상을 하자고 하니까 또 '우리도 미소공위를 여는 데 찬동한다'며 그리로 기울어지기는 했다.

'우리는 분단 세력이 아니다'?
분단 세력의 억지 논리

— 다른 하나는 무엇인가.

왜 분단 세력은 이승만의 단정 운동을 그렇게 높이 평가하면서도, 분단에 대해선 '이승만 잘못이 아니고 다른 쪽에 책임이 있다', 이런 식으로 자꾸 돌리냐는 것이다. 그게 아니라 일관성 있게 '우린 처음부터 분단만이 맞다고 생각했다', 이렇게 왜 떳떳이 주장하지 못하는 건지, 이것도 참 이상하다는 생각을 하지 않을 수 없다.

이승만 추종자들의 상당수는 민족한테 세 가지 큰 잘못을 저질렀다고 얘기할 수 있다. 정부 수립 직후, 한국전쟁 전후에 발생한 대규모 주민 집단 학살을 별개로 하면, 하나는 친일이다. 특히 일제 말에 황국 신민화 운동, 곧 민족의식 말살 운동과 군국주의 침략 전쟁에 적극 편승하고 가담한 것이다. 그다음은 너무나 일찍부터 분단 정부를 세우기 위해 아주 강한 페이스로 몰고 갔다는 것이다. 마지막으로 이승만 독재에 적극 협력한 것이다.

김구 장례식. 그때 김구를 추도하는 인파는 미국
대사관 자료에 의하면 50만 명이었다고 한다.
그 인파는 우리 역사상 전무前無하고 상당히
오랫동안 후무後無한 인파였다.

해방과 분단

일부 뉴라이트가 집요하게 이승만을 띄우는 작업을 한다든가, 수구 언론에서 그렇게 이승만을 살리려는 활동을 벌이는 것도 바로 이 세 가지 문제의 어떤 것을 미화하려는 것과 관련이 있기 때문이 아니냐는 생각이 든다. 이승만 추종자들의 상당수가 친일, 분단, 독재 협력과 관련해 자신을 '세탁'한다고 할까 정당화하는 방법으로 이승만을 미화하는 것이 아니냐는 것이다. 그래서 해방 직후부터 이 세력이 역사를 왜곡하면서까지 여운형과 좌우 합작 운동, 남북 협상을 그렇게 공격했던 것 아닌가. 그런데 단정 운동 세력을 정말 화나게 하는 것이 당시에 나타났다.

―― 어떤 것인가.

　　남북 협상은 엄청난 성원을 받았다. 김구와 김규식이 안 가려야 안 갈 수 없게끔 만들었다. 이에 반해 단정 운동 세력은 1946년 정읍 발언이 나올 때부터 굉장히 강한 비판을 받았다. 초기에 협력했던 김구와 이승만은 나중에 심한 라이벌이 돼버렸는데, 남북 협상에 관한 이런 분위기는 이승만 추종자들에겐 정말 가슴 아픈 일이었을 것이다.

　　김구는 결국 그쪽 세력에게 암살당하지 않나. 그때 김구를 추도하는 인파가 얼마나 많았나. 미국 대사관 자료에 딱 50만 명이라고 나오지 않나. 우리 역사상 전무前無하고 상당히 오랫동안 후무後無한 기록이다. 1971년 대선까지 이렇게 많은 인파가 모인 적이 없었다. 전국 각지에 분향소를 차리고 다 같이 애도했다. 이렇게 국민적인 성원을 받으니, 단정 세력이 얼마나 화가 났겠나.

　　또 1948년 4·3사건, 여순사건 때 극단적 반공주의를 펴면서

1949년에는 국가보안법 피의자라든가 사상범으로 감옥소를 가득 채웠다. 그렇게 극단적으로 반공으로 몰고 갔는데, 1950년 5·30선거는 어땠나. 이승만과 한민당 세력이 참패하고 중도파 민족주의자들이 약진하지 않았나. 애국자, 통일을 위해 애쓴 분들에 대한 유권자들의 지극한 심정이 5·30선거에서 나타난 것이다. 그러니 분단 세력은 또 얼마나 쓰라렸겠나. 이런 것 때문에도 더더욱 '우리는 분단 세력이 아니다'라는 식으로 억지 논리를 펴는 것 아니겠나.

제주 사람들이 폭도?
"극우의 터무니없는 얘기"

해방과 분단, 열한 번째 마당

김 덕 련 일각에서 '대구 폭동'이라 부르는 10월항쟁(1946년), 그리고 1948년에 일어난 4·3사건과 여순사건에 대해 엇갈리는 주장이 나오고 있다. 예컨대 '대구 폭동과 여순사건은 소련의 지령과 자금 지원으로 일어난 것'이라는 주장도 나온다.

서 중 석 이 시기 자료를 관심 있게 살펴봤지만, 그런 내용을 담은 자료를 설득력 있게 제시한 연구를 아직까지 보지 못했다. 예전에 이런 일이 있었다. 1987년 6월항쟁이 일어나고 몇 년 후, '구소련의 비밀 해제 자료에 의하면 대구 폭동은 소련의 지령과 자금 지원으로 일어난 것'이라는 기사가 어느 일간지에 크게 난 적이 있다. 구소련이 비밀문서를 마구 팔아먹던 때였다.

그 신문을 본 후 소위 근거로 제시된 소련 쪽 자료를 쭉 읽어 봤지만, 그런 주장을 입증할 내용을 발견하지 못했다. 그래서 그 신문사에 전화까지 했다. 담당자를 불러가지고, 근거를 제시해보라고 했다. 머뭇거리면서 말을 잘 못하더라. 그래서 내가 '어떻게 이런 식으로 견강부회해서 낼 수가 있느냐. 현대사를 객관적이고 공정하게 알아야 할 때인데 이런 식으로 하면 되겠느냐'고 항의한 게 생각난다.

10월항쟁 이 부분은 브루스 커밍스도 연구를 통해 잘 밝혀놓았고 정해구 교수라든가 여러 사람이 아주 구체적인 연구를 해놨다. 그런 것들을 봐도 알 수 있듯이, 그건 자연 발생적인 것이었다.

── 자연 발생적이었다고 보는 근거는 무엇인가.

사주를 받은 것이라면 한날한시에 봉기하는 게 자연스러운 것

1946년 10월 2일 항쟁이 일어난 대구의 모습. 10월항쟁은 자연 발생적이었으며 전국에 걸쳐 일어났다.

아닌가. 그러나 그렇지 않았다. 경북에서 먼저 일어났다가 조금 있다가 경남에서 일어나고 한참 있다가 충남 일부, 충북 일부, 강원 일부에서 일어나고 또 그러면서 서울 부근, 개성 부근에서도 일어났다. 그러다 나중에 가서 전라도에서 일어나는데, 전라도에서도 처음에 일어나는 지역과 나중에 일어나는 지역이 또 다르다. 지령에 따른 것이라면 어떻게 이런 식으로 일어날 수 있었겠나. 그래서 커밍스는 봉기가 당구에서 하나의 볼이 다른 볼을 치면 연쇄적으로 이어지듯이 개별적으로 일어났다고 보았다. 봄날 들불이 번지듯 퍼져갔던 것이다. 봉기 군중의 구호나 요구 조건도 다르다. 북한과 같은 민주적 개혁을 실시하라든가 토지의 무상 몰수, 무상 분배 같은 것도 찾아보기 힘들다.

그래서 나도 내 책에서 이런 얘기를 했다. '개성 지구까지 포함해 서울 주변에서 일어난 것은 공산당 측의 지시였을 가능성이 있다. 그렇지만 이렇게 각 지역에서 다른 시간대에 일어난 것은 다른 여러 가지 이유가 있기 때문이다.' 이건 지금까지 여러 연구가 명확하게 밝힌 것이다.

── 수많은 사람이 들고일어난 건 친일 경찰에 대한 증오감과 떼려야 뗄 수 없는 관계를 맺고 있었다.

경북의 경우 봉기 군중이 경찰서를 접수한 지역만도 8개 군이었고 청송, 영양, 안동을 제외하고는 전 지역에서 격렬히 일어났는데, 특히 경찰이 표적이었다. 경북에서 40여 명의 경관이 살해됐는데, 잔인하게 난도질당하고 산 채로 묻혀 죽기도 한 것에서 짐작할수 있듯이, 경관에 대한 민중의 증오심은 컸다. 친일 경찰이 많았던 경찰에 반발한 사례는 10월항쟁이 아니더라도 아주 많았다. 이혜숙 교수의 연구에 따르면, 1945년 8월에서 1948년 말까지 602건의 '소요 사건'이 있었는데, 그중 경찰서 습격이 256건이나 된다고 한다. 무리한 곡물 수집도 원성의 표적이었고, 군정 관리들에 대한 불만도 많았다. 전체적으로 볼 때 각 지역의 봉기의 원인으로는 미군정과 친일파에 대한 불만이 가장 빈도수가 높다.

북한이나 소련의 지시?
4·3에 대한 오랜 왜곡

── 4·3사건과 여순사건은 어떠한가.

4·3사건, 여순사건에 대해서도 얼마나 많은 연구가 이뤄졌나. 이 두 사건은 연구가 많이 이뤄졌고 특히 4·3에 대해서는 '제주 4·3사건 진상 규명 및 희생자 명예 회복 위원회'와 같은 중앙·지방 정부 기구에 의해, 또 4·3연구소 같은 시민 단체나 제민일보 같은 언론에 의해 많은 조사와 연구가 이루어졌다. 그러나 남로당 중앙당의 지시라고 할 만한 자료를 어디서도, 어떤 귀신도 찾아내지 못했다. 이건 없는 것이 확실하다.

물론 북한이나 소련의 지시도 없었다. 그런데 그전 역사 교과서에 그런 지시를 받은 것처럼 기술돼 있었다. 바로 이것 때문에, 제주 4·3에 대해 새로운 연구가 이뤄질 때 이 부분을 밝히는 데 굉장히 초점을 둘 수밖에 없었다. 그 과정에서 도대체 이것을 이야기한 사람이 누구냐, 어디다 근거를 두고 이런 이야기를 했느냐가 관심을 모았다. 그러면서 박갑동 쪽으로 넘어간 거다.

— 해방 공간에서 남로당 지하 총책을 지냈다고 하는 박갑동은 1973년 중앙일보 연재를 통해 '4·3사건은 남로당 중앙당의 폭동 지령에 의한 것'이라고 주장했다.

박갑동 자신은 남로당 중요 간부라고 말하지만, 실제로는 하급 간부다. 남로당의 어떤 간부 명단을 봐도 안 나오는 사람이다. 이 사람은 중앙정보부에 포섭돼 있었다. 그러면서 해방 초기 조선공산당과 남로당에 대해서 많은 글을 신문에 쓰고 책도 내고 그랬다.

그래서 6월항쟁 이후 4·3사건의 진실을 파헤치던 이들이 도쿄에 있던 박갑동한테 중앙당 지령설에 대해 알아봤다. 그런데 박갑동이 '나도 근거는 모른다'는 식으로 나왔다. 모처에서 나온 것이라는

1948년 5월 처형을 기다리는 제주 주민들. 4·3사건은 제주도민 10명 중 1명꼴로 학살된 비극으로, 우리 역사 전체를 통틀어 한 지역에서 학살된 인원으로는 가장 많을 것이다.

식으로 주장했다. 그야말로 어이없는 주장이 되고 말았다.°

── 박갑동의 주장은, 4·3사건을 "북의 지령으로 일으킨 무장 폭
동 내지 반란"으로 규정한 남재준 국정원장의 발언을 떠오르게
만든다. 지령을 내렸다는 주체를 남로당 중앙당이 아니라 북한
으로 규정한 점을 제외하면, 박갑동의 주장과 닮은꼴이다. 다
른 것을 하나 짚었으면 한다. 당시 무장 수준은 어느 정도였나.

미국 국무부 관리를 오랫동안 지낸 존 메릴이 많은 자료를 활
용해 구체적으로 밝혔고 제주도 현지에서도 많은 증언을 토대로 밝
힌 것처럼, 당시 무장 부대라는 건 기껏해야 500명밖에 안 되는 것

° 제민일보는 1990년 박갑동이 전화 인터뷰에서 "중앙 지령설은 내 글이 아니고, 1973년
신문에 연재할 때 정보 기관에서 고쳐서 쓴 것"이라고 밝혔다고 보도했다. 여러 극우 인
사들을 당황스럽게 만든 보도였다. 오랫동안 왜곡됐던 4·3사건의 진실을 파헤친 제민일
보의 노력은 《4·3은 말한다》 1~5 시리즈로 묶여 나왔다.

이었다. 그것도 대개 죽창으로 무장했다. 제일 좋은 무기라는 게 낡은 일본 99식 총이라는 건데, 그걸 가진 사람은 몇 명 안 됐던 것으로 자료에 나온다. 이런 걸 가지고 무장 폭동을 조직적으로 하려고 했다고 크게 강조하는 건 문제가 있다. 4·3에 대해선 오히려 다른 걸 물어봐야 한다.

학살이 무서워 도피한 사람들…
"극우 세력, 이들을 무엇으로 몰아대는 건가"

— 어떤 것인가.

엄청난 희생이다. 정부 기구인 '제주 4·3사건 진상 규명 및 희생자 명예 회복 위원회'가 2003년에 《제주 4·3사건 진상 조사 보고서》를 냈는데(당시 위원장 고건 국무총리) 2만 5,000명에서 3만 명이 희생당한 것으로 추정했다. 물론 대부분이 군경에 의한 학살이었다. 제주도민 10명 중 1명꼴로 학살된 것으로, 우리 역사 전체를 통틀어 한 지역에서 학살된 인원으로는 가장 많을 것이다. 북촌리 같은 경우는 400명 이상이 학살됐고, 50명 이상 학살된 마을이 수십 군데에 이른다. 마을 사람들을 끌고 가 재판은커녕 심문도 없이 한꺼번에 학살한 것이다.

또 왜 4·3이 그렇게 장기간에 걸쳐 이어졌는가 하는 거다. '몰지각한 일부 청년들이 남로당의 지시를 받고 무장 폭동을 일으켰다'고 한다면 이건 불과 며칠 또는 한두 달 안에 다 진압할 수 있는 것 아니겠나. 심지어 여순사건은 군이 반란을 일으킨 것이었는데도

제주 4·3사건 당시 무자비한 횡포를 부려 제주도민을 공포에 휩싸이게 한 서북청년회.

바로 진압됐다. 14연대 병력이 여수와 순천에서 패퇴해 지리산에 들어갈 때까지 오래 걸리지 않지 않았나. 제주도도 그랬어야 하는 것 아닌가?

그런데 항쟁이 그렇게 오랫동안 이어지고 학살이 그렇게 큰 규모로, 오랫동안 존속한 것은 그만한 여러 가지 이유가 있었기 때문 아니겠나. 육지에서 온 경찰이나 서청(서북청년회)의 횡포가 컸고, 그래서 육지 사람에 대한 섬사람의 두려움이나 적대감이란 측면도 있었다. 군인들이 선무宣撫를 하지 않고 가혹하게 '작전'을 펴 주민들이 공포 속에 살지 않았나. 사회주의 사상의 '사'자도 몰랐던 주민들이 왜 동네 청년들을 따랐던가 하는 문제도 다각도로 검토할 필요가 있다. 섬을 완전히 봉쇄해놓고 작전이란 명목 아래 주민 집단 희생이 일어난 것도 크게 논란이 될 수 있다.

영화 〈지슬〉이 2013년에 관심을 많이 모았는데, 얼마나 많은

해방과 분단

제주도 사람이 4·3사건 당시 숨죽이며 도피해야 했는지가 그 영화에 잘 나오지 않나. 중산간으로 도피한 이 사람들을 극우 세력, '4·3은 무장 폭동'이라고 강조하는 사람들이 무엇으로 몰아대고 있느냐, 이 말이다. 그런 사람들은《4·3은 말한다》같은 여러 자료를 읽어봤으면 좋겠다. 그러면 그런 터무니없는 얘기를 하지 않을 것이라는 생각이 든다.

아울러 10월항쟁이건 4·3이건 여순사건이건 간에 모든 연구에서 동일하게 나오는 게 있다. 바로 친일파, 특히 친일 경찰에 대한 강한 반감이다. 여순사건과 10월항쟁은 이것과 아주 직접적으로 관련돼 있다. 그런 것에 대한 강한 반감과 함께 단정 운동과 단정 세력에 대한 반발도 작용했다. 4·3도 단정에 대한 반발과 관련돼 있다는 것이 자료에 많이 나오지 않나.

통일 정부, 독립 정부를 빨리 세우지 못하고 친일파가 날뛰게 한 것, 단정 세력이 단독 정부를 세우자는 운동을 막 펴는 것들에 대한 두려움, 불안감, 반발 같은 것이 그런 사건들이 발생한 것과 관련이 있다.

—— 이 시기 남로당에 대해서도 생각해볼 지점이 있다.

4·3사건, 여순사건의 발생은 누가 보더라도 남로당과 관련이 있다. 그런데 중앙당의 지령에 따라 조직적으로 움직인 것이 아니라 현지에 있는 남로당이 일으킨 것이다. 예컨대 4·3도, 지금까지 나온 모든 자료를 살펴봐도 현지 남로당에서 일으킨 것이다. 상부인 전남 도당에서도 이걸 몰랐다. 더군다나 중앙당은 전혀 몰랐다. 여순사건은 누구나 지창수 상사가 일으킨 것이라고 하지 않나. 실제로 그랬

다. '여수군당이 알았을 가능성은 있다'는 게 최근 증언 등을 통해 조심스럽게 나오고 있지만, 적어도 '전남도당이 알았다'는 건 어떤 자료에도 안 나온다.

이런 사실들은 남로당이 문제가 많았다는 것을 단적으로 얘기해주는 것이 아니냐. 뭐냐 하면 4·3이건 여순사건이건 사실 남로당에 파멸을 가져올 수 있는 사태였다. 그런데 중앙당의 어떤 지시도 받지 않고 지방 하부에서 자기들끼리 상의해서 일으켜버렸다. 그런 점에서도 남로당이 심각히 문제가 있는 당 아니었느냐, 바로 이런 점을 중요하게 지적할 필요가 있다.

1948년 유엔 결의를 멋대로 해석한 극우 반공 정권의 괴뢰 만들기

해방과 분단, 열두 번째 마당

김 덕 련 1948년 12월 12일 유엔에서 중요한 결의안('대한민국 승인과 외국 군대 철수에 관한 결의')이 통과됐다. 이 결의안에 대한 해석이 엇갈린다. 유엔이 결의한 사항이 '한반도 전체에 대한 관할권을 지닌 유일한 합법 정부'라는 주장이 있는가 하면, '38선 이남에 대한 관할권을 지닌 유일한 합법 정부'라는 주장도 있다.

서 중 석 이 얘기는 영문 자료만 정확하게 번역하면 확실하게 알 수 있는 거다. 유엔이 결정한 게 영문 자료로 다 있지 않나. 이미 명확한 설명이 이루어진 것인데도 참 끈질기게 많은 사람들한테 부정확하게 전달되는 면이 많다.

사실 이승만 정부가 이 부분을 왜곡했다고 할까, 부정확한 내용을 아주 강하게 교육, 선전, 홍보했다. 박정희 정부도 그걸 똑같이 계승했다. 말 '잘못'하면 감옥소 가던 때 아닌가. 현대사 연구와 교육에서 얼마나 어려움을 겪을 수밖에 없었는가를 단적으로 보여주는 게 이 문제라고 본다. 이 사안은 당시의 여러 문제뿐만 아니라 그 이후의 전반적인 문제와 결부돼 있다.

— 어떤 문제인가.

'한반도엔 하나의 정부만 있어야 한다', 이것에 대해 한국인들이 너무나 강한 믿음을 가지고 있다는 것이다. 제헌 헌법 제4조에 "대한민국의 영토는 한반도와 그 부속 도서로 한다"고 돼 있다. 이건 물론 북한에 분단 정부가 들어서기 전에 통과된 것이다.

그런데 이 부분에 대해 당시 소장파 국회의원 한 사람만 질문했을 뿐 다른 어느 누구도 문제 삼지 않았다. 한 사람이 이게 무슨 뜻이냐고 물어보니, 유진오 전문위원이 국회에서 이렇게 답했다. "이 헌법이 적용된 범위가 38도선 이남뿐만 아니라 우리 조선 고유의 영토 전체를 영토로 삼아가지고 성립되는 국가의 형태를 표시한 것이다." 무슨 말인지 알 듯 말 듯한 설명이다. 한마디로 민족의 당위, 민족의 규범을 여기서 표현한 것이라고 얘기하면 되는 것이다. 이 문제와 관련해 참 어이없는 헌법 조항이 북한에서 등장한다.

— 어떤 조항인가.

1948년에 만들어진 북한 헌법 제103조에 "조선민주주의인민공화국의 수부首府는 서울시다", 이렇게 돼 있다. 세상에, 눈곱만큼도 서울에 관할권이 없는데도 그랬다. 이 조항이 10~20년 간 게 아니다. 1972년 헌법이 바뀔 때까지 계속 그랬다. 1972년에 북한 헌법의 해당 조항이 바뀌는 건 통일 정부, 하나의 정부만 있어야 한다는 사고가 바뀌어서 그런 게 아니다. 다른 이유 때문이다. 북한이 주체사상의 나라가 되면서 역사관 자체가 확 바뀐 것이 큰 원인이었다.● 어쨌건 1948년 북한에서 만들어진 이런 헌법은 전 세계 어디서도 있을 수가 없는 거다. 정말 어이없는 헌법이다.

그런데 한국인들한테는 이게 또 이상하지 않은 것처럼 보일 수 있다. 한반도엔 하나의 정부만 있어야 한다고 여겨서다. 한국인들이 통일을 얼마나 갈구했는가를 앞에서 이야기했는데, 바로 이런 문제와 직결돼 있다.

1969년 박정희 정부가 국토통일원을 발족하면서 통일에 관한

● 북한은 1972년 개정 헌법에서 수도를 서울에서 평양으로 바꿨다.

여론 조사를 했다. 박정희 정부가 깜짝 놀라고 당황했다. 왜냐하면 그렇게 통일 논의를 억압했는데도 90퍼센트가 넘는 국민이 '꼭 통일 돼야 한다'고 주장했다. '꼭' 자가 들어가 있다. 39.5퍼센트가 '10년 이내에 통일이 가능하다'고 했고, 18퍼센트 정도는 '그렇게는 안 된다', 나머지는 '모르겠다'고 답했다. 그러면서 중립화 통일안 같은 걸 지지하는 사람도 나타났다.* 그렇게 반공 교육을 시켰는데도 그런 결과가 나왔으니 얼마나 놀랐겠나. 그 후에도 통일에 대한 여론 조사를 하면 비슷한 결과가 나왔다. 1980년대까지 그랬다. 이것이 한반도 문제를 그렇게 풀기 어렵게 만든 한 요인이라고도 볼 수 있다. 독일에선 있을 수 없는 현상이었다. 이건 주자학적 명분론과도 관련 있다고 본다.

—— 어떤 측면에서 그러한가.

'정통'이란 말을 한국인들이 즐겨 쓰지 않나. 주자학이 이 땅을 지배하던 조선 후기에 양명학 이야기를 꺼내는 사람은 사문난적으로 처단됐다고까지 이야기한다. 분단 정부임에도 남북한 전체를 대표한다고 강조한 것에는 전 세계 역사에서 희귀하게도 한 지역에서 하나의 국가로, 그것도 중앙 집권적 국가로 살아온 역사 때문이지만 주자학적 명분론이 가세한 측면도 없지는 않다고 본다. 이 점은 좌익도 비슷하더라. 좌익에서도 이런 명분이 강하게 작용하니까 아까 이야기한 북한 헌법 제103조 같은 게 나온 것 아닌가.

---

* 국토통일원이 1969년 말 실시해 1970년 2월 발표한 결과다. 이 조사에서 90퍼센트가 넘는 응답자가 '통일은 꼭 이뤄야 할 민족적 지상 과제'라고 답했다.

아울러 유엔 승인 문제와 관련해서 분단 세력의 입장이 아주 강하게 작용했고, 그러면서 분단 세력이 집요할 정도로 이것에 대한 자의적인 해석을 하게 된 것 아닌가. 1950년대에 함석헌이 《사상계》에 '도대체 남이건 북이건 서로 괴뢰라고 하니 우리나라엔 괴뢰만 있는 거냐'라는 내용을 썼다가 혼난 적이 있다. 남쪽에선 북한을 1950년대엔 '괴집'(괴뢰 집단)이라고 불렀고 1960년대 이후엔 '북괴'라고 하지 않았나. 북한에선 남한을 '미 제국주의자의 괴뢰'라고 했다. 참 슬픈 일인데 거기엔 역사성도 있는 것이라는 점을 생각해볼 수 있다.••

1948년 유엔 결의는
'38선 이북 관할권, 한국에 없다'는 것

—— 1948년 12월 12일 유엔에서 결의한 내용을 정밀하게 짚었으면 한다.

유일 합법 정부라는 부분에 관해 1948년 유엔 결의를 가지고 얘기해보자. "한국 인민의 대다수가 거주하고 있는 한국 지역에 효과적인 통치와 관할권을 가진 합법 정부가 수립됐다는 것과, 이 정

•• 함석헌은 《사상계》 1958년 8월호에 '생각하는 백성이라야 산다'를 실었다가 국가보안법 위반 혐의로 구속됐다. 문제가 된 핵심 대목은 다음과 같다. "남한은 북한을 소련·중공의 꼭두각시라고 하고 북한은 남한을 미국의 꼭두각시라고 하니 있는 것은 꼭두각시뿐이지 나라가 아니다. 우리는 나라 없는 백성이다. 6·25는 꼭두각시의 놀음이었다. 민중의 시대에 민중이 살아 있어야 할 터인데 민중이 죽었으니 남의 꼭두각시밖에 될 것이 없다." 이 필화 사건 후 《사상계》 구독자는 오히려 급증했다.

1948년 12월 유엔 총회에 파견된 대한민국 정부 대표단. 앞줄 왼쪽부터 조병옥, 장면, 장기영. 유엔은 대한민국을 5·10선거가 치러진 지역에 관할권을 갖는 한반도의 유일한 합법 정부로 승인했다.

부는 한국의 이러한 지역의 유권자의 자유의사의 정당한 표현이고 임시위원단이 감시한 선거에 기초했다는 것과, 이 정부가 한국 내의 이러한 유일한 정부라는 것을 선언"한다는 내용이다.

풀이하면 이렇다. '한국인 유권자의 자유의사가 정당하게 표현된', 이건 '1948년 5·10선거가 치러진'이란 말이다. '한국 인민의 대다수가 거주하고 있는 지역에', 이건 남한이 2,000만 명이고 북한이 1,000만 명이었으니 남쪽이 한국인 대다수가 거주하고 있는 지역이라고 유엔이 규정한 것이다. 그 지역에서 '통치와 관할권을 갖는 한국 내의 유일한 정부다', 이렇게 유엔에서 결의한 것이다.

유엔 결의는 대한민국이 한반도 전체에, 다시 말해 38선 이북까지 관할권을 갖는 정부가 아니라는 것이다. 이렇게 명명백백한데도 이승만 대통령이나 박정희 대통령 시절엔 그렇게 받아들이지 않았다. 그래서 '괴집', '북괴'라고 한 것이다.

유엔에서 이것이 통과되기 전에 미국도 '대한민국 정부가 북한 지역에 대해서까지 관할권을 갖는다'는 식으로 하고 싶어 했다. 그런데 영국, 캐나다 등이 반대하고 나섰다. 실제로 그렇지 않지 않느냐는 것이었다. 미국도 그 의견을 무시할 수가 없었다. 그래서 대한민국이 한반도 전체를 대표하는 정부라는 주장을 접고, 유엔이 대한민국을 5·10선거가 치러진 지역에 관할권을 갖는 한국 내의 유일한 합법 정부로 승인하는 식으로 조율된 것이다. 그러면 38선 이북의 정부는 어떻게 보았느냐. 유엔에서는 그 정부를 승인하지도 않았고 불법 정부로 규정하지도 않았다. 38선 이남의 정부만 승인한 것이다.

— 38선 이북에 대한 관할권 문제는 한국전쟁 때 바로 불거졌다.

그렇다. 10월 1일을 국군의 날로 정한 건 국군이 1950년 그날 38선을 넘은 걸 이야기하는 것임을 다들 알고 있지 않나. 그런데 유엔군은 유엔의 결정을 기다렸다가, 유엔에서 결정을 한 후 38선 이북으로 진격하게 된다.

이 부분과 관련해 유엔에서 다시 한 번 천명한 게 있다. 북쪽 땅으로 유엔군과 국군이 진격하게 되면서 '그러면 북쪽 지역에 행정 기구를 어떻게 설치할 것이냐', 이 문제가 대두한 거다. 그래서 유엔 소총회에서 1950년 10월 12일 이렇게 결의했다. "대한민국 정부는 유엔 한국임시위원단이 감시 및 협의할 수 있었던 한국 지역에 효과적 지배권을 가진 합법 정부로서 유엔에 의해 승인됐고 결과적으로 한국의 기타 지역에서", 여기서 기타 지역은 38선 이북을 말하는 거다, "합법적이며 효과적인 지배권을 가졌다고 유엔이 승인한 정부는 없음을 상기하며", 이 내용이다.

그러고 나서 구체적인 결정을 내린다. 뭐냐 하면 "전쟁 발발 당시 대한민국 정부의 효과적 통치하에 속한 것으로 유엔에 의해 인정받지 못했으며 현재 유엔군이 점령하고 있는 한국 지역의 모든 정부와 민간의 행정 책임은 유엔 한국통일부흥위원단이 해당 지역의 행정을 고려하게 될 때까지는 통합군 사령부가 임시로 담당할 것을 권고"한다는 것이다. 그러니 이승만 정부는 38선 이북에서 주권을 행사하면 안 된다는 것이었는데, 이승만 대통령이 바로 주권 행사를 해서 마찰이 생긴다. 유엔 결의가 무엇이었는지는 여기서도 명확히 확인할 수 있다.

'유일 합법 정부' 놓고 벌어진
박정희 정권과 일본의 힘겨루기

— 북한 지역이었다가 한국전쟁 결과 남쪽으로 넘어온 지역에 대해, 1953년 정전협정 체결 후 1년여 동안 유엔군이 관할권을 행사한 것도 유엔 결의를 근거로 한 것이었다.

그렇다. 그 후 조봉암의 진보당이 평화 통일을 주장하고 나서, 1958년 이때쯤 가면 민주당도 통일에 대한 정책을 바꾸게 된다. 그런데 다른 이유도 있고 해서, 국회에서 자유당이 아주 집중적으로, 요즘의 종북몰이 비슷하게 민주당을 막 몰아세운다. 반공에서는 자유당과 민주당 중 누가 형인지 알 수가 없을 정도로 민주당도 반공주의가 센 세력인데도 자유당에서 색깔로 몰아세운 거다. 그러자 조재천 민주당 선전부장이 '1948년 12월 12일 유엔 결의' 내용을 영어로 읽고 하나하나 번역했다. 그러면서 '우리가 주장하는 게 이렇게 합법적인 거다'라고 명시하는 대목이 국회 속기록에 그대로 나온다.●

— 1965년 체결된 한일기본조약과 관련해서도 이 문제는 논란이 됐다.

한일기본조약 제3조엔 이렇게 돼 있다. '대한민국 정부가 유엔 총회 결의에 명시된 대로 한반도에서 유일한 합법 정부임을 확인한다.' 그러고 나서 박정희 정부가 바로 설명을 했다. '이것은 대한민국 주권이 한반도 전체에 미치는 것을 인정하는 것이다'라고. 그러자 즉각 일본에서 반박했다. '우리가 여기에 동의한 것은 어디까지나 유엔 총회 결의에 있는 그대로다. 북한 문제는 별개의 것이다.'●●

— 1972년 7·4남북공동성명 이후, 느리긴 하지만 조금씩 분위기가 바뀐다.

7·4남북공동성명은 이후락 중앙정보부장이 평양에 갔다 온 후나온 것이다. 남쪽의 최고 권력층이 북한 최고위층을 만난 거다. 당

● 이 무렵 민주당은 이승만 정권의 북진 통일론과 선을 그었다. 북진 통일론은 허구라는 주장이었다. 미국과 유엔의 평화 통일론을 모른 척할 수 없었고 자유당과는 다른 태도를 보여야 할 필요성이 있었기 때문이다. 그에 따라 평화 통일을 고려할 수 있다고 하면서도 '반공 민주 통일만 대상으로 한다'는 태도를 취했다.

●● 일본은 '유일한 합법 정부' 조항을 받아들이는 조건으로 '유엔 결의에 명시된 대로'라는 문구를 넣을 것을 고집했다. 일본은 한국의 반대를 누르고 해당 문구를 넣는 데 성공했다. 이는 한국이 한반도 북쪽에 관할권이 없음을 분명히 하려 한 조치로 풀이된다. 향후 북한과 관계를 맺을 것을 염두에 두고, 한일기본조약이 장애가 되지 않게 하겠다는 뜻이었다.

시 일각에선 '괴뢰를 만났으니 이후락도 법대로 처리해야 한다'는 이야기도 있었지만, 대다수는 북한의 지도자를 만난 걸 이상하게 생각하지 않았다. 1973년 6·23선언에서도 박정희 정부는 남북한이 유엔에 동시 가입을 하자고 했다. 이건 북한의 실체를 인정한 것 아닌가. 1991년 남북기본합의서를 채택한 것도 마찬가지다. 이런 게 이어져서 2000년 6·15정상회담으로 가는 것이고, 그래서 남북이 만나 획기적인 성과를 거둔 것이다. 분위기가 이렇게 되니까 1970년대에는 박정희 유신 정권이 그 당시 필요에 따라서 북괴와 북한이라는 말을 번갈아 썼고, 1980년대 언젠가부터는 북괴 대신 북한으로 쓰게 됐다. 전쟁 불사를 외치는 극우의 상당수도 이젠 북괴가 아니라 북한이라고 부르지 않나.

이렇게 명백한데도 왜 극우 분단 세력이 계속 유엔의 한국 정부 승인과 관련해 부정확한 주장을 하느냐, 이 부분도 생각해볼 필요가 있다. 그런 주장이 분단 체제를 유지하는 비법이랄까, 정통성을 주장하는 무기로 작동한 측면이 있고, 그것과 짝을 이루는 것이지만 대북 적개심을 고취하는 데 '괴집', '북괴'라고 하는 게 유용하기 때문에 그런 것 아니냐 하는 생각을 해볼 수 있다. 또한 구체적인 정부 정책에서 '유일 합법 정부' 이 부분이 얼마나 중요한 정치적 역할을 하느냐, 이걸 생각해봐야 한다.

북진 통일 강변한 이승만 정권,
장면 정권 때부터는 선거설론으로 통일 논의 제한

—— 어떤 식으로 나타났나.

1954년 북진 통일 궐기대회. 북진 통일은 이승만 정권과 반공 체제를 강화하는 데 마법과 같은 효력을 지녔다. 사진 출처: e영상역사관

북진 통일은, 윤천주 교수가 1950년대에 쓴 논문에서 이미 잘 설파했듯이, 이승만 정권과 반공 체제를 강화하는 데 마법과 같은 효력을 지닌 것이었다. 북진 통일이란 살벌한 주장을 하는 상황에서 평화 통일을 이야기하면 역적으로 몰릴 수 있었다. 있을 수 없는 일이었다. 그 때문에도 이승만 정권은 붕괴할 때까지 계속 북진 통일을 주장한 거다.

1958년 진보당 사건이 났을 때 기소에서 제일 중요한 건 조봉암과 진보당이 평화 통일을 주장했다는 것이었다. 평화 통일이 제일 큰 죄목으로 부각됐던 거다. 그랬던 건데 1심에서 이 부분에 대해서 무죄 판결을 받았다.● 2심에서는 다 유죄가 되긴 했지만, 3심 판결

● 1심 재판부는 조봉암에게 불법 무기 소지죄에 한해서 5년형을 선고했고, 다른 진보당 간부들에게는 무죄를 선고했다.

이 아주 묘하게 나왔다. 이상한 판결이었다. '평화 통일은 대한민국 헌법에 부합한다. 그러나 조봉암은 양명산과 연결된 간첩이다', 그러면서 사형시키지 않나. 통합진보당 문제 때문에 진보당 해산 사례가 다시 부각되기도 했는데, 이승만 정권 때는 정부가 그냥 진보당의 등록을 취소하기만 하면 됐다. 진보당 등록 취소 이유의 첫 번째가 진보당이 대한민국의 국법과 유엔 결의에 어긋나는 통일 방안을 주장한다는 것이었다. 이승만 정부는 '진보당은 1954년 제네바 회의에서 천명된 바, 한국 통일은 헌법에 의거해 유엔 감시하에 이뤄져야 한다는 우리 국민과 유엔의 입장을 무시했다'고 지적했다.

그렇지만 제네바 회의에서 한국 대표는 명백히 대한민국 헌법에 의거해 통일이 되어야 한다고 발표하지 않았고, 유엔도 대한민국 헌법에 의해 통일이 되어야 한다는 결의안을 통과시킨 바가 없었다. 이승만 정부는 잘못된 주장에 근거해 정당을 해산시켰다. 이것은 극우 반공 정권으로서 이승만 정부의 성격을 잘 보여준다.

—— 제네바 회의에서 이승만 정부의 통일 방안은 어떤 것이었나.

이승만 정부의 진보당 등록 취소 이유와는 크게 다르다. 1954년 5월 22일 제네바 회의에서 변영태 외무부 장관은 제네바 회의에 참석한 16개국의 입장을 무시할 수가 없어서 통일 방안으로 '북에서는 자유 선거를 실시하고 남한에서는 대한민국 헌법에 의거해 선거를 실시한다'고 제시했다. 조봉암은 이 통일 방안에 주목해, 정부도 평화 통일을 내놓지 않았느냐고 강조했다. 그러나 이승만 정부는 제네바 회의에서 제시한 외무부 장관의 통일 방안 발표를 왜곡해서 선전했다. 북진 통일론에 위배됐기 때문에 제네바 회의에서 이뤄진 발표가 정부 발표였는데도 그렇게 했다. 대한민국 헌법에 의거해 통일을 한다는 주장은 북진 통일론을 다른 방법으로 표현한 것으로, 요즘의 흡수 통일론과 유사하다고 볼 수 있다. 유엔 결의에 어긋나는 것은 조봉암의 평화 통일론이 아니라 이승만의 북진 통일론이었다. 유엔은 여러 차례에 걸쳐 평화 통일 방안을 지지했다.

── 4월혁명을 계기로 양상이 달라진다.

이승만 정권이 무너지면서 북진 통일 주장을 더는 할 수 없게 됐다. 유엔이 한국 문제에 대해 계속 결의하고, 미국도 여러 번 평화 통일을 천명했다. 그래서 민주당도 1960년 4월혁명 후 치러진 7·29 선거 때 유엔 감시 아래 남북한 자유 선거를 통해 평화 통일을 도모하는 것을 원칙으로 한다는 공약을 제시했다.＊

그렇게 되니까 통일 운동이 막 일어났다. '이건 안 되겠다. 골치 아프다. 억제해야겠다' 하면서 민주당 정부에서 강력하게 대안으로 제시한 것이 '지금은 선건설을 할 때다. 먼저 건설해야지, 통일 논의를 가지고 국력을 낭비해서는 안 된다'는 것이었다. 그러면서 반공법도 만들려고 했고, 집회 및 시위에 관한 법률, 그때는 데모 규제법이라고 불렀는데 그걸 만들려다가 오히려 되게 당한다. 왜냐하면 그당시 분위기가 이승만 정권 때와는 달랐다. 이걸 강력히 채택한 것이 5·16쿠데타로 집권한 박정희 정권이었다. 1960년대에는 선건설론과 취지를 달리하는 통일 방안을 주장할 경우 아주 어려움을 겪

──────────────────────────

＊ 그러면서도 민주당은 평화 통일 과정에서 선행할 수밖에 없는 남북 교류는 거부했다.

었다. '통일 논의를 하고 북한과 교류하자' 그러면 반공법으로 구속되고 그랬다. 여러 사건이 있지 않나.

정리하면 유일 합법 정부를 내세워 이승만 정권 때는 북진 통일을 주장하면서 통일 논의를 억압했고, 장면 정부 때부턴 그것 가지고는 도저히 안 되니까 평화 통일을 인정하면서도 실제로는 반공 통일을 하거나 통일 논의를 안 했으면 좋겠다는 식으로 사실상 통일 논의를 제한하는 선건설론을 제시하는 것을 볼 수 있다.

두 번 쫓겨난 대통령 띄워
'건국의 아버지'로 모시자고?

해방과 분단, 열세 번째 마당

김 덕 련 교학사 고교 한국사 교과서의 숱한 문제점 중 하나로 이승만을 지나치게 띄우고 김구의 비중은 축소한 것이 꼽힌다.

서 중 석 뉴라이트나 이번 교학사 교과서나 독립 운동을 폄하하면서도 또 이승만이 독립 운동을 굉장히 많이 한 것 같은 논리를 펴고 있다. 아, 김구와 이승만이 어떻게 비교가 되나. 그런데도 이승만을 김구보다 훨씬 부각해놨다.

독립 운동 당시에 이승만처럼 논쟁의 회오리바람의 한가운데에 있었던 사람은 찾아보려야 찾을 수가 없다. 이 양반이 3·1운동이 있던 그해(1919년), 독립이 아니라 국제연맹 위임 통치론을 주장했을 때부터 임시정부 내부뿐만 아니라 독립 운동 전숄 전선에서 이 문제가 분열의 씨앗이었다고 얘기할 정도로 굉장히 많은 논란을 불러일으켰다. 그리고 재미 동포들이 참 얼마나 어려운 상황에서 독립 운동 자금을 갹출했나. 그런데 이승만이 그걸 어떻게 사용했느냐 하는 것도 큰 분쟁의 씨앗이 됐다. 그러면서 1925년 탄핵을 당해 임시정부 대통령 자리에서 쫓겨나지 않았나. 1960년 200명에 가까운 젊은이들의 희생 끝에 이승만이 또 쫓겨나고 마는데, 두 차례 다 쫓겨나는 게 뭘 의미하는 건가.

── 임시정부 대통령이던 때 이승만의 행적도 많은 논란을 불러일으켰다.

이승만은 그 시기에도 '미국에서 편안한 생활을 했다', '도대체가 임시정부 수반이면 상해(상하이)에 와야 하는데 6개월 동안 왔다 간 것 말고는 뭐가 있느냐', 이런 비판을 참 많이 받았다. 그런 이승

1921년 상해에서 열린 대한민국 임시정부 이승만 대통령 취임식. 이승만은 임시정부 대통령 시절 상해에는 거의 머물지 않고 미국에서 편안한 생활을 할 뿐이라는 비판을 참 많이 받았다.

만의 활동을 만주라든가 상해나 중경, 화북 지방 같은 데에서 그야말로 간난신고를 겪어야 했던 독립 운동, 또 국내에서 목숨 걸고 해야 했던 지하투쟁, 이런 것과 비교한다는 것 자체가 너무 심한 것 아닌가.

　과거 분단 세력보다도 뉴라이트들이 더 이승만을 건국의 지도자로 부각하는 것 같다. 일제 시대에 대해서는 독립 운동을 폄하하면서 소위 실력 양성 운동을 치켜세우는 것과 똑같이, 해방 직후에 대해서는 해방을 폄하하면서 이승만의 '건국'이라는 걸 그렇게 내세우는 것을 볼 수 있다. 여기서 하나하나 따져볼 필요가 있다.

한국=신생국?
"역사를 너무 모르는 것 아닌가"

── 가장 먼저 짚을 대목은 무엇인가.

우선 이승만이 '건국'을 했나? 난 몇 년째 강연이나 글에서 용어 문제에 비중을 두고 많이 얘기하고 있다. 이 경우 이승만 '건국'이라고 쓰는 것보다는 정부 수립이라고 하는 것이 더 정확하다고 역설하고 있다. '건국'이라는 말은 오해의 소지가 있기 때문에 정부 수립이라는 말이 더 정확하고 적절하며, 특히 이승만 '건국'이라는 말은 부정확하고 부적절하다는 점을 심도 있게 인식할 필요가 있다. 이렇게 주장하는 데는 몇 가지 이유가 있다.

일부 정치학자들은 지금까지도 한국이 신생 국가라고 주장하고 있다. 참 어이없는 주장이라고 본다. 우리 전근대사, 근현대사를 너무 모르는 것 아닌가. 외국인들이 한국에 대해 잘 모르고 쓴 것을 거의 그대로 받아들이는 측면이 있는 것 아닌가.

정치학에서 얘기하는 신생 국가엔 아주 분명한 것들이 있다. 사하라 이남의 아프리카 국가들, 남북 아메리카와 오세아니아와 태평양의 도서 국가들, 이건 다 신생 국가다. 또 사하라 이북에서도 주로 지중해 연안 지역의 경우 예전에 주로 제국이 존재했다. 로마 제국이라든가 이슬람 제국의 한 지역으로 있다가 제1차 세계대전, 제2차 세계대전 이후 독립했다. 이것도 신생 국가라면 신생 국가다. 그렇지만 한국을 신생 국가라고 볼 수 있나? 이건 일본과 비교해봐도 명확하게 드러난다.

—— 어떤 점에서 그러한가.

일본은 제2차 세계대전 패망으로 말미암아 연합국에 점령당한 것 아닌가. 1951년 9월 샌프란시스코 강화 조약이 조인된 후에야 주권을 가진 정부가 들어섰다. 그래서 일본에서는 우익일수록, 극우일수록 4월 28일을 주권 회복의 날이라고 기념하고 이번엔 아베 총리가 심지어 천황 부부까지 나오게 하고 그러지 않았나. 주권 회복이라는 게 뭘 의미하나. 그럼에도 '일본이 그때 신생 국가로서 등장했다', 아무도 이렇게 얘기하지 않는다.

우리는 수천 년간 독립 국가를 발전시켜왔는데 다만 일시적으로, 우리 역사에서 유일하게 한 시기를 일제한테 을사조약, 병합조약을 강제당하고 국토를 강점당한 적이 있었다. 그렇게 빼앗긴 주권을 회복해 독립한 것이기 때문에 '건국'이라고 하면 오해받을 소지가 있다. 신생 국가 문제와 결부해 이 점을 생각해야 한다. 이건 헌법 문제와도 맞닿아 있다.

1952년 4월 28일은 샌프란시스코 강화 조약이 발효된 날이다. 일본 우익은 이날을 주권 회복의 날로 기념해왔다. 아베 신조 정권은 2013년 4월 28일, 처음으로 정부 차원의 기념식을 거행했다. 같은 날, 오키나와에서는 '주권 회복의 날' 기념식을 규탄하는 행사가 열렸다. 류큐 왕국으로서 오랫동안 일본과는 다르게 살았고, 일본에 병합된 후에는 차별에 더해 제2차 세계대전 말 옥쇄 작전을 강요당했으며, 일본 패망 후에는 1972년까지 미국의 지배를 받아야 했던 '이등 국민' 오키나와인들의 역사의식이 담긴 행사였다.

광복절을 건국절로 하자고?
"친일파를 '건국 공로자'로 서훈해야 할 판"

―― 헌법의 어떤 부분과 이어진 문제인가.

헌법에 임시정부를 계승한다고 돼 있다. 건국의 기초는 이미 임시정부에서 세운 거다. 그런 임시정부를 계승하는 건데 어떻게 또 '건국'이라고 쓰느냐고 많은 사람이 비판하고 있지 않나.

'건국'이란 말을 쓰는 건 해방이라든가 광복이란 말을 쓰는 것과 다른 뉘앙스를 아주 강하게 풍긴다. 이승만의 단정 운동과 연결해 '건국'이란 말을 그렇게 강렬하게 사용했던 것이다. 그 단정 운동을 또 파고들면 친일파가 앞장선 것 아닌가. 독립 운동을 했던 세력은 당시 단정 세력에 대한 비판 의식이 굉장히 강했다.

2008년에 일각에서 광복절을 건국절로 바꿔야 한다고 주장하면서 엄청난 논란이 일었을 때 독립 운동을 한 분들이 '우리 서훈, 국가에 다 반납하겠다'고까지 했다. '친일파에게 건국 포장을 주자는 말이냐. 반민족 행위를 한 자들을 높이 평가하는 것이 어떻게 역사에 있을 수 있다는 말이냐', 그러지 않았나.

광복절이란 말의 본래 뜻을 생각하면, 기본적으로 1948년 우리 정부가 들어선 날이 광복절인 거다. 빼앗긴 나라를 다시 세운다는 원래 뜻으로만 보면, 그전엔 광복이라고 보기가 좀 어렵다. 주권 회복은 아니었으니까. 그 점에서도 우리 정부가 수립된 때를 광복절로 봐야 하는 것이다. '건국절'은 잘못 사용되면 엄청나게 큰 혼란을 일으킬 수 있는 것이다. 자유민주주의라는 말이 잘못 사용되면서 그런 것처럼. 이런 점을 깊이 생각해야 한다. 아울러 분단 세력이 지금처럼 '건국'이란 말을 사용할 때 이상한 면이 있을 수 있다.

— 무엇인가.

뭐냐 하면 분단 정부를 세운 것을 희석하는 면이 있다. 그뿐만 아니라 북한에 있는 정부에 대한 강한 증오, 적대감, 말하자면 북한 정권이 붕괴해야 한다는 요즘 논리와 일맥상통한다고도 얘기들을 한다. 이런 부분으로 연결될 수 있는 측면이 있다. 한반도에 분명히 분단 정부가 있는데 마치 그게 없는 것처럼 주장하는 건 현실을 정확하게 보는 게 아니지 않느냐는 비판이다.

여운형 등이 건국준비위원회를 조직했을 때 '건국'은 결코 분단 정부를 의미한 것이 아니었다. 독립 운동가들이나 민중들이 일제 시기에 꿈속에서도 그리던 정부는 분단 정부가 아니었다. 또 남과 북에 두 '국가'가 들어섰다고 하는 것보다 두 '정부'가 수립됐다고 하는 것이 더 자연스러운 표현이 아닐까 한다.

그와 함께 1948년 8·15 경축식장을 보라, 이 말이다. 대한민국 정부 수립을 만방에 선포한 그날 모습을 보면 이승만 대통령이 맥아더, 하지와 같이 서 있는 그 유명한 사진에 담긴 장면이 있고 그 위에 써 붙인 게 뭔가. '대한민국 정부 수립'이라고 쓰여 있다. 그러니 정부 수립이라고 하는 게 자연스러운 거다.

1948년 8월 15일 대한민국 정부
수립 선포식 때의 모습.

'이승만 건국' 주장의
위험한 속내

—— '건국'이라는 말과 '이승만 건국'이라는 말을 구분해 사용하는
것 같다.

그렇다. 일부 뉴라이트가 '해방'이나 '광복'이라는 말을 무시하
고 '이승만 건국'을 역설하는 것은 분명히 정치적 의도가 있다. 해방
이나 광복에는 독립 운동자들의 독립 운동과 민중의 독립에 대한
열망이 자연스럽게 깃들어 있고 친일파에 대한 비판이 내포돼 있는
데, '이승만 건국'을 역설하는 건 친일파 비판을 희석시키고 나아가
친일파를 복권시키고 독재를 합리화하려고 하는 것이 아닌가 하는
의아심을 품게 한다. 앞에서 해방이 수천 년 우리 역사에서 엄청난
혁명적 변화를 가져왔고 그것은 독립 운동, 민중의 열망과 연결돼
있다고 했는데, 일부 뉴라이트는 그것을 못마땅하게 여기고 있다.
예컨대 해방을 계기로 역사 이래 처음으로 언론, 출판, 집회, 결사의
자유와 같은 기본권을 전면적으로 행사했는데, 이승만 독재, 박정희
유신 독재에서 그러한 자유가 크게 제한을 받지 않았나.

—— '이승만 건국'은 부정확하고 부적절하다고 보는 근거는 무엇
인가.

크게 두 가지 이유 때문이다. 하나는 '건국의 아버지'라는 말
을 다른 나라에서 어떻게 사용하고 있는가를 유심히 살펴볼 필요
가 있다는 것이다. '건국의 아버지'는 독립 운동을 대표하는 인물과

불가분의 관계가 있다. 나는 인도에 여러 차례 찾아갔는데, 북쪽 끝에서 남쪽 끝까지 마하트마 간디와 자와할랄 네루를 존경하는 것을 보고 크게 감명을 받았다. 우리 현대사의 비극으로 인해 남과 북이 동시에 존경하는 분을 갖기가 쉽지 않은데, 어느 나라나 존경하는 인물이 있다는 것은 참으로 좋은 현상이라고 생각한다. 그리고 그러한 존경하는 인물은 거의 다 독립 운동과 관계가 있다. 아프리카에 가도 그 나라를 독립시키는 데 크게 기여한 인물에 대해 각별히 존경을 표시하고 건국의 아버지로 모시고 있다.

이탈리아에 가면 도시 거리 곳곳에서 통일 부흥 운동(리소르지멘토)의 아버지 주세페 가리발디에 대한 존경의 마음을 읽을 수 있다. 아일랜드, 스코틀랜드에서도 독립 운동의 영웅에 대해 각별히 존경의 뜻을 표시하고 있다. 미국의 경우 조지 워싱턴이 처음에 독립군 사령관직을 맡지 않으려고 했지만, 미국 건국의 아버지로 추앙받고 있다. 남미 북부의 베네수엘라, 볼리비아, 콜롬비아, 에콰도르 어디를 가도 시몬 볼리바르 동상이 서 있다. 예전에 여기에서는 스페인계 백인의 후예들이 스페인의 지배에서 벗어나고자 독립 전쟁을 벌였는데, 그것이 지향한 자유·자치·평등의 소중함을 볼리바르를 통해 새기려 하고 있다. 동남아를 가보자. 미얀마의 경우 아웅산 수치와 불편한 관계에 있던 군부조차 수치의 아버지 아웅산 장군을 건국의 아버지에서 배제할 수 없었다. 필리핀의 경우 한 교사가 스페인에 맞서 전개한 독립 운동을 기리고 있다. 나는 남부 베트남과 북부 베트남이 차이가 있다는 것을 알고 있었지만, 베트남에서 가이드가 '남부 베트남 사람들이 북부 베트남 사람들을 싫어하지만 호치민만은 존경한다. 호치민이야말로 남과 북을 연결해 하나의 베트남인이라는 사고를 갖게 하는 인물'이라는 말을 하는 것을

1948년 7월 24일 이승만 대통령 취임식 장면.

듣고 충격을 받은 바 있다.

우리의 경우 어떠한가. 많은 사람이 독립 운동 하면 김구를 떠올린다. 초보적인 역사의식을 갖고 있는 사람들도 이승만이 김구보다 더 독립 운동을 했다고 생각하지 않고 있다. 따라서 독립 운동을 대표하는 분이 건국의 아버지라고 하는 상식을 따른다면, 김구가 바로 건국의 아버지가 될 수 있다. 그러나 불행히도 우리의 경우독립 운동자들이 중심이 돼 새 정부를 수립하지 못했다. 그러다보니까 다른 나라처럼 독립 운동의 아버지를 건국의 아버지로 모시기가어려웠다. 물론 독립 운동과 관련해서 이승만은 결코 건국의 아버지로 불릴 만한 자격을 갖췄다고 말하기 어렵다. 이승만은 임시정부에서 탄핵까지 받지 않았나.

─ 두 번째 이유는 무엇인가.

대한민국 정부를 수립하게 되는 것은 5·10선거를 통해서다. 그런데 이승만은 5·10선거를 치르는 데 별다른 역할을 하지 않았다. 그것은 5·10선거를 치르기까지의 과정을 살펴보면 잘 알 수 있다. 그 점에서도 이승만은 단정 운동의 아버지는 될지언정 '건국'의 아버지가 될 수 없다.

이승만은 일찍부터 단정 운동을 폈다. 이건 누누이 이야기한 거다. 그렇지만 미국은 1947년 5월 제2차 미소공위를 열 때만 하더라도, 이승만의 단정 운동에 대단히 비판적이지 않았나. 하지 주한 미군 사령관과 이승만의 관계가 아주 나빴다. 그리고 이승만한테 강력히 권고했다. '이번에는 미소공위에 협력하라'고. 이 시점까지는 분단 정부가 들어서는 걸 미국도 막아보려는 노력을 하긴 한 것이었다. 그다음에 마셜 플랜, 대소 봉쇄 정책 같은 게 나오면서 미국과 소련이 적대 관계로 뒤바뀌고 냉전 체제가 본격화하면서 1947년 11월 14일에 유엔 총회 결의가 나오는 거다. 한반도에서 총선거를 실시한다는 이 유엔 결의는 이승만의 단정 운동과 눈곱만큼도 관계가 없다. 그것과 상관없이 국제 정세가 변했기 때문에 그런 결의가 나온 것이다.

유엔한국임시위원단이 1948년 1월 한국에 오고, 그러면서 5·10선거를 하지 사령관이 결정하게 된다. 그런데 이 선거가 이승만에 의해 결정됐다? 이승만의 영향력이 있었다? 그런 이야기를 난 어떤 자료에서도 본 적이 없다. 한반도의 가능한 지역에서 총선거를 실시한다는 1948년 2월 26일 유엔 소총회 결의대로 하지가 5·10선거를 결정한 거다. 처음엔 5월 9일이었다가 하루를 늦춘 거다.

다만 5·10선거가 치러지는 과정에서 이승만이란 중요한 인물, 단정 운동의 상징적 인물이 동대문갑구에 출마를 한 것이다. 그런데 5·10선거에서 심하게 말썽이 일어난 지역이 바로 이 동대문갑구다. 5·10선거의 역사적 의미가 퇴색하게 하는 데 동대문갑구 지역이 역할을 한 거다.

이승만 출마 지역은
5·10선거 때도 말썽이었다

─ 이승만의 상대 후보는 최능진이었다.

최능진은 독립 운동으로 사형 선고를 받은 두 형의 영향으로 독립 운동을 했고, 해방 직후 미군정 경무부에 들어갔다. 미국 유학을 했기 때문인지 최능진은 경무부 수사국장이란 요직까지 맡았다. 경무부장 조병옥과 수도경찰청장 장택상의 친일 경찰 두둔 및 횡포에 반발해 싸우다가 경찰에서 나올 수밖에 없었던 최능진이란 사람이 동대문갑구에 출마하면서 이승만 쪽에서 보기에 문제가 생겼다.

─ 어떤 문제가 생겼나.

5·10선거에서는 후보로 등록하려면 일정한 숫자의 추천서를 받게끔 돼 있었다. 이승만의 손발 노릇을 많이 한 서북청년회 핵심 간부 문봉제의 증언에 잘 나오는데, 최능진이 후보로 등록하려 하자 서청 청년들에게 추천서를 비롯해 등록 서류를 다 날치기당했

● 2013년 세상을 떠난 최필립 전 정수장학회 이사장이 최능진의 아들이다.

다. 그 후 최능진이 가까스로 후보 등록을 하니까 수도경찰청장 장택상 지휘 아래 후보 등록 무효화 작업이 벌어진다. 동대문 서장이 '최능진 후보가 유리하다'고 보고한 것에 당황한 것이다. 장택상 수도경찰청장은 '무슨 일이 있어도 이 박사를 당선시켜라'라는 지시를 내린다. 그러면서 경찰, 서청 같은 데에서 '추천인이 본인 승낙 없이 서명 날인했다'는 식으로 공작을 펴서 마감을 이틀 앞두고 입후보 등록을 취소시켰다. 이것만으로도 참 많은 문제를 야기한 거다. 최능진 집안의 항일 경력과 최능진이 친일파 경찰 처벌을 요구하다 사임하게 된 것이 이승만의 단정 노선에 대한 비판 여론과 결부돼 최능진의 인기가 높아졌다고 한다.

최능진은 윌리엄 딘 군정장관하고 직통할 수 있었던 것 같다. 미군정에서 김규식을 내세우려는 의도가 있었다는 것을 이것과 결부하기도 한다. 하여튼 최능진이 항의하니까 딘 군정장관이 등록 연장 조치를 내렸다. 그렇게 하니까 경찰 등이 다시 무효화 운동을 펴가지고 선거 이틀 전인 5월 8일에 선관위가 등록 취소 통보를 해 결국 최능진이 출마하지 못하게 만들었다. 그래서 이승만이 단독 후보가 되는 것 아닌가. 그러면서 '동대문갑구가 문제가 심각하다', 이런 얘기를 듣게 되는 거다.

─ 그런 이승만을 민주주의의 수호자로 여기는 이들이 여전히 일각에서 목소리를 높이고 있다. 참 딱한 일이다.

그렇다. 5·10선거는 분단을 초래한 선거지만 그 선거 자체는 의미가 있다고 강조하지 않았나. 난 되도록 많은 세력이 5·10선거에 참여하도록 이승만과 한민당이 적극 권유했어야 한다고 본다. 분단을 초래하는 선거라고 해서 많은 정치 세력이 5·10선거를 거부했다는 것 때문에도 그렇고, 또 대한민국이 튼실하고 훌륭한 국가로 탄생했다는 걸 보여주기 위해서라도 그래야 하는 것 아닌가. 그런데 정반대로 했다.

예컨대 중도파 민족주의자들의 주요 지도자들은 남북 협상에 참여했으니 그렇다 치더라도, 지방에 있는 중도파 민족주의자들이 5·10선거 후보로 나서는 데 대해서 이승만 세력과 한민당 쪽에서 강한 원색적 비난 발언을 하는 것을 볼 수 있다. 중상모략을 하고 색깔론 같은 걸로 몰아붙이는 걸 볼 수 있다. 한민당과 이승만 세력이 제헌 국회를 독차지하려고 했던 것이다. 극우 단정 세력이 아주 심한 편파성, 편협성을 지니고 있다는 게 5·10선거에서 단적으로 드러났다고 얘기할 수 있다.

이승만은 민주주의와 거리가 먼 사람이다. 단적으로 독재자라고 하고 있고, 이승만 정권 아래에서 얼마나 심한 부정 선거가 자행됐나. 선거는 자유민주주의의 출발점이자 기본이다. 이런 부정 선거의 노하우가 쌓이고 이승만의 권력 의지가 작동해 3·15 부정 선거가 일어나고 결국 이승만이 물러나지 않았나. 이 점에서도 건국의 아버지라고 볼 수 없다. 어떻게 이런 분을 건국의 아버지라고 할 수 있겠나. 초대 대통령이었다고 말하면 된다.

이승만과 '건국 정신'?
4월혁명에 대한 모독

— 이승만의 '건국 정신'을 이어받아야 한다고 주장하는 이들이

있다. 2014년 초에 논란이 된 〈건국 대통령 이승만〉이라는 영화 제작을 추진하는 쪽도 자신들의 영화가 "대한민국이 잃어버린 건국 정신을 회복할 수 있는 계기가 됐으면 한다"고 밝혔다.

이승만한테 과연 '건국 정신'이란 게 있었느냐. 나는 이승만의 '건국 정신'이란 게 뭔지 예전부터 의아했었다. 그런데 한 수구 신문 사설 제목에 '이승만의 건국 정신은 4월혁명 정신과 같다'고 해서 유심히 읽어봤다. '이승만 건국 정신이 뭔지 여기엔 써놨겠지' 하는 생각으로 봤는데, 아무리 읽어봐도 그게 뭔지 나오지 않더라.

만일 이승만의 '건국 정신'이 대한민국의 '건국 정신'으로 나타난다고 하면 그건 민주주의라든가 친일파 처단이라든가 자유라든가 인권이라든가 통일 국가 수립, 이런 것이어야 하지 않겠나. 그런데 가만히 생각해보자. 이승만과 이 중요한 명제들이 얼마나 거리가 먼가? 이걸 안 느낄 수가 없지 않나. 그러니까 저들이 '건국 정신'이란 말만 쓰지 뭐가 '건국 정신'이다, 이건 없다.

── 제헌 헌법을 '건국 헌법'이라고 부르는 경우도 있다.

그것도 이상한 일이다. 그 당시에, 그리고 그 이후에도 다 제헌 헌법이라고 불렀는데, 왜 근래에 와서 일각에서 '건국 헌법'이라고 부르는지 잘 이해가 되지 않는다. 역사적인 용어 그대로 제헌 헌법이라고 부르는 것이 더 적합하지 않겠나.

이승만이 자유민주주의를 심었다?
거듭된 부정 선거 안 보이나

해방과 분단, 열네 번째 마당

김 덕 련 일각에서는 '이승만 정권 때 부정 선거 등의 문제가 일부 있긴 했지만 결과적으로 자유민주주의를 심지 않았느냐'는 주장도 나온다.

서 중 석 다시 한 번 강조하지만 이승만처럼 자유민주주의와 거리가 먼 사람이 없다는 생각을 해야 한다. 왜 알 만한 사람들이 답답한 소리를 하는지 참 답답하다. 우선 자유주의와 자유민주주의를 명확히 구별해야 한다. 19세기 후반 영국에서 존 스튜어트 밀 같은 사람을 중심으로 자유주의를 꽃피우지 않나.

그런데 자유주의가 민주주의 제도와 꼭 관련이 있는 건 아니다. 또 경제적 자유주의와 자유민주주의를 명확히 구별해야 하는데도 신기할 정도로 뉴라이트라든가 수구 세력은 이걸 같은 걸로 막 몰아붙이고 있다. 애덤 스미스 이래 경제적 자유주의라는 게 유럽 경제 사상에서 중요한 위치를 차지하는 건 사실이다. 그러나 이건 레세 페르laissez faire(자유방임주의)를 통한 자유로운 무역 같은 걸 가리키는 것이지, 자유민주주의라는 정치 제도와는 아무런 상관이 없다.

—— 자유민주주의 개념과 보통 선거의 역사를 제대로 알 필요가 있다.

유럽 정치사 등을 서술한 여러 책에서 자유민주주의를 잘 설명하고 있다. 일부 한국 정치학자들도 이 부분에 대해서 잘 설명하고 있다. 이건 공화주의하고도 차이가 나는 주장이다. 사실은 프랑스에서조차 대혁명 때는 말할 것도 없고 19세기에도 민주주의라는 말이 그렇게 각광받은 게 아니다. 19세기까지 프랑스에서 주된 싸움은 왕당파 대 공화파의 싸움이었다. 왕이 지배하는 사회가 아니라 시민이 지배하는 사회, 이게 공화주의 아닌가. 자유민주주의는 공화주의하고도 상당히 다르다. 이 부분을 또 중요하게 알아야 한다.

여러 사상사 책에 쓰여 있는 것처럼 민주주의는 프랑스대혁명 때나 19세기에 경계의 대상이 되기도 했다. '저 주장이 뭐냐', 이런 이야기도 나오고 그랬다. 영국에서도 '노동자나 농민이 어떻게 우리 부르주아하고 똑같은 권리를 행사한다는 말이냐. 있을 수 없는 일이다', 그런 생각을 했다. 그런데 노동 운동이 아주 치열해지면서 상황이 바뀐다. 19세기에서 20세기로 넘어올 때에는 사회주의 혁명이 가시적이 되고, 그러다가 1910년대에 러시아에서 사회주의 혁명이 나타나고 헝가리에서도 한때 사회주의 혁명 정부가 들어서지 않나. 독일에서도 로자 룩셈부르크라든가 칼 리프크네히트가 이끄는 좌파 사회주의 세력이 상당히 큰 영향력을 행사한 적이 있다. 부르주아로선 무서운 상황을 보게 된 거다.

이 모든 것과 관련해 부르주아 세력이 대타협을 하는 것 아닌가. '노동자와 농민의 정치적 자유를 인정한다', '노동 운동의 자유를 인정한다', 다시 말해 폭력 혁명을 주장하지 않는 한 정치적 자유를 준다는 것이었다. 그건 뭘 얘기하느냐 하면 기본적 자유, 정치적 자유를 준다는 것과 함께 보통 선거를 실시하겠다는 주장이다. 혁명을 막기 위해선 1인 1표에 동의하는 이 방법밖에 없다고 부르주아들이 본 것이다. 노동자나 사회주의자들의 정치적 자유를 인정하는 가운데 지역 차별, 인종 차별, 남녀 차별 같은 것 없이 일정한 연령 이상의 모든 사람에게 똑같이 한 표씩 준다는 것이 자유민주주의의 기본 원칙이다.

— 보통 선거가 널리 실시된 것도 그리 오래된 일이 아니다.

보통 선거를 실시한 나라가 제2차 세계대전 전에는 몇 군데밖에 없었다. 여성이 귀한 존재였던 뉴질랜드를 시발로 호주, 핀란드, 노르웨이 등이 실시했고 그에 이어 영국과 독일 등이 시행했다. 프랑스조차 남자만의 보통 선거는 2월혁명이 일어난 1848년에 있었지만 여성은 참여하지 못했다. 1944년 드골이 파리에 입성하고 난 후 최초로 자유민주주의 선거인 보통 선거가 실시됐다. 일본도 1945년에 가서야 실시했고 이탈리아도 그 무렵에 가서야 한다.

한국이 1948년 5·10선거에서 최초의 보통 선거를 치렀다는 것은 늦은 게 결코 아니었다. 나는 '5·10선거가 분단을 초래한 점에선 참으로 마음을 무겁게 하지만 그럼에도 최초의 보통 선거라는 점에서 그것대로 의미가 있는 것이다. 긍지를 가질 만하다', 이런 점을 강조한다.

그런데 이승만이 자유민주주의를 심었나? 이건 진실과 너무 거리가 먼 얘기 아니겠는가. 자유민주주의와는 너무나도 거리가 먼 활동을 하지 않았나. 그런데 이승만이나 박정희나 전두환이나 자유민주주의라는 말을 쓰니까 마치 이들이 자유민주주의와 관련이 있는 것처럼 하면서 역사 논쟁이 나타나게 된 것이다. 자유민주주의에선 보통 선거가 기본인데 '곤봉 선거', '경찰 선거'가 말해주듯 선거 때조차 정치적 자유가 있었나? 보통 선거조차 이승만 정부 같은 데에서 제대로 했나? 부정 선거로 얼룩지지 않았나. 이런 점을 생각해야 한다. 남조선과도입법의원에서 다룬 보통 선거 법안 문제에서도 이승만이 자유민주주의와 거리가 있다는 점이 드러난다.

'쓰레기통' 조롱 자초한 이승만이
자유민주주의 화신?

—— 구체적으로 어떠했나.

이승만 측, 한민당 측은 1947년 보통 선거 법안을 통과시킬 때 '선거권자는 25세 이상, 피선거권자는 30세 이상이어야 한다', 이런 걸 강하게 주장했다. 유권자의 나이가 많을수록 자기들한테 유리하다고 보고 그렇게 높이려 한 건데, 이건 보통 선거의 취지를 어지럽히는 것이다.

김규식 남조선과도입법의원 의장이 사표를 내면서 강경하게 싸웠다. 그래서 23세로 선거권자의 연령을 낮추긴 했다.[*]

미국도 이것('선거권자 25세 이상, 피선거권자 30세 이상' 주장)은 과하다고 봤다. 선거권자의 연령을 23세로 정한 데 대해서도 '연령이 너무 높다'고 하다가 나중엔 인준을 하긴 했다.

그런데 유엔한국임시위원단이 와서 구체적으로 선거를 집행해야 할 상황에 접어들면서 선거권 21세, 피선거권 25세로 조정했다. 20세도 생각했던 것 같긴 한데, 최종적으로 그렇게 조정했다. 그런데 이승만 측과 한민당 측이 집요하게 선거권 23세, 피선거권 25세를 주장한 적이 있었다.

초보적인 정치적 자유를 떠나, 노동 운동의 자유가 한국에서 언제 보장됐나? 그 이전에 선거 하나도 제대로 한 적이 얼마나 있

● 이때 피선거권자는 25세 이상으로 결정됐다. 보통 선거 문제는 친일파 처리 문제와 함께 남조선과도입법의원에서 가장 뜨거운 쟁점이었다.

최초의 대통령 직선제 선거였던 1952년 8월 5일
정부통령 선거에 사람들이 모여 관심을 기울이고
있다. 이 선거에서 다수의 국민이 잘 알지도
못했던 함태영이라는 노인이 부통령에 당선된다.
사진 출처: e영상역사관

해방과 분단

었느냐, 이걸 묻지 않을 수 없다. 앞에서도 지적했지만 이승만 전 대통령은 1960년 3·15 부정 선거로 쫓겨난 사람 아닌가. 3·15선거는 그만큼 선거 부정 수법의 노하우가 쌓여 이뤄진 거다.

── 어떤 노하우를 말하는 건가.

전쟁 때 치러진 최초의 대통령 직선제 선거였던 1952년 8·5 정부통령 선거에서 다수의 국민이 잘 알지도 못했던 함태영이라는 노인이 부통령에 당선된다. 이것 자체가 이 선거가 도무지 이해할 수 없는 선거였다는 것을 단적으로 얘기하는 것이다. 이승만이 선거에서 놀랍게도 자유당 부통령 후보 이범석을 제치고 자신보다 나이가 많은 호인好人 함태영에게 후보로 나오도록 권유한 것이 증언에 나온다. 2년 후(1954년)에 치른 5·20 총선, 이건 경찰의 곤봉이 당락을 결정했다고 하여 '곤봉 선거', '경찰 선거'라고 했다. 수많은 입후보자와 선거 운동원들이 두들겨 맞았다. 조봉암도 세 군데에서나 입후보하려 했지만 방해가 워낙 심해 끝내 입후보를 못했다. 조봉암이 피해 대중론과 평화 통일론으로 바람을 일으킨 1956년 5·15 정부통령 선거는 또 어떤 식으로 치러졌나.* 이러한 '곤봉 선거', '경찰 선거'에 더해 1958년 5·2 총선에서는 투·개표 부정이 무지무지하게 벌어졌다.

이런 것들이 쌓여 3·15 부정 선거가 탄생한 것이다. 이승만 정권이 자유민주주의 정권이다? 이건 정말 진실과 너무나 거리가 먼

● 대통령 후보로 나선 조봉암이 선거 막바지에 몸을 피해야 할 정도로 야당에 대한 테러와 선거 방해가 심했다.

것이다. 박정희 정권 때도 선거가 얼마나 공정했느냐 하는 얘기가 나온다. 무엇보다도 박정희 정권은 쿠데타 정권이란 비판에서 자유롭지 못하고, 그와 더불어 1972년 친위 쿠데타를 일으켜 비상 계엄을 선포하고 1인 유신 체제를 만들어 자유민주주의 헌법을 유린하고 대통령 직선제를 없애지 않았나. 국회의원의 3분의 1을 대통령이 추천해 통일주체국민회의에서 선출한 유신 체제에서 치른 총선도 보통 선거 취지에 전혀 맞지 않는다. 너무 뻔한 얘기지 않나.

—— 이승만 정권 당시 한국의 정치 상황을 조롱한 외신 보도가 오랫동안 화제가 되기도 했다.

당시 외국에선 이승만 정권에 대해 '경찰 통치를 하고 있다. 경찰 국가다'라고 비판했다. 특히 빨갱이몰이 같은 것이 많은 비판을 받고 그랬다. 영국 언론에 '한국에서 민주주의가 꽃피길 기다리는 것보다 쓰레기통에서 장미꽃이 피는 것을 기다리는 게 낫다'는 보도가 나와 사람들 사이에서 많이 이야기되고 하지 않았나.

이렇듯 자유민주주의와 이승만·박정희의 관계를 명확하게 인식해야 하는데, 한국인 중엔 이 문제와 관련해 불분명한 사람이 많다. 교사들에게 강연할 때도 많이 물어봤는데, 자유민주주의에 대해 딱 부러지게 설명하는 교사를 만나기가 어려웠다. 자유민주주의가 민주주의 발전 도상에서 어떤 위치에 있는가, 자유민주주의가 뭘 가리키는가를 명확히 인식해야 한다. 그러면서 이승만 정부와 박정희 정부가 어떻게 했는가, 무슨 짓을 했는가를 알면, 왜 4월혁명과 6월항쟁으로 자유민주주의가 살아났다고 하는가를 이해하면, 자유민주주의를 정확히 인식할 수 있다.

김구는 왜
이승만과 오랫동안 손잡았나

─ 다른 사안을 짚었으면 한다. 김구와 이승만 관계다. '해방 이후 김구' 하면 1948년 남북 협상을 하며 이승만과 대립각을 세운 이야기가 많이 나온다. 그러나 그 이전에 이승만과 오랫동안 협력한 것도 충분히 살펴야 김구를 제대로 볼 수 있다는 의견도 있다. 이승만과 손잡은 것이 분단을 막을 길을 매우 좁게 만든 것 아니냐는 지적이다.

김구는 이승만과 숙명적인 관계에 있지 않은가, 그런 생각을 한다. 한국독립당(한독당) 내부에서도 해방 3년기에 김구와 이승만의 관계에 대해 상당히 불만이 많았던 것 같다. 한독당 간부들이 이승만을 보통 혹독하게 비판한 게 아니다. 조완구 같은 사람들이 특히 그랬다. 그런데 김구가 이승만과 긴 이야기를 하고 나오면, 자기들 생각하고 다른 게 나오는 것 아닌가. 그래서 그 당시 '이승만이 참 노회한 사람인데, 그 노회한 책략에 김구가 많이 당한 것 아니냐', 이런 얘기가 없지 않아 있었다.

김구가 이승만과 상당히 오랫동안 협력한 제일 큰 이유는 반탁 우익이 대단결해야 한다는 것이었다. 김구는 명분을 아주 중요하게 여긴 사람인데, 이 시기에는 이 점을 아주 중시했다. 김구 비서였던 장준하가 1972년 7·4남북공동성명 직후 쓴 글에 이런 내용이 있다. '김구의 반탁 운동은 단정 운동 세력한테 이용당한 측면이 있다. 단정 운동 세력은 처음부터 반탁 운동 정신에 맞춰서 한 게 아니라 단정으로 가려고 반탁 운동을 한 것이 아니냐.' 그러면서 장준하가

왼쪽부터 이승만, 김구, 존 하지. 김구가 이승만과 상당히 오랫동안 협력한 까닭은 반탁 우익을 대단결시키기 위해서였다.

단정 운동 세력을 강하게 비판하는 것을 볼 수 있다.

아울러, 1945년 귀국한 직후 김구가 이승만을 만났을 때 좌익 세력, 인민공화국 세력이 굉장히 셌다는 것이 김구가 이승만의 주장에 귀를 기울이게 하는 데 작용했다는 점도 생각해야 한다.

── 김구는 1948년 초 이승만과 결별한다. 그러면서 이승만의 권력 기반이던 친일파를 어떻게 처리할 것인가에 대해서도 다른 모습을 보인다.

친일파 처리 문제와 관련해, 김구가 1945년 11월 23일 귀국 직후 이승만과 만나서 장시간 얘기를 하는데 그때 이승만이 '친일파 처리를 그렇게 강하게 주장할 게 아니다', 그렇게 이야기하지 않았을까 추정할 수 있는 측면이 있다. 하여튼 김구는 이승만과 협력하던 때에는 이 부분에 대해 강한 주장을 하지 않는다.

그러다가 1948년에 가서 유엔한국임시위원단이 한국에 오면서 김구는 남북 요인 회담을 주창하고, 친일파 문제에 대해서도 강하게 나가게 된다. 그러면서 이승만과도 마치 빙탄불상용氷炭不相容(얼음과 숯처럼 성질이 정반대여서 서로 용납하지 못하는 것)의 관계라고 할까, 그런 식으로 갈라지는 것이 아닌가. 이 두 노인네가 남북 협상 이후에는 정말 돌이키기 어려울 정도로 사이가 멀어지는 것을 볼 수 있다. 김구의 강경 발언이 나오는 것도 이런 점과 무관한 건 아닐 것이라는 생각이 들더라.

── 해방 공간의 비극 중 하나인 테러와 암살 문제에서 김구도 자유롭지 못하다는 주장도 나온다.

김구와 테러에 대해 여러 가지 뒷얘기들이 있다. 해방 공간에서 고하(송진우, 1945년 12월 30일 피살), 몽양(여운형, 1947년 7월 19일 피살), 설산(장덕수, 1947년 12월 2일 피살)이 암살되는데 특히 설산이 죽었을 때는 한민당 쪽에서 아주 강하게 '배후에 임정 측이 있다'는 식으로 나온다. 심지어 김구가 미군정 법정에 증언하러 가야 하는 일까지 생기지 않았나. 그리고 극우 테러 단체인 백의사에서 1946년 초 김일성을 암살하러 평양에 가서 폭탄까지 터뜨려 상당한 규모의 사고가 발생했고 이것도 김구와 관련돼 있다는 설說이 있는데, 뚜렷한 증거는 없는 것 같다. 설로만 받아들인다.

—— 김구가 남북 협상 때 취한 태도를 2년 정도만 먼저 보였으면 상
　　황이 어땠을까 하는 아쉬움을 토로하는 이도 있다.

　　그 점을 아쉬워하는 사람들이 많다.

농지 개혁은 이승만 덕분?
"결코 아니다"

해방과 분단, 열다섯 번째 마당

김 덕 련 농지 개혁 문제를 짚었으면 한다. 많은 연구가 이뤄진 주제이자, 그럼에도 의견이 매우 엇갈린 사안이다. 일각에서는 《해방 전후사의 인식》으로 대표되는 진보 학계가 북한의 토지 개혁은 긍정적으로, 남한의 농지 개혁은 부정적으로 평가하는 것 아니냐'고 공격하기도 한다. 어떻게 보나. 토지 개혁과 농지 개혁, 이렇게 용어가 다른 것도 눈에 들어온다.

서 중 석 이 부분도 왜곡과 일방적인 주장이 많다. 기초적인 자료나 증언을 제대로 살피지 않고 말하는 경우가 뉴라이트뿐만 아니라 진보 세력 가운데에도 있었다는 점을 생각해야 한다.

먼저 농지 개혁과 토지 개혁, 왜 용어가 다른가? 1948년 조봉암의 농림부에서 처음에 만든 것은 토지 개혁안이었다. 국회에서 구체화하면서 농지 개혁 법안이 됐다. 무슨 차이가 있느냐. 국회에서 만든 농지 개혁안을 보면 과수원이라든가 염전이 빠져 있다. 모든 토지가 들어간 게 아니다. 그래서 일부 대토지 소유자들이 농지 개혁 대상 토지를 염전으로 바꿔버려 나중에 문제가 생기고 그런다. 모든 토지가 해당하는 것은 아니었다는 점에서 농지 개혁안이라고 부르는 게 더 맞다.

그동안 농지 개혁에 대해 차이가 나는 주장이 많았다. 진보 세력이라고 할까, 이승만 정권을 비판하는 세력은 '사실상 농지 개혁이 잘못된 것이다. 문제가 심각한 것이다. 지주 중심으로 된 것이다'라는 주장을 많이 했다. 그런데 장상환(경상대 교수) 씨가 학위 논문을 통해 구체적이고 실증적인 연구를 하고 현지를 답사해 증언을 채록하면서 그런 주장들은 진보 세력에서 많이 없어졌다. 지금은 진보 세력 가운데 그런 주장을 하는 사람은 소수가 아닐까 생각한다.

―― 농지 개혁은 산업화의 기반을 마련했다는 평가와 함께 국외에서도 주목을 받았다.

외국 학자 중엔 '농지 개혁은 미국 공로'라고 주장하는 이도 있다. 해외 학자들이 제일 궁금하게 여긴 건 도대체 아시아의 '네 마리 용'(한국, 대만, 싱가포르, 홍콩), 그전에 일본, 그리고 나중에 중화인민공화국 같은 데서 어떻게 엄청난 경제 발전을 할 수 있었는가 하는 점이다. 국내총생산GDP에서 한때는 일본이 세계 2위였고, 지금은 중국이 2위인데, 이렇게 된 것이 무엇 때문이냐에 대한 여러 연구가 있었다.

이 지역들의 공통점은 토지 개혁이다. 일본은 패전 이후에야 토지 개혁을 했고 중국은 1950년대 초에 토지 개혁을 했다. 대만도 장제스 정권이 토지 개혁을 했고 한국도 농지 개혁을 했다. 그러니 네 지역에서 이 점이 공통적이다.

이와 달리 중남미와 필리핀 등 동남아 일부 국가가 그렇게 풍부한 자원을 가지고도, 그리고 한때는 빠른 속도로 발전하는 것 같다가 왜 1960년대 이후에 저렇게 뒤처져 '네 마리 용'과 일본, 중국과는 비교가 안 되게 되었는가. 이 지역들이 전부 토지 개혁이 안 됐다. 예컨대 필리핀에서 1980년대 후반 독재자 페르디난드 마르코스를 몰아내고 코라손 아키노 대통령이 토지 개혁을 공약으로 내걸고 당선됐는데, 그 공약을 지킬 수가 없었다. 마닐라 외곽에 가봐라. '성주'들이 있는데 토지 개혁을 어떻게 하겠나.

그런데 이런 점에 주목한 일부 외국 학자들은 '대만이건 일본이건 토지 개혁의 동력은 미국의 압력이다. 한국의 농지 개혁도 미국의 압력 때문에 된 것이다'라고 주장하고 있다. 일본의 경우 미국의 압력 때문에 더 구체적으로 됐다는 점은 수긍할 수 있으나 대만의 경우 어디까지를 미국의 압력으로 봐야 하는지 의문이다. 특히 한국의 경우 그런 주장이 과연 맞겠는가?

한국인들은 처음부터 토지 개혁을 친일파 처단과 함께 열망하고 있었다. 그런데 미군정은 전면적인 토지 개혁을 끝내 못했다. 정부 수립 직전에 와서야 미군정은 귀속 농지, 그러니까 일본인이 소유했던 토지에 한해서만 소작농에게 토지를 줬다. 아주 부분적으로, 그것도 마지막에 와서야 한 것이다. 미국이 이승만 정부에 압력을 넣은 건 사실이지만 농지 개혁 문제에서 미국의 적극적 역할을 인정하기는 어렵다. 이런 점을 생각해야 한다.

산업화 기반 마련한 농지 개혁, 이승만이 주도?
"결코 아니다"

— 이승만 전 대통령을 부각하려는 이들은 '농지 개혁은 이승만의 공'이라는 주장을 편다. 이승만이 조봉암을 중용해 농지 개혁안을 만들게 하고 관철시킨 것 아니냐는 주장이다. 이승만이 지주 대신 농민과 손잡는 진보적인 선택을 했다는 시각도 있다. 더 나아가, 이승만이 농지 개혁 등을 통해 산업화를 앞당겼다는 주장도 나온다. 이승만이 산업화의 터전을 마련하고, 박정희가 그걸 기반으로 급속한 산업화를 이뤘다는 논리다.

농지 개혁이 이승만 대통령의 공로인가? 한때 뉴라이트 정치학자가 이 점과 관련된 박사 학위 논문을 쓰고 그러면서 소장파 정치학자들이 이 부분을 굉장히 주장하더라. 나하고도 개별적으로 토론을 많이 했다. 이승만이 농지 개혁을 주도한 게 결코 아니다. 그걸 1996년 내 책《한국현대민족운동연구 2》에서도 상세하게 설명했다.

저들은 '1952년 8·5 정부통령 선거에서 이승만이 많은 지지를 받았다. 농지 개혁을 했기 때문에 농민들의 전폭적 지지를 받은 것이다'라는 것을 근거로 내세운다. 그러면 농지 개혁을 시작한 직후에 치러진 1950년 5·30선거에서도 이승만 지지 세력인 대한국민당(국민당)이 약진했어야 할 것 아닌가. 하지만 5·30선거에서 중도파 민족주의자와 무소속이 대약진했고 민국당(한민당의 후신)하고 국민당은 추풍낙엽처럼 쪼르륵 떨어졌다고 당시 사람들이 모두 쓰고 있지 않나. 저들의 이야기는 이런 사실과 너무나 어긋나는 주장이다.

저들은 1952년 선거만 가지고 주로 이야기한다. 그런데 대다수 국민이 이름조차 들어본 적 없는, 이승만보다도 나이가 많은 함태영이란 노인이, 국무총리와 국방부 장관을 지냈고 자유당 2인자였으며 자유당 부통령 후보이던 이범석을 큰 표 차로 누르고 부통령이 된 게 뭘 의미하는 것이겠나. 이 선거가 얼마나 심한 부정 선거였는지를 단적으로 얘기해주는 거다. 내가 이런 구체적인 걸 얘기하는데도 안 통하더라. 그런 주장을 하는 정치학자들이 기본적인 자료를 많이 봐가면서 얘기를 했으면 하는 생각이 참 많이 들더라. 방송 같은 데 나와서 그런 주장을 하는 걸 볼 때, 그런 걸 많이 느꼈다.

—— 해방 후 농지 개혁은 시대의 대세였다.

1948년 5·10선거에 입후보한 거의 모든 후보가 토지 개혁을 하겠다고 했다. 그걸 공약하는 것이 제일 쉬운 것 아니겠나. 당시 농민이 많았고 그 농민에게 표를 얻어야 했다. 그러니까 토지 개혁을 하는 건 확실했다. 사실 대한노총(한국노총의 전신)과 쌍생아라고 볼 수 있는 대한독립촉성농민총연맹(대한농총)에서도 '농민은 1년 수확량의 25퍼센트를 5년간 지불하면 된다'는 농민적인 토지 개혁안을 주장했다. 좌파 쪽에서 '무상 몰수, 무상 분배'를 많이 주장하는데, 이것에 맞서려면 자신들도 지지를 받을 수 있는 안을 내야 했기 때문이다. 그런 주장을 할 수밖에 없었던 거다. 대한노총 위원장을 지내는 전진한도 이와 비슷한 주장을 하는 것을 볼 수 있다.

그러면서 조봉암을 초대 내각의 농림부 장관으로 임명한 데는 이 대통령이 한민당을 견제하려는 뜻이 분명히 들어 있었다. 토지 문제로 견제하려는 면도 있지만, 조봉암이 무소속계를 대표하는 인물이기 때문이었다. 조봉암과 윤석구(체신부 장관)가 무소속계로 입각하는데, 억센 한민당을 누르려 무소속계를 상당히 대우해준 셈이다.

문제는 한민당도 토지 개혁을 반대한 게 아니라는 거다. 한민당이 만들어질 때부터 '토지 개혁을 언젠가는 해야 한다'고 했다. 다만 방안이 다른 거였다. 문제의 핵심은 농민적이냐 아니냐, 이거였다. 이 대통령과 농지 개혁의 관계를 볼 때도 농민적으로 하려고 했느냐 아니면 다른 방식으로 하려 했느냐, 이걸 문제 삼아야 하는 것이다.

— 농지 개혁안이 만들어지는 과정에서 조봉암과 이승만은 어떤 모습을 보였나.

조봉암은 전국을 열심히 돌면서 농민들에게 얘기를 들었다. 이게 나중에 두 차례에 걸친 대선에서 조봉암이 지지를 받는 제일 큰

1952년 국회 부의장 시절의 조봉암(맨 오른쪽)의 모습. 나머지 두 사람은 윤치영과 신익희(가운데). 조봉암은 농지 개혁안을 만들기 위해 전국을 돌면서 농민들의 이야기를 귀담아들었다.

힘 중 하나였다. 1948년 11월 시안을 만들고 1949년 1월 24일 국무회의에 농림부 안을 내놓는데, 농민들이 1년 수확량의 20퍼센트씩 6년 동안, 총 120퍼센트를 상환하고 지주한테는 150퍼센트를 보상한다는 아주 농민적인 것이었다. 150퍼센트와 120퍼센트의 차액(30퍼센트) 계산은 상당히 복잡한 절차를 거치게 돼 있었다. 대지주 토지는 체감 매상을 고려하고, 3년 거치를 한 다음에 지주에게 지대 증권으로 지불해 귀속 기업체를 불하받게 하는 등의 방식으로 진행하는 것이기 때문에 현물하곤 큰 차이가 난다. 귀속 기업체 매각 문제 같은 것까지 고려한 것이었다.

이런 걸 종합적으로 제시했지만, 바로 이 대통령 지시에 의해 일축된다. 그러면서 한민당 쪽과 연결된 감찰위원회에서 농림부 장관 관사 수리비 문제를 걸고넘어져 '조봉암을 처리해야 한다'고 했다. 나중에 1심, 2심, 3심 모두 무죄 판결 받는다. 한민당 측은 토지 문제가 아니라도 조봉암에 대해 강한 반감을 갖고 있었다. 시쳇말로 못 잡아먹어 안달이었다.

조봉암은 이 일 이전부터 이승만 대통령으로부터 양곡 매입 문제 등에서 여러 가지로 따돌림을 당했다. 그래서 1949년 2월 21일에 대통령 권고로 사표를 내게 되는 것이다. 이런 여러 가지를 볼때 이승만이 조봉암을 기용한 의미가 무엇이냐, 이 점을 깊이 생각해야 한다.

── 조봉암이 사임한 후엔 소장파 국회의원들이 농지 개혁안을 놓고 이승만 정부 및 한민당(민국당)에 맞섰다.

국회에서 소장파를 중심으로 활발히 논의해 1949년 봄에 '상환액 125퍼센트, 보상액 150퍼센트'로 하는 농지 개혁법을 통과시켰다. 조봉암 안과 큰 차이가 안 난다. 그런데 이승만 정부 쪽에선 이걸 돌려보내려 하다가, 국회가 폐회 중이라는 이유를 달아서 이게 소멸됐다고 통보했다. 그러자 1949년 6월에 국회에선 즉각 재석 153, 가 97, 부 19라는 압도적 표 차이로 원래 법안을 가결해버린다. 반민법을 둘러싼 국회와 이승만의 줄다리기와 비슷한 거다. 이승만 정권은 이 법안을 실시해야 하는 것 아닌가. 그런데 또 실시를 안 한다. 미국 국무부에서 이때 이승만 정부에 압력을 넣었다. 그때 국무부 관계자가 이런 얘기를 한다. '이걸 즉각 시행하지 않는 것은 지주 때문이다.'

해방과 분단

농민 숨통 조인 현물세와
저곡가 정책

── 농지 개혁이 시행된 시점을 두고도 논란이 많았다.

한국전쟁 이전에 시행됐는가, 이걸 갖고도 학계에서 수십 년간 논쟁했다. 농지 개혁 실시처럼 자명해 보이는 것이 도대체 왜 이렇게 제대로 정리가 안 됐느냐, 이것도 예전부터 의문이었다. 우리 연구가 실증적인 게 약하다는 점도 작용했고, 그와 별개로 상황 자체가 애매한 게 많았다. 특히 농지 개혁 관련 자료가 전쟁 때문에 거의 다 없어진 모양이다. 논산 등에 약간 남은 것 빼고는 없는 점도 이 문제를 둘러싸고 논쟁이 벌어지는 데 영향을 준 것 같다.

어쨌든 '만일 전쟁이 일어나기 전에 농지 개혁이 불완전하게나마 시행되지 않았으면 북한에서 와서 북한식으로 토지 개혁을 하는 거니까 엄청나게 양상이 달랐을 것이다', 이렇게 주장하는 학자들이 꽤 많다.

그러면 어떤 식으로 이승만 정부가 농지 개혁을 하게 되느냐. 1949년 6월 국회 프락치 사건이 나고 김구가 암살당하면서 아주 힘 없는 국회가 되지 않나. 1950년 1월에 이승만 정부에서 개정 법률 안을 내세운다. 상환액과 보상액을 150퍼센트로 통일해 제시한다. 이게 언제부터 시행됐느냐? 그에 대해선 자료가 불확실하다. 그러나 1950년 4월부터 일정하게 시행되는 것으로 학계에선 보고 있다. 정 말 아슬아슬하게 시행된 것이다. 전쟁 전에 농지 개혁 작업을 시작 하지 못했다면 전쟁 때 어떻게 됐겠나.

그런데 문제는 또 거기에만 있지 않다. 이게 참 한국 역사의 특이한 점인데, 농지 개혁이 한국전쟁 전에 실질적으로 시행될 수밖에 없는 점이 있었다.

— 그게 무엇인가.

방매放賣라는 것이다. 5·10선거에서 다들 토지 개혁을 하겠다고 했고, 국회에서 대단히 중요한 안건으로 논의되지 않았나. 소장파가 힘을 잃기 전까지 소장파를 중심으로 국회 분위기가 얼마나 좋았나. 그러니 지주들이 겁이 나서 막 팔아넘기기 시작했다.

이것도 장상환 씨가 실증 연구를 했다. 유인호 교수가 1975년에 쓴 논문에도 나오는데, 소작지 144만 7,000정보(자료에 따라서 147만 정보로도 나옴) 가운데 방매가 이뤄지면서 1949년 6월까지 예전에 일본인이 소유했던 귀속 농지 약 23만 정보를 포함해 남은 토지가 83만 정보였다. 이것도 이후에 계속 판다. 농지 개혁법이 시행되기 이전에 많은 부분이 '되어버린' 것이다. 우리 역사의 묘미라고 할까, 아주 중요한 것이다. 그만큼 한국 사회에서 정의감 같은 게 많이 작용한 것이다.

● 1980년대까지 농지 개혁에 관한 통설은 '한국전쟁 전 법적 준비 완료, 전쟁 중 본격 실시'였다. 그런데 1990년대 이후 일부 경제학자와 정치학자 등을 중심으로 '한국전쟁 이전 시행 완료'를 주장하는 흐름이 나타났다. '이승만의 강력한 의지가 이를 가능하게 했다'고 보는 사람도 있었다. 그러나 1950년 10월 23일 이승만 대통령 본인이 "농지 개혁 법안을 우선 실시해야 될 것"이라고 했다. 첫 단계(분배예정통지서 발급)를 밟던 중 한국전쟁이 터지면서 중단된 농지 개혁을 다시 실시하라는 뜻이었다. 이와 더불어 살펴볼 건, 재실시 지시 직전인 1950년 10월 초 이 대통령이 농지 개혁을 1년 연기하기로 결정했다가 한 달도 안 돼 뒤집었다는 연구 결과다. 1년 연기했다면 농지 개혁 자체가 폐기될 위험성이 있었다는 말이다. 이 대통령이 농지 개혁 자체를 반대했다고 보기는 어렵지만, 그와 반대로 농민에게 유리한 형태의 농지 개혁을 적극 추진했다고 주장하는 건 무리임을 보여주는 대목 중 하나다.

해방과 분단

1950년 3월에 개정되어 공포된 농지개혁법.

― 상황이 그러한데도 예전에 '농지 개혁에 문제가 많다'는 주장
이 일각에서 나온 이유는 무엇인가.

방매는 소작인이 사도록 지주가 강제한 것이고, 농지위원회가
지주의 이익을 대변했다는 주장이 강했다. 그러나 그 이후 연구에
따르면 방매를 헐값으로 한 것이 많고, 농지위원회가 소작농의 입장
도 반영했다는 것이다.

농지 개혁이 실패했다는 제일 큰 이유는 농지 개혁 후에도 농
민이 못살았기 때문이고, 소작농이 많이 늘었기 때문이다. 그러면
왜 이런 현상이 나타났는가. 전쟁이 일어나니까 아주 심한 인플레이
션 때문에도 농민한테 전쟁 부담이 많이 넘어갔다. 다른 데서 전쟁
재정을 염출할 마땅한 방법이 없었던 이 대통령이 제일 손쉬운 농
민에게 많이 부담시킨 거다. 대표적인 것이 임시토지수득세였다. 수
세 등도 부담해야 했던 농민에게 임시토지수득세를 상당히 고율로,

북한의 토지 개혁

1950년 한국전쟁 발발 직전 농지 개혁이 시작된 남한과 달리, 북한에서는 1946년 3월 토지 개혁이 실시됐다. '유상 매수, 유상 분배' 방식을 택한 남한과 대조적으로, 북한에서는 '무상 몰수, 무상 분배' 방식으로 토지 개혁을 시행했다.

북조선임시인민위원회는 1946년 3월 5일 '북조선 토지 개혁에 관한 법령'을, 같은 달 8일에는 '토지 개혁 법령에 관한 세칙'을 발표하고 토지 개혁에 돌입했다. 지주층 가운데 땅을 5정보 이상 소유한 지주들에 대해서는 토지, 축력畜力, 농업 기구, 주택, 대지 등을 모두 몰수하고 이들을 다른 군으로 이주하게 했다. 규모가 그보다 작은 지주들에 대해서는 소작지만 몰수했다. 이에 더해 일제 강점기에 일본인이 소유했던 땅과 친일 부역 행위를 한 '민족 반역자'의 땅도 몰수했다. 이렇게 몰수한 토지는 당시 북한 지역 전체 토지 면적(182만 98정보)의 55.4퍼센트(100만 8,178정보)에 이르렀다.

북조선임시인민위원회는 몰수 토지를 빈농과 소작인들에게 나눠줬다. 토지 개혁을 통해 북한 농민, 특히 빈농들의 상당수가 사회주의 세력의 지지 기반이 됐다. 반면 지주들 중 일부가 토지 개혁에 저항하기도 했으나, 조직적인 저항이 강하지는 않았다. 다수의 지주들은 저항 대신 월남을 택했다.

한 달여라는 짧은 기간 동안에 토지 개혁이 전격적으로 시행된 결과 북한에서는 지주제가 해체됐다. 북한의 토지 개혁 소식은 남한의 농민들 사이에서 남쪽에서도 조만간 토지 개혁이 이뤄질 것이라는 기대감을 높였다. 반면 북한에서 땅을 내주고 남쪽으로 내려온 이들의 상당수는 서북청년회 등의 극우 단체를 결성하고 반공 투쟁에 나섰다.

그것도 현물로 부담시켰다. 이게 전쟁 비용으로 많이 활용됐다. 심지어 정전협정이 체결된 1953년 이후에도 없어질 기미가 보이지 않았다. 농민이 힘이 없었기 때문이다. 이 대통령은 무서운 사람이었다.

현물세, 이게 아주 무서운 것이었다. 자유당도 이걸 없애겠다고 선거 때마다 이야기했다. 농민의 지지를 받아야 했기 때문이다. 그런데도 이승만 정부 말기까지 없어지지 않았다. 그 이후에 없어졌다. 이승만 정권이 재정 문제를 쉽게 풀고자 농민들에게 부담을 씌운 거다.

─ 저곡가 정책도 농민을 괴롭혔다.

그렇다. 그건 박정희 정부도 마찬가지다. 1950년대, 1960년대에 아주 심한 저곡가 정책을 쓴다. 또 미국에서 PL480호에 의해 얼마나 많은 잉여 농산물을 한국에 주나. 이런 것들이 농산물 가격을 폭락시켜 농촌을 아주 곤궁하게 만드는 데 지대한 역할을 했다. 이뿐만 아니라 농민들이 당시에 너무나 가난했다. 봄만 되면 춘궁기라고 해서 산과 들을 헤매는 사람이 내가 어렸을 때만 해도 꽤 많았다. 이런 사람들의 상당수가 분배받은 농토의 상환액을 갚지 못했다. 상환액이 많은 게 아님에도 이걸 갚지 못하는 농민이 또 생겨난 것이다. 악순환이었다. 여기에 다른 이유도 가세해 농민들이 또 소작을 하기 시작했다. 농지 개혁이 잘못됐다는 주장이 나오는 데에는 이런 것들이 크게 작용했다.

그리고 일부 진보 세력이 주장한 것처럼 북한의 토지 개혁이 정말 농민적인가? 난 이 문제도 생각해봐야 한다고 본다. 토지 개혁은 북한의 지주들이 북한에서 살아가는 걸 굉장히 어렵게 만들

북한의 토지 개혁 홍보 포스터. 토지 개혁은 북한의 지주들을 대거 월남하게 만들었다. 무상 몰수였을 뿐만 아니라 거주지를 바꾸게 했기 때문이다.

었다. 무상 몰수였을 뿐만 아니라 거주지를 바꾸게 하지 않았나. 그러니까 이 사람들이 대거 월남을 해버렸다. 북한에 대해 얼마나 강한 적개심을 가졌겠나. 이 사람들이 내려올 때 토지 문서를 많이 가지고 왔다. 북한이 망하면 다시 찾겠다는 것이다. 무서운 거다. 토지 문제가 그렇게 간단하지 않다. 급속한 토지 개혁을 통해 북한 농민들에게 속 시원한 지지를 받을 수 있어서 북한 정권으로선 좋았을지 모르겠지만, 나는 좀 더 크게 전망을 하고 한국의 통일 정부 수립 문제를 생각할 때 이건 문제가 분명히 있었다고 본다.

해방 후 교육열과 이승만 정부, 그리고 평준화

—— 다른 문제를 짚었으면 한다. 일각에선 이승만 대통령이 의무

교육을 확대한 공적은 인정해야 하는 것 아니냐는 주장도 나온다.

이승만 대통령이 다른 건 다 잘못했어도 교육은 잘한 것 아니냐고 뉴라이트뿐 아니라 다른 일각에서도 주장한다. 전혀 어긋난 것만은 아니다.

그런데 뉴라이트에서 식민지 근대화론으로 펴는 주장 중 하나가 일본이 한국에 상당히 많은 교육을 시켰다는 것이다. 그러니 해방 후 우리 사회를 발전시키는 데 일제 때 교육의 공로를 무시할 수 없지 않느냐라는 주장을 펴고 있는데, 이것도 너무 자료를 안 보고 하는 이야기다. 그중에서도 일본 쪽 자료를 제대로 봤느냐 하는 점을 지적할 수 있다.

── 어떤 점에서 그러한가.

예컨대 일제 때 초등학교 교육이란 걸 한국인이 얼마나 받았나를 보자. 일본은 1911년에 적령 아동의 98.1퍼센트가 받았다. 전 세계에서 최상위 수준에 들어갔다. 서유럽 몇몇 국가들보다도 높았다고 볼 수 있다. 이게 일본이 부국강병을 이루는 데 얼마나 큰 역할을 했겠느냐는 건 두말할 필요도 없다. 그런데 이때 한국은 1.7퍼센트였다. 3·1운동 때 '배워야 한다'며 열화와 같은 민족적 교육열이 일었는데 이때도 3.9퍼센트(1919년)밖에 안 됐다. 한국인들이 새로 서당, 사립학교를 만들어 공부를 하기는 했지만 1929년 적령 아동이 초등학교를 다니는 비율은 18.6퍼센트로 조선총독부 자료에 나온다. 1930년대 전반까지도 얼마 안 된다. 그러나 일제가 대규모로

1951년 부산의 초등학교 학생들. 해방 후 한국
사회가 평준화되면서 교육열도 강해졌다. 사진
출처: e영상역사관

해방과 분단

새로운 전쟁을 일으키고 한국인을 거기에 대거 끌어들일 필요가 생기는 1930년대 후반 들어 그 비율이 늘어난다. 교육을 못 받은 사람을 어떻게 징용, 징병할 수 있겠나. 그래서 늘어나게 되는 것이다.

그런데 일제 시기 전체에 걸쳐 중등 교육은 너무나도 낮은 수준에 있었다. 일본인 학교는 중학교인데 한국인이 다니는 학교는 이름도 고등보통학교라고 폄하했다. 한국에 와 있던 일본인 숫자가 한국인 전체의 60분의 1이거나 많아봤자 1930년대 이후 30분의 1이었다. 그런데 한국에서 중등학교에 다닌 숫자가 1910년대에는 일본인이 더 많았고 1920년대엔 거의 엇비슷하다. 1930년대에 가면 한국인이 조금 더 많기는 하다. 그리고 농업학교 등 실업학교를 약간 설립했을 뿐이다. 이건 얼마만큼 한국인 교육을 억제했느냐를 잘 보여준다. 한국인들이 그렇게 교육 기회를 달라고 조선총독부에 요구했는데도 잘 안 됐다.

고등교육은 더 심했다. 1920년대 전반기에 민립대 기성회도 만들고 하면서 싸웠는데도, 일제 시대 내내 한국엔 단 하나의 대학(경성제국대학)밖에 없었다. 일본도 중국도 그때 얼마나 대학이 많았나. 더욱이 그 경성제국대학조차 뽑는 수가 불과 몇 백 명밖에 안 됐고, 그중 조선인이 들어가는 숫자도 20퍼센트 수준이었다. 그렇게 적게 뽑았다. 얼마만큼 고등교육을 억제했느냐를 단적으로 얘기해준다.

—— 해방 후 교육열이 엄청나게 팽창했다.

· 한국인 학령 아동의 보통학교 취학률은 중일전쟁이 일어난 1937년에 30.8퍼센트, 진주만 기습 이듬해인 1942년에 54.5퍼센트를 기록한다.

그렇다. 특히 1950년대, 1960년대에 교육열이 강할 수 있었던 것은 우리 사회가 평준화된 것과 관련 있다. 해방 이전엔 한국인은 무권리 사회를 살았다. 일제가 직접 통치했을 뿐만 아니라 요직을 다 차지하고 중요 경제도 다 장악해 한국 양반이 저절로 망할 수밖에 없었다. 그리고 해방 직후 엄청난 사회 혁명, 시민 혁명, 정치 혁명이 일어나면서 지주, 부르주아가 꼼짝 못하는 상황이 됐다. 그런 분위기 속에서 평준화가 급속히 이뤄졌다. 아까 이야기한 농지 개혁이 뭔가. 그나마 남아 있던 지주들의 힘을 마저 뺏는 것이었다. 전쟁 와중에 머슴을 했던 사람들이 큰소리쳤다는 말이 의미하듯이 세상이 많이 달라지고 평준화가 아주 강해졌다. 전 세계에서 이만큼 평준화가 많이 된 나라도 찾기 어려웠다.

그러다보니까 교육을 잘 받는 게 더 중요해진 거다. 그때나 지금이나 한국은 정실 사회적인 측면이 강하다. 얼마나 지역적으로 같은가, 교육 받은 곳이 같은가, 이런 정실이 많이 작용했고 '어쨌든 좋은 대학 나오면 이 사회에서 쉽게 남을 앞지를 수 있다', 이런 게 대두한 것이다. 그러면서 중학교, 고등학교도 1류, 2류가 생겼다. 도시마다 다 그러다시피 했는데 심지어 초등학교조차 1류, 2류가 생기지 않았나.

그런 속에서 전쟁 후에 특히 베이비붐이 막 일어나고 하니까 이승만 정부도 초등학교 같은 것을 많이 세울 수밖에 없었다. 예산이 빠듯한데도 그럴 수밖에 없었다. 난 이승만 정부가 교육에 그 정도는 기여했다고 본다. 그만큼 큰 교육열을 따라가지 않을 수 없는 측면이 있었던 것이지만 하여튼 노력은 좀 한 것이다.

제헌 헌법의 탄생
평등주의의 열망을 담다

해방과 분단, 열여섯 번째 마당

김 덕 련 일제의 지배에서 벗어난 지 3년 만인 1948년, 첫 보통 선거를 실시했다. 다른 나라와 비교해도 그리 늦은 편이 아니었다. 일각에서는 이를 미국의 선물이라는 식으로 본다. 보통 선거와 민주주의를 미국이 이식해줬다는 주장이다.

서 중 석 '한국은 신생 국가'라는 일부 정치학자들의 얘기와 비슷하다. 우리 근현대사를 잘 모르는 정치학자들이 대부분 미국 등에 가서 공부하고 돌아와, 그곳에 쓰여 있는 것을 한국에 와서 똑같이 가르치는 경우가 많다. 그러다보니까 그런 태도를 보이는 것이다. 사실 정치학자 중에서 상당히 깨어 있다고 하는 분들, 1980년대 이후에 좋은 정치학자 혹은 소장파라는 이야기를 듣는 이들조차 일제 시대에 대해선 잘 모른다. 그 이전, 예컨대 한말 역사 등은 더더욱 모른다. 그러니까 해방 직후 문제에 대해 일면적인 인식을 하는 현상이 정치학자를 비롯한 사회과학자들한테 나타나는 것 아니냐.

서양 사람들은 한국의 자유민주주의는 그게 꽃피길 기다리는 것보다 쓰레기통에서 장미꽃이 피는 것을 기다리는 게 낫다는 식으로 보는 거다. '후진 지역에 있는 저 나라가 그래도 보통 선거를 한 것은 미국이 심어줘서가 아니냐', 이렇게 생각하는 것이다. 그런데 한국 학자들이 그것을 따라간다? 이건 심각한 문제다.

— 이 문제는 독립 운동 세력의 역사적 전망 및 건국 구상과 맞닿아 있다. 이와 관련, 1919년 민주공화국을 표방한 임시 정부가 수립된 것이 눈에 들어온다. 나라를 뺏긴 지 10년도 안 지났는데도, 대한제국을 다시 일으키자가 아니라 공화주의 정부를 세우자는 것으로 대세가 기울었다는 점은 주목할 만하다.

나라를 빼앗긴 직후부터 독립 운동이 일어나는데, 이 운동들 대부분이 공화주의를 표방한다. 놀라운 일이다. 전 세계에서 이런 현상이 나타난 나라가 별로 없다. 어째서 그런 건가. 이렇게 된 한 요인은 '대한제국이 우리 국가를 보전하는 데 과연 잘했느냐', 대한 제국에 대한 이런 강한 불신 때문이다. 또 중국에서 신해혁명이 일어나 황제가 없어지고 공화제인 중화민국이 탄생한 것도 영향을 끼쳤다. 러시아혁명의 영향이나 미국의 영향도 생각해봐야 한다. 그래서 '우리도 이제 군주제를 폐지하고 공화주의로 가야 하지 않느냐'는 생각이 널리 퍼졌다.

그러나 공화제로 가게 된 가장 큰 요인은 독립 운동자들이 자유와 평등의 나라를 세우려고 했기 때문이다. 독립 운동을 한 사람들은 1910년대에도 자유를 강조함과 동시에 특히 평등을 아주 강하게 강조하는 것을 볼 수 있다.

독립 운동에서 왜 이렇게 평등에 대한 주장이 강하게 나타나느냐? 그것도 여러 가지로 생각해볼 수 있다. 아무나 압록강, 두만강을 건널 수 있는 것이 아니다. 독립 운동자들은 자신과 가족이 가진 모든 것, 모든 기득권을 다 버리고 스스로 고난의 길, 죽음의 길을 선택했다는 점을 각별히 주목해야 한다. 왜 그랬겠나. 그와 함께 일제가 한국에 와서 지독할 정도로 수탈 정책을 폈다는 인식이 있었다. 이것에 대해서도 그 당시 독립 운동을 한 사람하고 뉴라이

'민주공화국', '민주공화제'라는 용어는 대한제국 시기에 이미 국내의 일부 지식인과 해외 유학생 사이에서 쓰였다. 1910년 국권을 뺏긴 후에는, 향후 민주공화제가 가장 바람직하다는 공감대가 형성됐다. 이를 상징적으로 보여준 것이 1917년에 나온 대동단결선언이다. 신채호, 조소앙, 박은식 등 14명이 발기한 이 선언은 국민 주권과 공화제에 입각한 임시정부 수립을 제창했다.

대한민국 임시정부 국무원들의 모습(1919년 10월 11일). 앞줄 왼쪽부터 신익희, 안창호, 현순. 뒷줄 김철, 윤현진, 최창식, 이춘숙. 임시정부는 대한민국 임시 헌장 제1조에 '대한민국은 민주공화국제로 함'이라고 공포했다.

트 사이의 견해 차이가 너무 크다. 독립 운동을 한 사람들은 당시에 '일제의 수탈이 너무 심하다'는 지적을 아주 많이 했다.

1919년 여러 지역에 임시 정부가 세워진다. 그런데 이때 보통 선거 취지에 맞는, 이젠 공화주의까지 넘어서 그야말로 자유민주주의와 연결될 수 있는 주장을 이미 하고 있는 것을 볼 수 있다. 그게 단적으로 나타나는 게 1919년 4월 상하이에서 탄생한 '대한민국 임시 헌장'이다. 여기 제1조에 '대한민국은 민주공화국제로 함'이라고 딱 하지 않나. 그리고 제5조에 '대한민국의 인민으로서 공민公民 자격이 있는 자는 선거권 및 피선거권이 있음'이라고 했다. 이에 대해 사실상 독일(바이마르 공화국)에서 볼 수 있던 보통 선거권하고 비슷한 것 아니냐고 해석할 수 있다.

독립 운동과 해방 직후의 혁명적 분위기,
제헌 국회에 큰 영향 끼치다

— 대한민국 임시 헌장을 비롯해 독립 운동기에 탄생한 역사적 구상은 1948년 제헌 헌법에 지대한 영향을 끼쳤다. 이 문제와 관련해 제헌 헌법이 1919년 독일에서 만들어진 바이마르 헌법을 상당 부분 모방한 것 아니냐는 시각도 있다.

제헌 헌법을 두고 '바이마르 헌법의 영향을 받은 것이다'라는 이야기들을 한다. 나도 어렸을 때 그런 얘기를 많이 들었다. 전혀 근거가 없다고 얘기할 수는 없다. 왜냐하면 대한민국 임시정부에서 여러 차례 헌법을 만들고 개정했는데, 뭔가는 참고하지 않았겠나. 독일 쪽을 참고했을 거라고 볼 수 있는 점이 있다. 그렇기 때문에 근거가 없는 건 아닌데, 그것보다도 기본적인 것은 그 당시 독립 운동의 전반적인 상황과 연결해서 봐야 하는 것이다.

보수 세력이라고 볼 수 있는 한국독립당이 1930년대에 만들어질 때부터 조소앙의 삼균주의가 나타나는 것을 볼 수 있다. 그런데 그 이전에 이미 조선공산당에선 급진적 민주공화제를 주장했다가 1928년에 오면 인민공화국을 주장했다.˚ 해외 독립 운동 세력 중 사회주의 경향이 강한 쪽에선 인민공화국 건설 주장을 하는 것을 볼 수 있다. 이런 분위기를 정확히 짚을 필요가 있다.

˚ 조선공산당은 1926년 인민적 성격이 강한 보통 선거를 실시하고 지방 자치가 철저히 보장되는 주권 국가 건설을 주장했다.

—— 헌법학계에선 이 문제를 역사학계와 다소 다르게 보는 것 같다.

제헌 헌법이 이처럼 일제 시대 독립 운동의 영향을 받았다는 것에 대해 헌법학자들이 주목한 건 그리 오래되지 않았다. 직접적으로 이것을 다룬 여러 논문이 나온 것은 내 기억엔 5~6년밖에 안 됐다. 그 이후 괜찮은 논문이 여러 편 나왔다.

그런데 이 사람들의 논문을 읽어보면, 예컨대 이 중 몇 사람은 '삼균주의를 얼마나 깊이 있게 이해하고 있는가'에 대한 의구심이 들게 한다. 일제 시기 독립 운동이 임시정부뿐만 아니라 다른 데서도 활발했고 평등을 강렬하게 지향하는 것이 삼균주의에도, 임시정부 헌장에도 나타나는데, 그런 부분을 충분히 언급하지 않았다.

이와 달리 역사학계에서는 이미 1980년대 초반에 해외 독립 운동 세력이, 심지어 상당히 보수적인 세력까지 사회주의 성향을 대단히 강하게 띠고 있었다는 연구가 진척됐다. 1990년대에는 '제헌 헌법이 이와 같이 나타난 것은 일제 시대의 독립 운동과 맥을 같이하는 것이다', 그리고 '해방 직후의 혁명적 분위기가 제헌 국회의원한테 영향을 줬다'라고 주장하는 연구도 나온다. 제헌 헌법을 만들기까지의 과정을 담은 국회 속기록을 보면 이런 영향을 쉽게 파악할 수 있다.

이건 그만큼 정치학자를 비롯한 사회과학자뿐만 아니라 제헌 헌법 연구자조차 해방 직후사에 대해 잘 모르고 있다는 걸 반영하는 것 아니겠나. 헌법학자들이 역사학 쪽 연구를 더 충실하게 반영하면 앞으로 제헌 헌법에 대해 더 깊이 있는 좋은 연구가 이뤄지지 않겠는가 하는 생각을 해본다.

1910년대부터 대세였던 민주공화제…
미군정도 배격할 수 없었다

— 해방 직후의 분위기가 보통 선거를 비롯한 민주주의 제도 및
제헌 헌법에 어떤 영향을 줬는지 짚을 필요가 있다.

미군정 시기 남조선과도입법의원에서 보통 선거 법안을 만들
때 또는 1948년 5·10선거를 실시하기 위한 법안을 만들 때, 보통
선거를 배격하면서 할 수가 있었나? 해방 직후의 분위기를 생각하
면 그건 도무지 있을 수가 없는 일이었다. 불가능했다. 이 점과 관련
해 일제 때 독립 운동을 중시해야 한다고 앞에서 이야기하지 않았
나. 보통 선거 취지가 이미 1919년에 아주 명백하게 나타나지 않나.
해방 후엔 그런 분위기가 훨씬 더 강하게 나타난다.

1947년 보통 선거 법안을 통과시킬 때 선거권자 및 피선거권자
의 연령 제한을 지나치게 높이려 한 데서도 드러나듯이 해방 직후
에 이승만 측, 한민당 측은 보통 선거 법안 취지에 어긋나는 주장을
했다. 이와 달리 좌파는 물론 김규식 같은 중도파조차 보통 선거 실
시는 말할 것도 없고 '투표 연령을 20세로 해야 한다'고 주장하는
것을 볼 수 있다. 그리고 지금으로 말하면 정당 명부제와 비슷한 취
지로 보이는데, 비례 투표제까지 주장하는 걸 볼 수 있다.

그런 상황에서 보통 선거 법안 연령 제한 문제가 1947년에 여
러 논쟁을 야기하고 남조선과도입법의원 의장이던 김규식이 사표까
지 내면서 싸우는 것을 볼 수가 있다. 그리고 이미 북한에서 1946
년 11월 3일에 북조선인민위원회 수립을 위한 투표를 했는데, 보통
선거 형태였다. 다만 흑백함 투표 부분을 두고 이런저런 해석이 나

오는 선거였다. 그러니까 당시 한국의 정치 수준이나 각 정당과 사회단체의 주장을 볼 때, 더욱이 북한에서 이미 그렇게 나온 마당이기에 어쩔 수 없는 상황 때문에도 미국이 따를 수밖에 없었다. 그렇게 보는 것이 더 현실에 맞다.

— 민주주의가 이식됐다는 데 무게를 두는 시각엔 '당시 한국인들이 민주주의를 할 역량을 갖췄다고 보기 어려운 상황 아니냐'는 인식이 녹아 있는 것으로 보인다.

유럽 등지에서 쓰레기통과 장미를 운운하면서 '한국이 자유민주주의를 실시하고 지켜나갈 만한 나라냐', 이런 비판을 많이 했는데 그것도 한국을 아주 왜곡한 것이다.

뭐냐 하면 최초로 치러진 선거인 1948년 5·10선거 및 1950년 5·30선거가 단정 운동 세력인 한민당 측이나 이승만 지지 세력에 의해 문제가 많이 생긴 건 사실이지만, 그 이후에 치러진 선거에 비하면 그래도 공정한 편이었다고 난 보고 있다. 5·30선거 때는 대통령이 직접 중도파 민족주의자들을 찍어선 안 된다고 연설하고 다녔고 성시백 간첩단 사건이라는 그야말로 대형 간첩단 사건이 터졌는데도 그랬다. 그건 5·10선거나 5·30선거는 훗날 치러진 선거들에 비하면 관권이 개입하기 어려웠고, 해방 직후의 분위기가 작용하고 있어서였다. 또 유엔 위원단이 나름대로 감시하고 있었다. 그래서 공명선거를 할 수 있다는 것을 한국인들이 만천하에 과시한 것이라고 본다.

그렇다면 언제부터 부정 선거가 그렇게 고약한 형태로 나타나면서 자유민주주의의 취지를 근본부터 왜곡하느냐. 1952년 8·5 정

해방과 분단

1952년 8월 5일 정부통령 선거. 지지자들이 후보자의 대형 초상화를 들고 거리 유세를 벌이고 있다. 이때부터 부정 선거가 고약한 형태로 나타났다. 사진 출처: e영상역사관

부통령 선거부터다. 그리고 소위 비상사태라는 걸 내세우면서 얼마나 계엄을 많이 선포했나. 계엄은 이승만 정권만이 아니라 특히 박정희 정권이 많이 선포했다. 아울러 유신 체제 같은 걸 만들어 보통 선거와 자유민주주의를 짓뭉개고 무색하게 만들지 않았나. 민주주의와는 너무나도 어긋나는 통치를 하지 않았나. 거기엔 미국의 책임도 많이 있다. 미국은 이런 걸 갖고 비판해야 하는데, 그렇게 하지 않고 '한국은 민도民度가 낮다. 신탁 통치를 시행하는 게 마땅하다.' '민주주의를 시행할 능력이 없다'는 식의 이야기를 많이 했고, 부정 선

거를 저지르거나 민주주의 헌법을 유린한 극우 반공 독재 정권을 적극 지지하고 지원했다. '한국은 민도가 낮다'는 논리로 도매금으로 넘겼으니, 1980년 광주항쟁 이후 미국에 대한 강한 비판이 나타날 수밖에 없지 않았겠나. 이런 점도 생각해야 한다.

평등주의 강조한 제헌 헌법, 자유방임주의와 거리 멀었다

—— 일각에서는 대한민국이 세워질 때부터 자유방임주의 성격이 강한 자유 시장 경제를 지향한 것처럼 이야기한다. 그러나 제헌 헌법만 살펴봐도 그렇지 않았다.

제헌 헌법의 가장 중요한 특징은 평등주의다. 그 당시에도 보수적인 사람들도 제헌 헌법에 '통제 경제적 요소, 사회주의적 요소가 강하다'고 하고 그랬다. 여기엔 조소앙의 삼균주의가 살아 있다. 삼균주의가 뭔가. 국國과 국, 민족과 민족, 인人과 인은 다 평등해야 한다는 것 아닌가. 국내적으로는 우선 정치적 평등이다. 이건 보통 선거를 가리키는 것이다. 5·10선거로 실시가 된 것이다. 그다음에 교육적 평등이다. 이걸 독립 운동 세력도 많이 강조했다. 이건 제헌 헌법에 '교육에 있어서 평등을 기한다'고 쓰여 있다. 그리고 제일 많이 나타나는 것이 경제적 평등이다. 이걸 모든 독립 운동 세력이 들고 나온다는 것은 누누이 얘기하지 않았나.

그래서 헌법 전문에 또 반복된다. 전문에 '정치, 경제, 사회, 문화의 모든 영역에 있어서 각인의 기회를 균등하게 한다', 이렇게 딱

못을 박아놨다. 구체적인 헌법 조항에 국유와 국영의 원칙이 있었는데, 이건 지하자원이나 중요 기업을 포함한 것이었다.

— 친일파와 손잡은 이승만, 지주와 부르주아를 기반으로 한 한민당의 힘이 강할 때인데도 그런 내용이 들어간 것은 주목할 만하다.

이승만 측이나 한민당에서는 이런 걸 견제하려고 했다. 이 헌법은 놀랍게도, 현실에서 실시되진 않았지만, 노동자들한테 균점권까지 주려고 했다. 경영 이익이 나오면 그걸 노동자들이 자본가와 나누는 거다. 이게 헌법에 균점권('사기업의 근로자는 이익 분배에 균점할 수 있다')으로 들어가 있었다. 일각에서 '경영권에까지 노동자들이 참여해야 한다'는 주장도 했으나, 이건 보수 세력이 반발해 빠졌다.

지적해야 할 사항이 여럿 있긴 하지만, 그래도 우리 제헌 헌법은 참 훌륭하다. 이건 일제 때 독립 운동, 민중의 소망, 해방 직후의 분위기와 열기가 제헌 국회에 강하게 남아 있었기 때문이다. 또 소장파가 얼마나 앞장섰는가. 그래서 이승만 측과 한민당 측 보수 세력이 반대했음에도 반민법, 농지 개혁법과 마찬가지로 좋은 헌법이 만들어졌다. 이 점을 거듭 강조할 필요가 있다.

● 국민 경제의 균형 발전을 위해 중요 산업의 국유화를 규정한 조항 등은 1954년 사사오입 개헌 때 바뀌었다.

친일파

이승만의 6월 공세
역사를 과거로 퇴행시키다

친일파, 첫 번째 마당

김 덕 련 일제의 지배에서 벗어난 지 오래됐는데도 친일파 논란은 계속되고 있다.

서 중 석 2015년은 해방된 지 70년이 되는 해이다. 1945년 이전의 행위를 지금도 문제 삼으며 단죄해야 한다는 말이 나오는 대표적인 경우는 나치 협력자나 친일파다. 그건 그만한 이유가 있어서 그런 거다. 친일파가 계속 문제가 되는 이유 중 하나는 과거의 문제가 아니라 결국 현재의 문제로 자꾸 부각되기 때문 아니겠나. 뉴라이트나 수구 언론에서 친일파를 계속 옹호하는 걸 보더라도, 그만큼 그 사람들에겐 중요한 문제, 현재의 문제란 생각이 든다. 지난 교학사 교과서 파동에서도 그런 면이 다분히 보인다. 이렇게 계속 살아 있는 문제가 되는 건 친일파 문제가 권력의 문제이기 때문에 그런 것 아닌가 하는 생각이 많이 든다.

반민족 행위를 해방 후 속죄하고 반성하면서 자기 분야에서 양심껏 살아가려는 노력을 했다면 지금 같은 친일파 문제가 생기지 않았을 것이다. 그러나 친일파와 그 후예가 수십 년간 권력을 장악하지 않았나. 그 후 한국이 개방적인 사회로 가면서, 저들이 권력에서 소외되는 경우가 생겼다. 그러면서 저들이 '이 권력을 어떻게든 놓쳐서는 안 된다'고 생각하게 됐고, 그런 것이 친일파 문제가 계속 생기는 이유가 아닌가 한다. 이승만 정권, 유신 체제 때도 잘 드러난 건데, 친일파의 중요한 특징은 권력을 맹신한다는 것이다. 권력을 계속 움켜쥐려면 상대방을 '종북' 같은 걸로 공격하는 것과 동시에 자신들의 뿌리와 연관된 것을 미화할 수밖에 없다. 그게 결국 친일파 옹호로 나타나고, 교과서 문제로도 드러난 것 아닌가 한다.

— 친일파라는 용어가 적절한가 하는 의문을 품는 이들도 있다. 엄밀한 개념이라기보다는 감정적인 표현 아니냐는 의문이다.

사실 그 문제는 학계에서 수십 년간 얘기됐다. 친일파란 말이 감정적이고 비학문적인 용어 아니냐, 다른 용어를 쓰는 게 적절하지 않느냐는 얘기였다. 그런 점이 있지만, 친일파 대신 민족 반역자, 매국노, 반민족 행위자, 부일 세력 등 다른 말을 쓸 경우 부적절하다는 생각이 들 때가 있다. 다른 말을 생각할 수도 있지만, 그런 용어들이 한말부터 일제가 패망할 때까지 친일파의 행위를 포괄할 수 있는 용어인가 할 때 부족한 부분이 많이 보인다.

친일파란 단어 속엔 근현대사가 녹아 있다고 할까, 한국인의 역사의식 같은 것들을 잘 보여주는 면이 있다. 한마디로 친일파란 말처럼 그들의 속성을 잘 보여주는 용어는 없지 않나 하는 거다. 친일파라는 단어에 문제를 느낄 수는 있지만 친일파를 일반적으로 분석하고 얘기할 때는 적절한 것 같다.

친일파는 나치 협력자에 버금가는
'용서받지 못할 자'

— 해방 직후엔 어떤 용어를 썼나. 또 역사적으로 친일파는 누구를 말하며, 한국인에게 친일파란 어떤 의미인가.

해방 직후에도 친일파란 말을 썼다. 일제 때도 많이 썼고. 다만 1947년 남조선과도입법의원에서 친일파 처단법을 만들 때 '부일附日

협력자'란 말을 썼는데, 당시 부일 협력자란 표현도 어느 정도 사용됐다.

왜 이 친일파란 단어가 그렇게 한국인한테 주는 의미가 분명하냐. 예컨대 유럽의 경우 프랑스에 친독파, 독일에 친영파가 있을 수 있다. 그 말엔 '문제가 심각하다'는 인식이나 죄의식 같은 게 들어 있지 않다. 한국과 마찬가지로 식민 지배를 겪은 인도에서 친영파, 필리핀에서 친미파란 딱지를 붙여 영국 혹은 미국과 관계가 있었던 자국인을 매도하는 경우도 별로 없다. 다른 동남아 국가도 마찬가지다. 외세에 대한 투쟁으로 유명한 베트남의 경우 중국, 일본, 미국은 미워해도 프랑스는 그다지 나쁘게 얘기하지 않는다. 일본에 대해서는 나이 많은 세대, 1940년대 전반기 역사를 경험한 세대가 아주 나쁘게 얘기한다. 우리처럼 당했기 때문이다.

그런데 한국에서 친일파라고 할 때는 인도차이나의 친불파, 인도의 친영파, 필리핀의 친미파와 그것이 의미하는 바가 다르다. 친일파와 친영파, 친불파는 본질적으로 다를 수밖에 없었다. 다 알다시피 일본은 유일한 비백인 제국주의 국가로 백인 제국주의 국가와 정치적, 경제적 발전 정도나 조건이 크게 달랐다. 또 똑같이 일제의 지배를 받은 대만이나 만주보다도 한국에 대한 지배 정책이 가혹했다. 한반도는 일제가 대륙을 침략하는 데 필수적인 지역이었는데, 한국은 오랫동안 독립 국가였고 예로부터 반일 감정이 강했기 때문이다.

일제의 지배 방식은 백인 제국주의 국가가 인도나 동남아를 지배하는 방식과 크게 달랐다. 일제 강점기에 한국인은 근대인이 누려야 할 기본적 자유를 박탈당했다. 무단 통치 시기와 1930년대 이후 군국주의 파시즘 통치뿐 아니라 이른바 문화 정치 시기에도 모든 신문, 출판물은 계엄하에서와 같이 전부 검열을 받았고, 옥외 집회와 정치적 활동은 끝내 용납되지 않았으며, 옥내 집회조차 엄격히 통제받았다. 중앙 의회도 존재하지 않았고, 총독은 대만과 다르게 언제나 군인이었으며, 일본 천황에게 직례直隷했다.[*] 영국이나 프랑스, 네덜란드, 미국이 인도나 동남아를 간접 지배하고 대부분 현지인을 관리로 썼지만, 한국의 경우 일본군이 2개 사단이나 주둔하는 가운데 직접 통치를 했고 관리의 60퍼센트 정도를, 그것도 고위직과 중요직을 모두 일본인이 차지했다. 한국인 일제 관리, 곧 친일파들은 가혹한 통치의 하수인으로서, 또 한국인을 직접 상대하며 억압과 수탈을 하는 앞잡이로서 역할을 하지 않을 수 없었다.

영국, 프랑스 식민지에서는 제1차, 제2차 세계대전에 대규모로 참전해 독일, 일본과 싸웠다. 독일, 일본과 싸우는 것이 자신들의 자유와 민주주의, 나아가 독립을 획득하는 길이 된다는 신념 때문이었다. 그와 달리 한국인 대다수는 일제를 증오했고, 일제 또한 1938년 지원병 제도가 생길 때까지 결코 한국인 병사를 받아들이지 않았다. 한국인 병사가 일제를 향해 총을 쏠 수도 있었기 때문이다. 극소수가 만주 군관학교나 일본 육사에 들어가 일본군이나 만주군 장교가 되었는데, 한국인 장교는 일본인 못지않게, 아니 더 열성적으로 일제에 충성을 다하겠다는 황국 군인이 되고자 했고 일본 천황의 간성干城이었으며 일제의 군국주의 침략 전쟁의 도구였다.

● 천황에게 직례했다는 건 조선총독이 천황을 제외한 다른 어떤 사람으로부터도 행정 감독을 받지 않았다는 것을 뜻한다. 달리 말하면, 조선 문제에 관한 한 조선총독이 일본 내각을 이끄는 총리대신에 버금가는 권한을 행사하며 천황에게 직접 보고하고 재가를 받았던 것으로 일반적으로 풀이된다. 그만큼 조선총독은 막강한 권한을 행사하는 자리였다.

친일파 하면 우선 대한제국 말기 매국노가 연상된다. 을사오적이 제일 많이 알려져 있지 않나. 나라 팔아먹는 데 앞장섰던 이완용, 송병준 같은 악질 친일파를 많이 떠올리게 된다. 그리고 3·1운동 이후 독립 운동이 활발해지자 그걸 탄압하는 데 앞장서고 민중을 감시한 자들을 친일파로 많이 본다.

1930년대 이후 특히 전시 체제로 갈수록, 한국인들은 친일파에 대한 반발심을 더 강하게 품게 된다. 1930년대 이후 억압의 강도도 월등히 높아졌을 뿐만 아니라 공출이나 강제 동원에 앞장선 자들이 한국인 가운데 많았기 때문이다. 군국주의 침략 전쟁에 나가라며 학병과 징병에 응하도록 권하거나 전쟁을 찬양하는 글을 쓰는 등의 방식으로 전쟁 협력 행위를 한 자들도 많았다. 무엇보다 일제 말에 민족의식을 완전히 말살하고 머리 꼭대기부터 발끝까지 철저히 일본인화해야 한다고 주장한 황국 신민화 운동이 벌어지지 않았나.

친일파 하면 사람들에게 이런 것들이 연상된다. 그러니까 한국인에게 친일파는 용서받지 못할 자 아닌가. 그런 의미에서, 한국의 친일파는 유럽의 나치 협력자와 거의 같은 뜻을 지녔다고 볼 수 있다.

── 일제 치하에서 일본에 협력하지 않은 사람이 얼마나 되겠느냐고 보는 시각도 있다.

친일파가 해방된 그날부터 줄기차게 펼친 주장이다. 예컨대 한국인 중 일제에 세금 안 낸 사람이 어디 있느냐는 식의 주장이다. 세금 중엔 농사짓는 데 꼭 필요한 수리세 같은 게 있다. 또 담배를 피우면 연초세를 물어야 한다. 일제 치하라고 담배 안 피울 수 있나. 수리세 내고 연초세 냈다고 해서 일제에 협력한 건가? 그리고 강제

동원돼서 끌려가고 강제로 공출한 것, 이런 것도 일제에 협력한 건가? 그 당시 한국인 중 어느 누구도 이런 걸 일제에 협력한 거라고 안 봤다. 당시엔 왜정 치하라고 했는데, 왜정 치하에서 악독하게 당한 거라고 봤다. 해방된 그날부터 한국인이 문제 삼은 대상은 마땅히 처단하지 않으면 안 되는 악질 친일파였다.

독일의 경우를 봐도, 제2차 세계대전 때 히틀러 지시로 전쟁에 나간 군인이나 공무원들을 다 협력자라고 몰아세우지도, 재판에 붙이지도 않았다. 반성해야 하는 행위임에는 틀림없지만, 그중 문제가 많은 사람과 그렇지 않은 사람이 있는데 전부 단죄 대상으로까지 얘기할 수는 없지 않겠느냐는 견해가 많았다.

— '그땐 다 협력했다'는 식의 공범론은 부적절하다는 뜻인가.

그렇다. 그런 식으로 친일파가 물귀신처럼 물고 늘어지는 것이다. 수렁에 같이 빠져 같이 죽자, 그렇게 주장하는 것이 우리가 사는 길이라는 참 파렴치한 논리다.

해방 후 반성은 없고
원성만 키운 악질 친일파

— 해방 직후 사람들은 친일파 문제를 어떻게 봤나.

대다수의 한국인은 해방을 정말 감격스럽게, 꿈같이 맞이했다. 그와 달리 공포 속에서, 하늘이 무너지는 것 같은 심정으로 맞이

1946년 제1차 미소공위에 참여한 안재홍, 스티코프, 김구, 이승만(오른쪽부터). 안재홍은 제1차 미소공위가 휴회한 이후 좌우 합작 운동에 참여하면서 친일파 처단을 주장했다.

한 사람들도 있었다. 악질 친일파다. 해방 직후 친일파 중 악질들은 다 도망쳤다. 당시 기록을 보면, 경찰의 경우 80퍼센트 넘게 뺑소니쳤다. 미군이 들어와서 '현직에 복무하라'고 지시할 때까지 무서워하며 도망 다니는 데 바빴다. 해방 직후 민중이 악질 친일파에 대해 얼마만큼 분노에 떨고 있었는가 하는 걸 단적으로 얘기해준다.

대부분의 정치 세력도 이구동성으로 친일파를 처단해야 한다고 주장했다. 다만, 한민당이 '친일파 문제는 차차 처리해도 된다'는 식으로 얘기했다. 그래서 한민당은 친일파 옹호파란 얘기를 많이 들었다. 또 이승만이 한국으로 돌아와 독립촉성중앙협의회(독촉중협)를 조직하는데, 여기서도 '친일파 처단을 지금 꼭 해야 하느냐'는 얘기가 나왔다. 한민당도 그렇지만 독촉중협에도 친일파가 많이 들어가 있었다.

존 하지와 장택상. 장택상은 미군정의
수도경찰청 청장에 임명되었다. 이때부터 친일
경찰들이 채용되었다.

안재홍 같은 중도 우파는 해방 직후 친일파 처단에 적극적이었다고 보기 어려운 면이 있다. 해방 직후 우익이 좌익보다 약했던 분위기를 반영해 친일파 문제에 적극적이지 않았던 거다. 그런데 제1차 미소공위가 휴회한 1946년 5월 이후 좌우 합작 운동에 참여하면서 안재홍 등 중도 우파가 친일파 처단을 주장한다.

그렇게 된 건 해방 후 친일파가 하는 짓거리가 이들에게 '이거 큰일 났다. 친일파가 우리 사회를 망치는 암적 존재 아니냐'는 위기의식을 갖게 했기 때문으로 보인다. 또 해방 후 부정부패가 아주 심했는데, 이걸 척결하려면 친일파 문제를 해결하지 않으면 안 되겠다는 생각을 갖게 한 거다.

사실 일제 때 친일파가 부정부패를 정말 잘했느냐고 하면 그렇진 않다. 조선총독부가 그런 것에 상당히 엄격한 면이 있었기 때문에, 친일파가 부분적으로 불법을 저지르긴 했지만 노골적인 부정부패 행위를 하긴 어려웠다. 그런데 해방 직후엔 친일파가 어디서나 부정부패와 관련돼 나타난다.

또 한국이 민주주의 사회로 가야 한다는 게 해방 후 대세였다. 그런데 민주주의로 나아가는 데 친일파가 암적 존재라는 생각을 많이 갖게 했다. 안재홍 같은 사람도 그걸 우려했다. 그것뿐만이 아니다. '미소공위가 휴회하면서 분단으로 치달을 가능성도 있는데, 친일파가 그야말로 분단 세력 아닌가. 분단만이 살길이라며 단정 운동에 앞장서지 않았나. 새 나라를 세우는 데 친일파처럼 심각한 문제가 없다.' 이런 생각을 많이 갖게 했다.

── 그렇잖아도 어려웠던 해방 직후 상황에서 부정부패는 경제에 치명타였을 것 같다.

해방 직후 '친일파를 빨리 처단해야 한다'는 주장이 많이 나온
건 민중을 억압하고 고문한 악질 친일 경찰 때문이다. 친일 경찰은
1946년 10월항쟁, 1948년 4·3사건과 여순사건이 일어나는 데 큰
역할을 했다.

그런데 사실 해방 직후 서민들이 친일파에 대해 악감정을 많이
품게 된 또 다른 이유는 친일파가 모리배 짓을 많이 해서다. 이게
신문에 많이 나온다. 일제 말에도 생활이 몹시 어려웠지만, 해방되
고 또 얼마나 어려웠나. 모두 허리띠 졸라매고 같이 고통을 참으면
서 어떻게 하면 이 경제 문제를 해결할 것인가를 생각해야 하는데,
친일파는 오히려 때를 만났다고 생각하고 미군정 등 권력과 결탁해
쌀 같은 생필품을 매점매석했다.

해방된 해 남쪽은 풍년이고 북쪽은 흉년이었는데, 나중에 남쪽
에서 품귀해서 쌀 소동이 일어난다. 10월항쟁이 일어난 것도 쌀 문
제와 관련이 있다. 일제 말에 고무신을 비롯한 생필품을 배급했고,
해방 후에도 그중 일부는 배급했다. 그런 생필품을 마구잡이로 사
재기했다가 값이 뛰면 팔고 그러니까 모리배에 대한 원성이 커질 수
밖에 없었다.

그래서 '친일파가 우리 생활을 고통스럽게 만드는 원흉 아니냐.
따지고 보면 모리배가 다 일제 때 악질 친일 행위를 한 자들이다.
경제가 잘 풀리기 위해서라도 친일파를 빨리 처단해야 한다'는 논리
가 많이 나타난다.

친일파 되살린
미군정과 이승만

── 그런 친일파가 살아나는 과정에서 미군정과 이승만의 역할을
빼놓을 수 없다.

잘못 유포된 주장 가운데 하나가 해방을 무조건 혼란기로 보
려는 견해다. 해방 직후엔 그렇게까지 심한 혼란은 없었다. 살상 행
위라든가 치안을 크게 어지럽히는 행위 같은 건 없었다. 역설적인
현상이지만 미군이 들어와 미군정이 설치되면서 오히려 혼란이 많
이 일어났다. 미군이 친일파를 적극 등용하면서 그런 일이 생긴 것
이다.

친일파 처단의 필요성을 강조한 데는 한국인들의 정의감, 해방
직후에 특히 느낄 수 있던 강한 정의감이 많이 작용했다. 그런데 당
시 주요 지도자 중 한 명이던 이승만 같은 사람은 국내에 정치 기
반도 없었고, 정치 자금 문제 같은 것도 작용했겠지만 친일파와 가
까이했다. 친일파 문제에 대해 애매모호한 태도를 취한 수준이 아니
다. '친일파를 비호하는 세력 아니냐', 이렇게까지 비난을 받았다. 이
승만은 주요 지도자 가운데 '친일파를 지금 처단해선 안 된다'고 공
공연하게 얘기한 대표적인 사람이었다.

그분은 상당히 교묘하다고 할까, 그런 면이 있었다. 뭐냐 하면
'독립 국가를 수립한 다음에, 우리 정부를 가진 다음에 우리 손으
로 처단해야지, 어떻게 남의 손에 처단되길 바라느냐. 외세에 의존
해서 하려고 하면 안 된다', 이런 아주 재미난 논리랄까 특이한 논
리를 폈다. 이승만은 권력에 굉장히 예민한 사람이었기 때문에 친일

1949년 반민특위 재판 광경.

파가 많은 경찰 간부들을 감싸거나 치하하기도 했다. 그런 식으로 경찰을 자신의 편으로 끌어들이는 데 적극 노력한 것으로 알려져 있다. 대한민국 정부가 수립되기 전에 이미 여러 경찰서나 지서에선 '이승만이 우리 최고 지도자'라며 그의 사진을 걸어둔 데도 있었다.

── 이승만 등이 친일파를 비호하는 속에서도 친일파 청산 노력은 계속됐다. 대표적인 것이 반민족행위특별조사위원회(반민특위)다.

1947년, 미군정 산하 기관이라고 볼 수 있는 남조선과도입법의 원에서 친일파를 단죄하기 위한 법을 만들었다. 한민당, 독립촉성국 민회(독촉중협의 후신) 등 이승만을 지지하는 세력의 반대를 딛고 통과됐다. 그런데 미군정은 친일파 청산에 워낙 소극적이어서 이 법을 공포하지 않았다. 김규식은 '그렇다면 입법의원 의장을 사임하겠다' 고 강경하게 배수진을 쳤다. 미군정은 처음엔 김규식의 의견을 존중

친일파

반민특위로 호송되는 친일파들. 두루마기를 입은 사람이 김연수 경성방직 사장, 그 뒤는 3·1운동 당시 민족 대표 33인 중 한 사람이었던 최린.

한다고 했지만 끝내 이 법을 공포하지 않았다.

대한민국 정부 수립이라는 계기를 만나면서 친일파 처단 문제 는 급물살을 탄다. 헌법을 1948년 7월 17일 공포하는데, 제101조 에 '반민족 행위를 처벌하는 특별법을 제정할 수 있다'는 조항을 집 어넣었다. 정부 수립 공표 전인 8월 5일엔 제헌 국회에서 '친일파 처 단을 위한 특별법을 만들 위원회를 설치하자'는 긴급동의안을 냈다. 그래서 그 날짜로 특별법기초위원회가 만들어졌다. 그리고 정부 수 립 공표 다음 날(8월 16일), 반민법이 바로 국회에 상정된다.

이건 뭘 얘기하느냐면, 제헌 국회가 헌법 다음으로 중요시한 게 친일파 처단이었다는 거다. 그래야만 제대로 된, 좋은 대한민국 을 세울 수 있다는 것에 대해 확고한 의지를 가지고 있었다는 거다. 그렇게 활동하게 된 건 무엇보다 친일파 처단이 긴급하고 절대적인 과제이자 우리 정부가 들어서는 마당에 더는 미룰 수 없는 과업이라는 총체적인 사회 분위기가 있었기 때문이다. 제헌 국회 의원들이 그걸 따라가는 것이었다고 볼 수 있다.

그러나 친일파는 미군정 시기에 이미 커질 대로 커졌고 이승만 정부 안팎에 집결해 있었다. 이들은 제헌 국회에 아주 강하게 반대하는 활동을 했다. 시내에서는 물론이고 국회 안에서까지 삐라를 뿌리면서 그런 활동을 했다. "대통령은 민족의 신성이다. 절대 순응하라", "민족 처단을 주장하는 놈은 공산당의 주구이다" 등이 적힌 삐라였다. 지금 여기저기 '종북' 딱지를 막 붙이듯이, 그때도 친일파가 자기들을 욕하는 사람들을 공산당 내지 그 주구로 몰아붙였다.

그럼에도 이 대통령은 반민법을 공포하지 않을 수 없었다. 반민법을 공포하지 않으면 양곡 관리 법안 같은 걸 국회가 통과시키지 않을 것 같아 보였기 때문이다. 양곡 관리 법안은 도시에 식량을 공급하는 것에 관한 법이었는데, 당시 긴급한 문제였다. 그래서 9월 22일, 할 수 없이 공포한 거다. 공포 다음 날(9월 23일), 친일파는 서울 시내 중심가에서 반공구국궐기대회를 대대적으로 열었다. 이승만 정부는 이걸 눈에 띄게 적극 지원했다.

힘으로 반민특위 짓밟은
이승만과 친일 경찰

── 우여곡절 끝에 탄생한 반민특위는 당시 큰 기대를 모았다.

반민특위는 1948년 10월 23일 구성돼 이듬해 본격적인 활동에 들어갔다. 1949년 1월 8일 친일파 거두로 원성이 높던 박흥식, 김연

수, 최린, 최남선, 이종형, 이광수 등을 구속했다.

그때까지만 해도 이 대통령이 아주 강하게 반발하지는 않았다. 그런데 반민특위가 그해 1월 24일, 이 사람들 못지않게 악명이 높던 친일 경찰들을 체포하기 시작하자 이 대통령은 "치안 혼란을 조장하는 것"이라며 강하게 반발했다. 친일 경찰을 석방하라고 요구했다. 국회는 그것에 응하지 않았다. 그러자 이 대통령은 반민법, 그중에서도 특히 반민특위가 3권 분립 원칙에 어긋난다고 공공연하게 비난하는 담화를 발표하면서 반민특위를 약화시키는 내용의 반민법 개정안을 냈다. 그런데 국회는 그 개정안이 국회로 오자마자 표결에 부쳐 부결시키고 정부로 그대로 이송한다. 그야말로 속사포식으로 일을 처리했다.

어째서 국회가 이렇게까지 나오느냐. 제헌 국회 의원들은 1948년 5·10선거에서 당선된 사람들이고 그중 다수는 이승만 지지 세력, 한민당 계열, 곧 단정 세력으로 볼 수 있다. 그 세력들이 상당수 동조하지 않았으면 이런 국회가 성립될 수 없었던 것 아니냐고 얘기할 수 있다. 이건 당시 친일파 처단에 대한 국민의 뜻이 얼마나 강렬했느냐를 단적으로 얘기하는 것이다.

— 이승만 정부는 결국 힘으로 친일 청산 노력을 짓밟았다.

이 대통령은 반민법을 무력화하려 한다. 그러면서 유명한 6·6 반민특위 습격 사건(1949년 6월 6일)이 일어난다. 이걸 단순히 반민특위 습격 하나로만 보면 안 된다. 그 시기에 일어난 다른 사건들, 그러니까 국회 프락치 사건, 6·26 김구 암살 사건과 함께 봐야 한다. 이게 학계 일부에서 얘기하는 이승만 대통령의 '6월 공세'다. 이승만의 행위를 학계에서 역사를 과거로 퇴행시키려는 노력으로 보는 거다.

제헌 국회에서 반민법을 시행하는 데 중심적인 역할을 했던 것이 국회 프락치 사건으로 걸려드는 노일환 의원을 비롯한 소장파다. 또 국회 밖에서 김구, 김규식 같은 독립 운동 세력이 강하게 버텨주니까 국회가 그런 활동을 했던 건데, 반민특위는 경찰에 습격당하고 국회 프락치 사건이 일어나고 버팀목이던 김구가 암살되면서 친일파 처단은 결국 유야무야되고 만다.

친일파가 얼마나 무서운 존재인가 하는 건 1987년 6월항쟁이 일어날 때까지 친일파 문제가 거의 거론되지 못한 데서 잘 드러난다. 1949년부터 1987년까지 38년 동안 그랬다. 극단적인 극우 반공 체제를 유지하던 시기엔 얘기조차 꺼내기 어려운 문제였다. 친일파 문제는 6월항쟁 이후 한국 사회에 민주주의가 자리 잡아가면서 본격적으로 다시 등장한다.

박정희의 친일 행적은
어떻게 비밀이 됐나

친일파, 두 번째 마당

김 덕 련 1949년 이승만 정부가 반민특위를 힘으로 눌렀다. 그렇게 수면 아래에 묻히는 듯했던 친일 청산 문제를 되살린 인물이 임종국이다. 임종국이 쓴《친일문학론》은 친일 문제 연구에서 기념비적인 저작으로 꼽힌다.

서 중 석 그 책이 1966년에 나왔다. 1967년에 내가 대학에 들어갔는데, 그 무렵 그 책을 우연히 샀다. 그 시기에 친일파 문제에 관심이 있어서는 아니었던 것 같은데, 어쨌건 이 책이 집에서 없어졌다. 그런데 1970년대 들어 이 책을 꼭 다시 봐야겠다는 생각이 들었다. 유신 체제를 제대로 인식하기 위해서였다.《친일문학론》에서 봤던 일제 말 친일파의 논리와 유신 체제의 논리가 너무나 흡사했다. 그래서 이 책을 다시 구해야겠다고 해서 청계천을 두 번 이상 이 잡듯이 뒤졌다. 하지만 끝내 찾지 못했다.

그 책을 구하러 다닐 때 얘기를 들었다. '처음에《친일문학론》이 나왔을 때 친일 행위와 관련된 자들이 순식간에 책을 사버렸다. 그래서 남아 있는 게 별로 없다. 또 이 책이 그다음에 못 나오게 돼 있다.' 사실 1980년대에도 이 책은 금서 목록에 들어 있었다. 그만큼 친일파 문제가 세상에 알려지는 걸 친일파, 극우 반공 세력이 두려워했던 것이다. 그건 뭘 얘기하느냐면, 1949년 반민법 파동 이후 한국인들의 머릿속에서 친일파 문제가 지워지도록, 친일파 문제를 다시는 거론하지 않도록 하는 권력의 작용이 있었다는 것이다. 극히 일부 학계를 제외하고는 극단적인 반공 체제가 그렇게 가도록 한 것이다.

하여튼 언제인지는 분명하지 않지만 6월항쟁 이전에《친일문학론》을 다시 구했다. 다시 한 번 세밀하게 정독하고 노트에 주요 내용을 옮겨놨던 게 기억난다.

── 앞에서 6월항쟁 때까지 친일 문제가 거의 거론되지 못했다고 말했다.

친일파에 대한 연구가 전혀 없었던 건 아니다. 《친일문학론》이외에도 김대상이라는 분이 친일파 문제에 대해 상당히 좋은 글을 썼다. 반민법 파동에 대한 연구라고 볼 수 있다. 그리고 1970년대부터 몇몇 비판적인 학자들 사이에서 '이렇게까지 잘못된 독재 체제가 들어선 건 해방 후 친일파 처단이 안 됐기 때문'이라는 주장이 나왔다. 1979년에 1권이 나온 《해방 전후사의 인식》에서도 친일파 문제를 중요하게 다뤘다.

이것들 말고는, 친일파에 관한 연구가 6월항쟁 이전엔 별반 없었다. 《친일문학론》이 나오기 전엔 제대로 된 연구가 없었다고 얘기해도 지나친 말이 아니다. 친일파 연구가 본격적으로 이뤄지고 많은 국민에게 이 문제가 알려진 건 6월항쟁 이후다.

친일 문제 틀어막은 극우 반공 정권
비밀로 묻힐 뻔했던 박정희 친일 경력

── 극우 반공 체제가 사실상 입을 틀어막은 셈이다.

그러다보니까 이해하기 어려운 현상이 일어나고 그랬다. 예컨대 18년, 그것도 우리 현대사에서 제일 가운데 토막이라고 볼 수 있는 시기를 지배한 박정희 같은 분과 관련해서도 그랬다. 생전에 박정희의 전력이 문제가 된 적이 있었다. 1963년 대통령 선거 때 윤보선 후보가 '박정희 후보의 사상의 전력이 의심스럽다'고 한 거다. '박정희 후보가 1948년에 발생한 여순사건과 관련이 있다', 이런 식으로 얘기하고 나왔다. 그것만으로도 당시 사람들이 깜짝 놀랐다. 그러나 사실 그때 세상에 그렇게 널리 알려지지는 않았다. 왜냐면 동아일보가 박정희와 여순사건 관련 기사를 호외로 냈는데 그 호외가 거의 돌지 못했다. 특수 기관에서 대부분 압수했다고 그런다.

박정희는 해방 후 군 내부의 남로당 프락치였고 그중에서도 핵심 위치에 있었다. 그 점이 중요했던 건데, 내가 여기서 문제 삼는 건 윤보선 후보 쪽에서 그 중요한 대선에서조차 그런 정보를 몰랐다는 것이다. 그걸 알고 있던 군인들이 전혀 얘기를 안 한 것이다. 다만 박정희가 여순사건 직후에 재판을 받았다고 하니까 여순사건과 관련된 것 아니냐는 판단을 했던 것으로 보인다.[*]

2012년 대선 때 '박정희가 일본 군인이던 시절 쓴 이름이 다카키 마사오였다'는 얘기가 TV 토론에서 나왔다. 박정희의 친일 전력이 거론된 지 적잖은 시간이 흘렀음에도 '그때 그런 이야기를 처음 듣고 놀랐다'는 사람이 꽤 있었다고 하더라. 친일파 문제에 대해 우리 사회가 얼마나 쉬쉬했는지를 잘 보여주는 사례다. 박정희처럼 중요한 인물이 일제 때 무슨 일을 했는지, 그 사람이 어떻게 창씨개명을 했는지 잘 모른다는 건 정말 이해하기 어려운 일이다.

---

[*] 박정희 전 대통령은 여순사건에 직접 관련된 것이 아니라, 여순사건 후 진행된 숙군 과정에서 남로당 프락치라는 사실이 드러나 재판을 받았다.

── 친일 행적을 입증할 자료를 찾기 어려운 경우가 있는 것과도
관련 있어 보인다.

그렇다. 친일파 관련 자료 문제가 얼마나 풀기 어려운가 하는
건, 1950~1970년대 연구와 관련해 얘기할 것들이 많이 있다. 예를
하나 들면《친일인명사전》이 나올 무렵이었다. 그때 박정희 문제와
관련해 민족문제연구소가 재판을 받고 있었다. '그 시기에 특별한
문서가 나오지 않았더라면 그 재판이 어떻게 됐을까' 하고 얘기하
는 사람들이 있다.

무슨 얘기냐면, 그 재판이 진행되던 중 박정희가 만주국 군관
으로 받아달라며 혈서를 썼다는 '혈서 군관 지원'이란 제목의 만주
신문(1939년 3월 31일 자) 기사가 공개됐다. 박정희가 '천황한테 진충보
국하겠다'며 만주군관학교 입학을 허락해달라고 하지만 처음엔 허
가가 안 났다. 그래서 다시 지원하면서 혈서를 쓴 것이다. "한 번 죽
음으로써 충성하겠다", "목숨을 다해 충성을 다할 각오"라는 등의
내용이었다. 이 자료가 공개되면서 민족문제연구소에 유리하게 재판
이 전개됐다.《친일인명사전》이 무사히 나오는 데 결정적인 역할을
했다.••

친일반민족행위진상규명위원회(2005.5.31.~2009.11.30.)가 활발히
활동하던 때에도 박정희 관련 문서를 찾으려고 일본은 말할 것도
없고 연변을 포함한 만주 쪽으로 많이 수소문한 것으로 알고 있다.

•• 2009년《친일인명사전》발간을 앞두고, 박 전 대통령의 아들 박지만 씨는《친일인명사
전》에 부친의 이름을 싣는 것과 사전을 배포하는 것을 금지해달라며 가처분신청을 냈
다. 그 후 박 전 대통령의 친일 행적을 더욱 명확하게 보여주는 만주신문 자료가 공개됐
다. 법원은 그해 11월 박 씨의 신청을 기각했다고 밝혔다.

박정희가 만주국 군관학교 생도로 받아달라며 혈서를 썼다는 '혈서 군관 지원'이란 제목의 만주 신문(1939년 3월 31일 자) 박정희 관련 기사.

그런데 당시엔 이 만주신문 자료를 끝내 못 찾았었다.

하여튼 친일파에 관한 자료가 1980년대까지도 참 적었다. 친일 파에 대해 연구하거나 친일파 문제를 공개적으로 거론하는 것을 더 어렵게 만든 요소 중 하나였다고 볼 수 있다. 친일파 연구의 어려움 을 보여준 대표적인 사례가 《친일문학론》의 우여곡절이다.

나치 처단과 너무나 다른 친일파 처리
악질 친일파 대량 출현은 일제 말

── 지금까지 이야기한 여러 요인이 겹치면서 박 전 대통령의 '은밀 한 과거'는 오랫동안 비밀 아닌 비밀로 유지됐다. 다른 문제를

짚어봤으면 한다. 해방 후 친일파 청산 좌절을 나치 협력자를 단호히 처단한 프랑스와 대조하는 경우가 적잖다.

나치 협력으로 단죄나 비판의 대상이 된 프랑스 사람이 100만 명이 넘는 것으로 알고 있다.[*] 15만 명 이상이 정식 재판소에서 사형이나 각종 징역형을 받았다. 벨기에와 네덜란드에서도 나치 협력 문제로 각각 5만 건 이상의 징역형 판결이 내려졌다. 덴마크에서도 징역형을 받은 사람이 1만 명이 넘는다.

이처럼 유럽에선 나치 협력자에 대한 처단이 제2차 세계대전 종전과 함께 중요한 역사적 과제였다. 거기에 비해 한국은 제대로 안 된 정도가 아니라 너무나도 잘못된 방식으로 끝나고 말았다. 이게 큰 문제다.

— 이와 관련, 35년간 식민 지배를 당한 한국에선 독일에 점령된 기간이 4년밖에 안 되는 프랑스처럼 하기 어려웠다는 주장도 있다.

그렇지 않다. 두 가지를 얘기할 수 있다. 일제 지배 기간이 길었다, 이런 얘기를 하는데 친일파가 언제 대거 생겨나는지를 살펴볼 필요가 있다. 한말 매국 행위자들은 숫자가 그렇게 많지 않았다. 1930대 전반기까지 독립 운동을 탄압하고 민중을 감시하는 악질적 행위를 했다고 판단되는 자들도 그렇게 많지 않다. 친일파가 언

•　한 연구에 따르면 나치 협력자 숙정 조치에 관련된 프랑스인은 150만~200만 명에 달한다. 주섭일, 프랑스의 나치 협력자 대숙청,《역사비평》1995년 봄호.

제 대량으로 생겨나는가 하면, 1937년 중일전쟁 이후 전시 체제가 강화되고 일제의 군국주의 침략 전쟁이 아주 거세지면서다. 한국인에게 군인, 관리뿐만 아니라 낯익은 사회 지도자, 명사, 유지, 개신교·불교·천도교 등의 종교 지도자, 유림, 문인, 학자 등이 대거 친일 행렬에 가담해 아시아·태평양전쟁에 돌입하면서 친일파 문제가 과거 어느 때보다 심각한 문제로 등장한다. 그러니까 한국에서도 이 문제가 특히 심각했던 건 프랑스를 비롯한 유럽이 나치에게 당했던 것과 거의 같은 시기다. 이 점을 우선 명확하게 할 필요가 있다.

그때는 어쩔 수 없었다?
친일파, 전범 뒤에 숨어 책임 회피할 처지 아니다

── 다른 하나는 무엇인가.

제2차 세계대전이 끝난 후 나치 우두머리들은 뉘른베르크 전범 재판, 일본 전범들은 도쿄 재판을 받게 된다. 그에 더해 유럽 각국과 중국, 러시아, 미국 등에서 전쟁 협력자에 대한 재판과 처형이 이뤄진다.

뉘른베르크 재판이나 도쿄 재판 같은 건 역사상 한 번도 없었다. 그전엔 전쟁에 진 나라가 배상하거나 영토를 할양하거나 식민지가 됐다. 전범 재판에서 인도人道에 반하는 죄를 처단해야 한다고 한 건 제2차 세계대전에서 최초로 등장한 새로운 개념이었다. 그만큼 인류가 새로운 사회로 나아가고 있다는 걸 이야기하는 것이다. 나치와 일본 군국주의자들처럼 비인도적 행위를 저지른 세력이 다

1937년 중일전쟁 당시의 일본군. 중일전쟁 이후 전시 체제가 강화되고 일제의 군국주의 침략 전쟁이 아주 거세지면서 친일파가 대거 생겨났다.

시는 발호하지 않도록 처단해야 한다는 것이 인류사의 방향이었다.

일제 말 친일파에게도 그런 면이 있었다. 공출, 징용, 학병 같은 것에 한국인들이 적극적으로 호응해야 한다고 주장한 것 자체가 전쟁에 적극 협력했음을 의미하는 것이다. 일제의 침략 전쟁을 적극 옹호하는 글을 쓴 것도 나치 전범이나 일본 군국주의 전범과 마찬가지로 인도에 반하는 행위를 저지른 것이라고 볼 수 있다.

일제 말 친일파에 대해 대부분이 윤치호, 이광수, 최남선 등 유명 인사를 떠올리고 군인들을 제쳐두는 경우가 있는데, 이 점에 대해서도 좀 더 생각해봐야 한다. 뭐냐 하면 일제의 군인이 되면, 일본군이든 만주군이든 군국주의 침략 전쟁의 첨병이 된다는 사실을 너무나 잘 알면서 일부 청년들이 만주군관학교나 일본 육사에 갔다. 한반도를 지배한 일본 제국주의자들은 대만에 대해 한 것과 달리 총독을 한 명도 예외 없이 군인으로 임명했다. 특히 1930년대 이후에는 군국주의 침략의 우두머리 군인이었다는 점이 말해주듯 일제의 군인 정신에 의해 위압적이고 무단적으로 통치를 했는데, 1930년대 이후 일제의 군인들은 대다수가 군국주의 파시즘에 충만한 자들이었고, 그 점에서 한국인 장교들도 마찬가지였다. 한국인 경찰이 일본인 경찰보다 훨씬 더 악질이 많았다는 독립 운동자들의 얘기가 시사하듯, 그들은 우리 독립군이나 중국의 민족 해방 투쟁을 탄압하고 제거하는 데 일본 군인보다 더하면 더했지 결코 떨어지지 않았다. 그래야만 일본 군인으로서 출세할 수 있다고 믿었던 것이다. 또 그들은 한국인 중에 가장 철저하게 이미 황국 신민이 돼 있어, 소위 황국 군인으로 '황국의 간성'이 됐다. 우리 역사에서 이러한 점을 절대로 간과해서는 안 된다.

—— '그때는 어쩔 수 없었다'는 식으로 전범 뒤에 숨어 책임을 회피할 처지가 아니라는 이야기로 들린다.

그렇다. 그에 더해 일제 말 친일파는 도저히 씻으려야 씻을 수 없는, 용서받기 어려운 또 하나의 악질적인 행위를 했다. '민족의식을 말살해야 한다, 한국인은 영원히 일본인이 돼야 한다, 일본 천황의 적자가 되도록 온몸을 바쳐야 한다'며 황국 신민화 운동을 심해도 너무나 심하고 낯부끄럽게 펼치지 않았나. 유지, 명사, 종교계 지도자 상당수가 거기에 가세했다. 이건 그 이전 친일 행위하고도 다르다. 예컨대 1910~1920년대에는 '민족의식을 완전히 말살해 일본인이 돼야 한다'는 주장까지는 안 했다. 그런데 일제 말엔 그렇지 않왔다. 이걸 중시해야 한다.

그래서 친일반민족행위진상규명위원회에서도 일제 말 황국 신민화 운동을 펼친 자, 군국주의 침략 전쟁 찬양 활동에 가담한 자들을 친일반민족행위자로 규정했던 거다. 그 수가 아주 많다. 대한제국 말기부터 중일전쟁 이전 시기에 친일반민족행위자로 규정한 숫자를 합친 것 못지않게 많다.

앞에서 친일파는 인도의 친영파, 베트남의 친불파, 필리핀의 친미파와 다르다고 설명했다. 지금까지 얘기한 것을 종합하면 다음과 같은 사람들을 친일파로 부를 수 있을 것이다. ①일제의 지배는 백인 제국주의 국가의 지배와 크게 달랐는데, 그러한 일제 지배에 협력해 반민족 행위, 매국 행위를 한 자, ②프랑스 등 유럽 여러 지역의 나치 협력자와 똑같이 일본 군국주의 파시즘의 비인도적 침략 전쟁을 옹호, 찬양, 협력하여 전쟁 범죄를 저지른 자, ③일본 군국주의 파시즘의 한국인 민족 말살 정책에 부화뇌동하고 앞장서 범죄를 저지른 자. 이런 점에서 친일파는 인도의 친영파, 베트남의 친불파, 필리핀의 친미파와 명백히 구별된다고 할 수 있다.

친일파 세상,
어떻게 이런 나라가 있을 수 있나

친일파, 세 번째 마당

김 덕 련 친일파 중에도 반성한 사람이 아주 소수 있다. 기억할 만한 반성으로 어떤 게 있나.

서 중 석 기억할 만한 반성이 그렇게 많진 않다. 그러나 일제 때 기술직에 종사했던 하급 관리들, 어쩔 수 없이 일제가 시키는 행위를 했던 사람들은 해방이 되자 '반성하고 새로운 마음으로 새 나라를 세우는 데 기여하겠다'는 생각을 많이 했다. 그런 분위기를 전해주는 자료들은 나온다. 악질 친일파만 다시 권력에 빌붙어 자기들 세상을 찾으려 혈안이 된 것이지, 반민족 행위를 했던 이들 중 다수는 '다시는 그런 잘못을 범하지 않겠다'는 생각을 해방 직후엔 상당히 했던 것 같다. 그런데 친일파 세상이 되면서 참회가 흐릿해지고 '친일 행위를 한 게 뭐가 어때. 남들 다 한 것 따라 했는데', 이런 식으로 합리화하는 게 나온다.

친일 행위 반성은 그 당시 사람들 사이에서 조금씩 편린이 보인다. 대표적으로, 우리가 잘 아는 채만식이라든가 《문장강화》의 저자 이태준을 거론한다. 채만식은 일제 말에 상당했다. 황국 신민화 운동이나 군국주의 침략 전쟁을 미화하는 글을 꽤 발표했더라. 그러나 해방 후 여러 형태의 글을 통해 반성한다.

── 같은 문인인 이광수는 다른 태도를 취했다.

이광수는 반민법 재판에서조차 자기 행위를 변호하고 그게 민족을 위한 것이었다는 파렴치한 주장을 해서 많은 분노를 샀다. 일제 말 '미칠 광狂' 자 광수라고까지 불릴 정도로 심한 짓을 했던 이 사람은 해방 후 부인하고 한때 이혼 절차를 밟았다. 친일 행위 때문에 재산 문제가 어떻게 될지 모르겠으니까 이혼 절차를 밟아 자식들 문제, 부인 문제를 해결하려 했던 것 아니겠나. 굉장히 영악한 사람이다. 이렇게까지 하면서 자기 행위를 계속 옹호했다.

반면 최린은 이광수만큼은 아니어도 일제 말에 친일 행위를 심하게 했는데, 해방 후 상당히 반성했다.[•] 그래서 사람들이 '이광수보다는 그래도 낫다'고들 했다.

— 반성하지 않은 친일파 중엔 그 후 승승장구한 경우가 많다.

자유당 정권에서 특히 악질이었던 이들 가운데 친일 행위를 반성하지 않는 사람들이 있다. 예컨대 1960년 3·15 부정 선거 때 자유당 정부통령 선거대책위원장으로서 선거를 총괄했던 한희석도 그렇다. 일제 때 고등문관 시험에 합격해 군수를 했는데, 그것에 대해 아주 좋아하기만 할 뿐 반성하는 대목이 보이지 않는다. 대개는 겉으로라도 반성하고 그러지 않나. 그런데 그런 것도 안 나온다. 그걸 보며 '역시 일제 때 출세욕에 불타 친일 행위를 한 사람은 해방 후에도 똑같이 그런 짓을 하는구나' 하는 생각이 많이 들었다.

사실 박정희 그분도 일제 때 행위에 대해 반성한 적이 있느냐. 많은 사람이, 그 양반은 일제 때 일본 군인 정신이 투철했고 그걸 자기 정체성과 결부해 자부심을 가지면 가졌지, 일본 군인이었다는 것에 대한 반성은 없었다고 이야기한다. 박정희는 저서나 각종 글,

---

> [•] 최린은 천도교 지도자로 1919년 3·1운동 당시 민족 대표 33인 중 한 사람이었으나 변절했다. 1949년 반민특위 법정에서 최린은 참회하며 "민족 앞에 죄지은 나를 광화문 네거리에서 사지를 찢어 죽여라"라고 말했다.

담화문, 연설문 등 대단히 많은 자료를 남겼는데, 일본 군인이었다는 점을 반성한 것은 아직까지 찾아보지 못했다. 유신 체제가 나오는 건 그런 면에서 필연성이 있지 않느냐고 생각할 수도 있을 것 같다.

"공과 한꺼번에 봐야 하지만
애매하게 친일 호도해선 안 돼"

─── 친일파라 하더라도 공功과 과過를 함께 봐야 하는데 친일 청산을 주장하는 이들이 그렇게 하지 않는 것 아니냐는 의견도 있다. 교학사 교과서가 친일 행적이 뚜렷한 최남선에 대해 '상훈법에 비춰 포상한다면 어떤 상이 적절할까'라는 내용을 담은 것도 같은 맥락이다.

당연히 어떤 경우든 공과 과를 한꺼번에 봐야 한다. 1987년 6월항쟁 이전에 극우 반공 세력이 친일파 연구는커녕 거론하는 것조차 어렵게 했던 게 큰 문제이지, '친일 행위를 한 모든 사람이 비난 대상이다', 이렇게 얘기할 수는 없다. 악질 친일 행위 또는 고위직으로서 한 친일 행위, 매국 행위, 황국 신민화 운동이나 군국주의에 가담한 것이 특히 문제가 되는 것이다.

이광수나 최남선 같은 경우도, 그 사람들이 사회에 끼친 좋은 점은 그것대로 써줘야 한다. 다만 그들이 나쁜 짓을 했다면 이것도 그대로 써줘야 하는데, 이번 교학사 교과서는 그게 아닌 것 같다. 어떤 부분을 합리화하기 위해 묘한 논리를 주장하는 것 아닌가. 반대로 친일파였다가 과거를 뉘우치고 독립 운동을 했다는 증거가 뚜렷하게 드러난다면 그건 치하할 일이다. 친일 행위를 했더라도 해방 후 참회하고 올바른 일에 적극 나섰다면 그것도 평가해줘야 한다.

—— 이 문제와 관련해 더 살펴볼 만한 사례로는 어떤 것이 있나.

난 이 문제를 말할 때 홍난파 얘기를 많이 한다. 홍난파는 민족적 감성이 잘 담긴 곡을 여럿 남겼다. 그런 점에서 기여를 많이 했고 그것은 높이 평가해야 한다. 그러나 일제 말 홍난파가 황국 신민화 운동이나 군국주의 침략 전쟁을 찬양한 건 아주 강도가 심하다. 그런 점을 무시하고 그 이전의 홍난파만 중심에 놓고 찬양하려 하거나, 일제 말에 한 걸 간단하게 처리하고 그 이전 것을 미화해서 포장하려 해선 안 된다. 거듭 강조하지만 일제 때 홍난파가 좋은 가곡을 많이 지었다는 것을 결코 경시해서는 안 된다. 그런데 공과를 같이 봐야 한다고 주장하는 사람들 중엔 과보다 공을 중심에 놓고 처리하려는 이들이 많다. 실제로는 과가 중요한데도 과는 슬그머니 넘어가고 공이라고 할 대목만 지나치게 평가함으로써, 자신들의 친일 행위를 합리화하려는 측면이 강하다.

이광수나 최남선은 1910년대부터 1930년대 초까지 공이 부분적으로 있다고 하더라도 그 시기에조차 심각한 문제를 안고 있었다. 그런 점을 분명히 인식하고 중시해야 한다. 우리 역사의 슬픈 측면인데, 신문명을 받아들이는 데 이광수의 역할은 컸다. 이광수는 대중소설을 재미나게 썼다. 요즘 식으로 말하면 팔리는 소설을 썼다. 그런 이광수가 일제 말에 해도 너무한 짓을 했다. 이렇게까지 심하게 민족 말살 행위, 전쟁 찬양 행위를 할 수 있느냐는 말이 나올 정도였다.

이광수는 1940년 매일신보에 실린 '창씨와 나'라는
글에서 창씨개명을 옹호했다. 이 글에서 이광수는
조선 민족의 장래를 위해 그렇게 하는 것이
당연하다는 굳은 신념에 도달했다고 강변했다.
ⓒ민족문제연구소

── 이광수는 여러 가지 의미에서 문제적 인물이다.

사실 이광수는 출발부터 친일적인 면이 있었다. 그 사람이 사
회 활동을 한 건 일진회*의 전신인 진보회에 가담하면서부터다. 일
본에 유학해 신문명을 섭취하는데, 그것도 일진회 유학생으로 갔다.
또 3·1운동이 일어나기 전, 1910년대 무단 통치 아래서 일제를 찬
양하는 글들을 조선총독부 기관지인 매일신보에 발표했다. 3·1운
동 후 사이토 마코토 총독의 브레인이 되는 아베 미쓰이에 같은 사
람이 키워줬다고 할까 돌봐줬다. 나중에 '이광수는 아베의 수양아
들'이라는 얘기를 들었다.

이광수는 급변을 잘한 사람이다. 세계적인 분위기와 민족 내부

---

* 1904~1910, 국권을 일본에 넘기라고 순종에게 요구할 정도로 노골적인 친일 행위를 한
   단체.

의 강력한 분위기를 따라 한때 1919년 2·8독립선언서 작성에도 관여하고 독립 운동에도 뛰어들지만, 바로 일제에 포섭됐다. 국내에 들어와선 겉으로는 민족을 위해 싸우는 사람인 것처럼 행세하면서 실은 아베 등과 긴밀한 관계를 맺으며 자치 운동에서와 같이 묘한, 이상한 행위를 하는 이중적인 면을, 악질적 친일 행위를 하기 전에도 보여줬다. 그래서 몹시 배격을 당했다. 그러고는 1930년대 들어 파시즘에 경도돼 파시스트가 되는 걸 볼 수 있다.

이 사람의 악질적인 친일 행위엔 파시스트로서, 군국주의자로서 스스로 얘기한 것처럼 마음에서 우러나오는 측면이 있었다. 정말 파시즘이 자신이 자랑스럽게 가야 할 길이라는 생각을 했던 거다. 그러니 공과를 따진다고 할 때 엄밀하게 따져야 한다. 애매하게 해서 친일 행위를 호도해선 안 된다.

친일·독재 세력 덕분에 오늘의 한국이 있다?
그들이 한국을 위태롭게 했다

── 친일 청산에 소극적이거나 부정적인 사람들 중엔 '건국 대통령'이라며 이승만을 치켜세우는 이가 적잖다. 그 밑바닥엔 '이승만이 친일파를 중용했다고는 하지만, 어쨌건 그들이 공산화를 막았기에 오늘의 대한민국이 있을 수 있는 것 아닌가'라는 판단이 깔려 있다.

지금까지 보면 극우 반공 세력과 민주화 운동 세력은 영원히 대립하는 관계가 아닌가란 생각이 든다. 특히 '이승만과 친일파가

10월항쟁 당시 경찰에 체포된 시민. 10월항쟁이 일어난 가장 큰 계기는 친일 경찰의 악질 행위였다.

적화를 막았다', 이런 식의 주장에 어떻게 동의할 수 있겠는가.

1950년대에 야당이 많이 주장했고, 1960~1970년대에 지식인, 민주화 운동 세력도 박정희 정권을 비판하며 참 많이 한 이야기가 있다. '안보가 위태롭게 되는 건 독재, 부정부패 그리고 박정희 정권 때 특히 재벌 편중이 심해지면서 극단적으로 나타난 빈익빈 부익부 현상 때문이다. 그것이 불만 세력을 부추겨 사회를 위험한 데로 이끌어가는 것이다. 안보를 위협하는 최대의 적은 민주주의 세력이 아니라 부정부패, 독재, 빈익빈 부익부를 만든 자들이다.'

해방 직후나 정부 수립 시기를 봐도 이 얘기는 충분한 근거가 있다. 1946년 10월항쟁이라는 거대한 사건이 일어났다. 가장 큰 계기는 경찰을 중심으로 한 친일파의 악질 행위였다. 제일 먼저 일어난 대구에선 친일파 경찰을 난도질해서 죽였다. 대구 경북 지역에서 경찰을 비롯한 관리들이 60명 넘게 죽었다. 경찰이 이렇게 참혹하게 죽은 건 친일 경찰의 횡포, 권력 남용, 일제 때와 똑같이 민중 위에 군림하려는 태도, 이런 것들에 대한 불만이 쌓였기 때문이다. 그런 것들이 '해방이 됐는데 왜 우리 정부가 들어서지 않느냐'란 우려, 하곡夏穀 수집에 대한 반발 같은 것과 겹치면서 일어난 것이다.

그래서 김규식을 중심으로 한 좌우합작위원회에서 미군정과 함께 대책위를 구성한다. 절반은 미군 간부, 절반은 좌우 합작 대표였다. 가장 큰 의제는 '친일파, 특히 친일 경찰과 그들의 비호 세력을 제거해야 한다'는 것이었다. 김규식 쪽에서 조병옥 경무부장, 장택상 수도경찰청장을 우선 갈아치워야 한다고 했다. '그자들이 친일파를 옹호하는 온상 아니냐'고 해서 이름까지 거론하며 갈아치우라는 주장을 했다. 그러나 미군정은 '저들(친일파)이 일본인을 위해 훌륭히 업무를 수행했다면 우리를 위해서도 그럴 수 있으리라고 본다'는 태도로 일관했다.

'친일파 문제만 제대로 처리했으면 이런 일(10월항쟁)이 일어났겠느냐'라고 얘기할 수 있다. 4·3사건이나 여순사건을 봐도 친일파 문제가 대단히 중요했다는 걸 수많은 사료가 얘기한다. 여순사건의 경우, 일개 상사가 일으킨 반란에 14연대 병력이 왜 대부분 동조했겠나. 어느 연구에서나 제일 큰 요인 중 하나로 꼽는 게 친일 경찰의 횡포다.

친일파 세상에서 어떻게 사나
문화인, 지식인의 고뇌

── 친일파의 횡포 때문에 남쪽에 머물지 못한 이들도 많았다.

연설 중인 김원봉의 모습. 김구와 더불어 항일 독립 운동의 상징적 존재인 김원봉은 왜 북한으로 갔을까. 1947년 초 친일 경찰의 대명사 격인 노덕술한테 고문당한 게 한 원인이 아니었을까.

　　그렇다. 예를 들면 김원봉은 김구와 더불어 항일 독립 운동의 상징적 존재다. 의열단장으로서 굉장히 활약하지 않았나. 그런 김원봉이 어떻게 해서 북한으로 갔느냐에 대해 설명할 구체적 자료가 별로 안 나온다. 다만 여러 추측이 있는데, 가장 많은 추측 중 하나는 1947년 초에 친일 경찰의 대명사 격인 노덕술한테 고문당한 게 한 원인이 아니었겠느냐는 것이다. 수십 년간 목숨을 걸고 독립 운동을 했는데, 해방 후 국내에 들어와서 의열단을 그렇게 괴롭힌 악질 친일 경찰한테 직접 당했다. 있을 수 없는 일 아닌가. 그런 것이 결국 북한으로 가도록 생각을 굳히게 만든 것 아니냐는 얘기를 많이 한다.

──　양심을 지키려 한 일부 지식인들에게도 매우 힘든 시기였다.

난 〈향수〉를 지은 시인 정지용을 비롯해 해방 직후를 산 많은 지식인, 문화인의 고민이 뼈에 사무치게 가슴을 때릴 때가 있다. 그분들이 무엇을 선택할 수 있었겠는가. 정지용이 전쟁 때 월북했느냐 아니냐는 판단을 못하겠다. 다만 그 양반은 친일파 문제로 굉장히 고민했다. 해방된 사회답게 나아가고 지도자들이 그렇게 이끌어야 하는데 오히려 친일파가 발호하는 걸 봤을 때 이 양심 있고 경건한 천주교 시인이 '어떻게 이런 세상이 있을 수 있느냐'는 생각을 했던 것 같다. 그리고 문학 활동을 비롯한 여러 활동이 제약되는 걸 보면서 '이건 안 된다'고 생각하지 않았겠나.

상황이 그렇다보니까 이 양반이 좌파 쪽에 기운 것으로 당국이 파악했고 그래서 국민보도연맹에도 강제로 가입하게 된 것 아닌가. 유명한 사람이니까 보도연맹에서 강제로 여기저기 출장 강연도 하게 했다. 그때 정지용이 느꼈을 쓴맛이라고 할까, 친일 경찰이 자신의 목을 움켜쥐고 억지 춘향이 노릇을 하게 했을 때 결벽성이 강한 정지용의 마음을 난 알 것 같다. 그런 분이 많았다. 그러다가 전쟁이 터지니까 이럴 수도 저럴 수도 없는 고민에 빠졌던 것 아니겠는가.

이처럼 이승만 정권의 폭정과 유신 체제 밑에서 고통을 겪어야 했을 때 많은 사람이 그 정부를 어떻게 '내가 믿고 키우고 싶은 우리 정부'라고 생각할 수 있겠는가, 이 말이다. '존재해선 안 되는 정권이다', 이런 생각을 갖게끔 한 것 아닌가. 그런 생각이 경우에 따라선 대한민국을 사랑하는 마음을 약화시킬 수도 있는 거다. 그런 현상이 상당히 오랫동안, 일부겠지만 있었다고 생각한다.

국민적 정의감이 폭발해 4월혁명이 일어나면서 사회가 새롭게 바뀌는 걸 볼 수 있다. 대한민국에서 정말 중요시해야 할 것이 무엇

친일파

인지를 생각해볼 필요가 있다. 4월혁명인가, 아니면 3·15 부정 선거를 저지른 이승만 정권인가.

가치관 전도시킨 친일파, 그로 인해 헤맨 현대사

── 친일 경찰은 정치에도 악영향을 끼쳤다.

역대 부정 선거를 보자. '선거는 하나 마나'라며 정치를 혐오하게 하거나 그것에 무관심하게 만드는 데 친일파, 정상배의 역할이 컸다. 예컨대 1952년 치러진 정부통령 선거에서 거의 전 국민이 모르던 함태영이란 사람이 부통령으로 당선되는데, 이건 친일 경찰이 얼마나 깊숙이 개입했는가를 얘기해준다.

그러고 나서 1954년 선거에서 이승만은 영구 집권을 위한 개헌 (훗날 사사오입 개헌으로 알려진)에 찬동하는 자들에게 공천을 줬다. 여기서 정당 입후보자 공천제가 처음 생겨났다. 그러면서 일제 때 어떤 악행을 했더라도 지금 정부에서 일을 잘하면 애국자라는 특별 담화를 대통령이 선거를 앞두고 직접 발표한다. 어쨌건 이 선거는 대표적인 경찰 선거, 곤봉 선거로 꼽힌다. 그만큼 경찰의 곤봉이 선거를 좌지우지했다.

3·15 부정 선거가 어떻게 치러질 수 있었나. 당시 장차관이나 자유당 고위 간부들이 얼마만큼 친일 행위를 했던 자인가, 이걸 빼놓고는 이해할 수 없다. 선거에서 경찰이 핵심 역할을 했는데, 당시 서울시경국장을 포함해 경찰국장들은 한 명을 제외하고 친일 행위

1954년 함태영 부통령이 제3대 민의원
총선거에서 투표하고 있다. 이 선거는 대표적인
경찰 선거, 곤봉 선거로 꼽힌다. 그만큼 친일
경찰의 곤봉이 선거를 좌지우지했다. "겨레의
행복 한 표에 달렸다"는 표어가 인상적이다.
사진 출처: e영상역사관

자들이었다. 맹목적으로 충성을 바치는 자들, 양식이나 양심을 찾을 수 없는 자들에 의해 정권이 전단될 때 그 정권은 어떻게 되는지, 그게 얼마만큼 사회를 위태롭게 하는지를 잘 보여준다.

—— 친일 청산을 제때 하지 못한 후과가 너무나 컸다.

유신 체제와 전두환 신군부 정권에서 악명 높았던 고문도 친일 경찰이 직접 한 것이거나 친일파의 유산이다. 친일파가 얼마나 심하게 고문하는지는 이승만 정권, 박정희 정권 내내 많이 얘기됐다. 친일 경찰은 부정부패에서도 수단과 방법을 가리지 않았다. 1948년 정부 수립 즈음해서 노덕술은 고문치사, 사체 유기 혐의로 구속됐다. 사찰 경찰의 대명사 격인 최운하 같은 사람도 독직 행위, 부정부패 행위로 잡혔다. 밀수에도 친일파 경찰이 많이 가담했다.

왜 해방 후 부정부패가 그렇게 심했는가. 난 한국인들이 부정부패를 생리적으로 좋아하고 잘해서가 아니라고 본다. 친일파가 득세하면서 부정부패한 사회로 가게 만든 게 중요한 원인 아니겠는가. 이것도 우리 사회를 위태롭게 한 것 중 하나다.

대한민국을 건강하게 유지하고 발전시키는 데에는 올바른 가치관이 굉장히 중요하다. 이승만 정부, 박정희 정부조차 그런 얘기를 많이 했다. 그런데 그런 가치관을 갖게끔 했나? 친일파 문제가 단적으로 그 가치관을 훼손하는 역할을 했다. 3·1절이나 광복절에 친일파가 단상에 딱 버티고 앉아 있고, 서민들은 억압당하고, 독립 운동을 한 사람들은 고달프게 살고 핍박받으며 피신해야 하는 상황에서 어떻게 '정의롭게 사는 것이 올바르다'고 말할 수 있는 사회가 만들어질 수 있겠나. 정의롭게 살려는 사람은 이런 사회에서 '고문관' 취급밖에 못 받는다. 남을 짓밟고 일어서는 자, 기회주의자, 출세주의자, 정상배 같은 자들이야말로 그 사회의 성공한 자들로 부귀를 누리는 사람이었다.

이렇게 가치관을 전도시키고 오랫동안 우리 역사가 헤매게 만드는 데 친일파가 결정적 역할을 했다. 그런데 극우 반공 세력은 이중적 논리를 많이 주장했다. 1960년대까지는 우리가 북한보다 못살았다고 많이 얘기하지 않나. 그때 나온 선전물을 보면, '빵보다 자유가 소중하다'는 식이다. 그런데 요새 뉴라이트와 수구 언론은 '독재를 했다지만 빵을 만들어내지 않았느냐', '자유를 억압했다지만 빵을 준 거니 그걸 그렇게 탓할 수 있냐'고 합리화하고 옹호하는 논리를 만들어낸다.

— 그런 의미에서도 친일 청산 문제는 여전히 살아 있는 과제다.

친일파, 극우 반공 세력은 분단을 초래하는 데에도 크게 기여했지만 분단을 심화시키고 남북 간 긴장을 고조시키는 데에도 중요한 역할을 했다. '친일파가 대한민국을 위해 뭔가 한 게 있다'는 식의 논리를 타파하지 않고서는 한반도에 평화가 찾아올 수 없다. 그런 점에서도 친일파 문제가 굉장히 중요하다.

극우 반공 세력, 친일파 세력과 민주화 세력은 바로 이런 현실과 관련된 역사적인 문제를 가지고 영원히 화해할 수 없는 팽팽한 줄다리기를 하는 것처럼 보인다. 그러나 너무나 자명한 것 아닌가. 벌거벗은 임금보고 벌거벗었다고 해야 하는 것 아닌가.

"박정희 한 사람 덕에 경제 발전? 저열하다"

친일파, 네 번째 마당

김 덕 련 친일 청산에 소극적인 이들에겐 '친일을 했든 독재를 했든 결과적으로 한국의 공산화를 막고 경제 발전을 이뤄냈다는 점이 중요한 것 아닌가'라는 생각이 있는 것 같다.

서 중 석 도덕적 잣대로 친일파 문제를 재지 말고 경제를 발전시켰다는 걸 중심으로 봐야 하는 것 아니냐, 이런 이야기를 친일파, 극우 반공 세력이 하는 걸 볼 수 있다. 그 논리가 정말 맞는 건가? 친일파가 오히려 경제에도 많은 해악을 끼치지 않았나.

모리배 이야기도 했지만, 친일파가 좌지우지하던 시대인 미군정기, 이승만 정권하에서 경제 상황이 아주 안 좋았다. 박정희 정권 초기에도 경제 상황이 나빴다. 또 정권 말기에 부마항쟁이 일어나고 결국 김재규 중앙정보부장이 '유신의 심장'을 쏠 수밖에 없는 상황으로까지 치닫게 된 건 1978년부터 경제 상황이 급속도로 악화된 것과 뗄 수 없는 관계가 있다. 1980년대 초까지 경제 상황이 심각했다. 이런 것에 대해선 충분한 설명을 안 한다. 친일파와 그 후예의 세력이 강력한데도 경제 상황이 몹시 나빴던 시기에 대해선 제대로 설명하지 않는다는 말이다.

식민지 근대화론과 비슷한 모습이다. 일제 말, 특히 1944~1945년에 경제를 벼랑에 밀어 넣은 것, 일제 지배가 없었어도 분단이 됐겠느냐 하는 문제, 한국 정부가 있었을 경우 1910년부터 35년 동안 경제 발전이 없었겠느냐 하는 문제 등을 고려하지 않고 일제의 지배를 옹호하는 논리를 펴는 것이 식민지 근대화론의 한 단면 아닌가.

── 경제 사안을 이야기할 때 부정부패 문제도 빼놓을 수 없다.

친일파가 득세하면서 부정부패가 심했던 것에 대해선 오히려 적극적으로 나서는 면도 있다. 뭐냐 하면 '부정부패가 있었으니까 경제 발전이 된 것 아니냐, 유신 때 부정부패가 심했다고 하지만 그때 경제 발전이 된 것 아니냐', 이런 논리다.

이 말이 맞나? 그렇지 않다. 유럽까지 끄집어내지 않더라도 예컨대 대만, 싱가포르 같은 데는 당시 한국에 비하면 부정부패가 매우 적었다. 싱가포르는 부정부패를 단절시켰다고 할 정도이고, 대만도 부정부패한 자들을 극형에 처하지 않았나. 그러면서도 경제 발전 정도는 한국에 못지않았다. 하여튼 '부정부패는 경제 발전 과정에서 당연한 것이다'라는 식의 논리는 자기들 생리에 비춰보면 맞는 것처럼 보일지 모르지만, 일반적인 잣대가 될 수는 없다.

경제 발전은 결코
대통령 한 사람 덕분이 아니다

— 경제 발전 문제를 이야기할 때 빼놓을 수 없는 사람이 박정희 전 대통령이다. 박 전 대통령 역시 친일 행적이 뚜렷한 인물이다.

친일파, 극우 반공 세력은 경제를 박정희 한 사람이 다 발전시킨 것처럼 주장한다. 박정희란 한 인물을 절대시하는 거다. 그런데 이건 너무나도 후진, 옛날식 역사 인식이다. 로마는 하루아침에 이뤄지지 않았다고 이야기하지 않나. 도대체 경제가 그 한 사람 때문에 발전하고 잘됐다, 이런 식의 논리가 어떻게 횡행할 수 있나. 그런

1972년 박정희 대통령이 포항제철 공장을 시찰하고 있다. 친일파, 극우 반공 세력은 경제를 박정희 한 사람이 다 발전시킨 것처럼 주장한다. 사진 출처: e영상역사관

게 횡행하는 사회가 참으로 비정상적이라는 생각을 하지 않을 수 없다.

경제 상황이 이승만 시기엔 왜 그렇게 나빴는가. 1960년대 중반부터 1977년경까지는 왜 좋았는가. 또 1980년대 중반 이후 상당 기간 동안 왜 그렇게 경제가 좋았는가. 이런 문제들은 그 당시 국내외적인 여건, 경제적인 여러 조건과 함께 정치 담당자, 테크노크라트(기술 관료) 등의 문제를 종합적으로 평가해야 하는 것이다. 그렇지 않고 한 사람한테 귀결시키는 것, 그런 역사 인식처럼 저열한 것이 없다.

— 이야기한 대목 중 아시안게임이 열린 1986년부터 올림픽이 열

린 1988년까지 상당한 호황이었던 게 기억난다.

그 3년 동안 그야말로 '단군 이래 최대 호황'을 맞았다고 말한다. 우리가 이만큼 고기를 잘 먹게 된 것도 그때부터였다. 그전엔 고기를 잘 못 먹었다. 자가용이 부쩍 늘어난 것도 그 무렵이다. 그전엔 눈 씻고 봐도 자가용이 그렇게 많지 않았다. 그런데 박정희 사례와 달리 1986~1988년의 성과에 대해선 '전두환의 공로다', 이렇게 얘기하는 사람이 이상하게도 별로 없다. 친일파와 그 후예들 사이에서도 대체로 그런 것 같다.

물론 전두환 전 대통령은 그렇게 생각 안 한다. 내 지인이 노무현 정권 초기에 청와대 정무수석비서관을 했는데, 그 친구가 대통령을 대신해 전직 대통령들에게 세배를 다녔다. 최규하 전 대통령, 노태우 전 대통령 같은 사람들의 경우 인사를 짤막하게 하고 바로 나와서 힘들지 않았다고 한다. 그런데 전두환한테 가니까, 전두환이 장시간 '내가 얼마나 경제를 발전시켰는지 아느냐'고 이렇게 얘기하고 저렇게 얘기하는데 그거 참느라고 아주 힘들었다고 하더라.

내가 말하려는 건 대체로 사람들이 1986~1988년 경제 호황에 대해선 객관적인 요인을 두루 얘기하지, 전두환 한 사람의 공이라고는 안 한다는 거다. 전두환이 집권한 첫해라고도 볼 수 있는 1980년엔 마이너스 성장을 했다. 1952년 이후 한 번도 없었던 현상이다. 4월혁명 때도 없었던 현상이다. 5·16쿠데타가 일어난 해에도 마이너스 성장은 안 했다. 1952년 이후 계속 플러스 성장만 했다. 1980년에 급전직하한 건 유신 정권 말기에 경제 상황이 얼마나 나빴는가를 단적으로 이야기해주는 거다. 그런데 박정희의 업적을 힘주어 말하는 이들이 그런 건 충분히 설명을 안 한다.

고도성장한 대만
독재자 공로라고 하지 않는다

— 다른 나라와 비교해도 유별난 것 같다.

독일 같은 데선 '한 사람의 지도자 덕분에 경제가 발전했다', 이런 얘기는 안 하는 걸로 안다. 다만 '루트비히 에르하르트가 콘라트 아데나워 수상 밑에서 1949년부터 1963년까지 14년간 경제 장관을 맡으며 상당히 일을 잘했다'는 정도는 얘기한다.

대만도 마찬가지다. 어느 시기를 비교하느냐에 따라 차이가 나긴 하는데, 대만 쪽에서 '우리가 한국보다 더 경제를 발전시켰다'는 주장이 나오기도 한다. 예컨대 '1961년부터 1983년 사이에 대만은 연평균 9.3퍼센트 성장했는데 이건 세계 최고다', 이렇게 쓰고 있다. 그만큼 대만도 박정희가 있던 시기에 경제를 많이 발전시켰다. 그런데 '총통 장개석(장제스)이나 그 아들이자 후계자인 장경국(장징궈) 때문에 대만 경제가 발전했다' 같은 얘기는 거의 없다. 장개석 본인은 전두환처럼 '내 덕분에 그렇게 된 것'이라고 했을지 모르지만, 다른 나라 학자들이나 대만 사람들은 대체로 그렇게 생각하지 않는다. 박정희에 대한 태도와는 매우 다르다.

장개석은 대륙에 있을 때와는 달리 대만 총통 시기에는 윤리적이었고, 부정부패를 척결하려고 했으며, 경제 발전도 재벌 중심으로 펼치지 않았다. 이 점에서 박정희와는 확연하게 구별된다. 그런 장개석이 숭배의 대상이 아니라 비판의 표적이 된 이유는 무엇일까. 국민당과 대립하고 있는 민진당이 장개석을 혹독하게 비판하기 때문에 그렇기도 하지만, 국민당에서도 장개석을 내세우는 것이 떳떳지 않다는 것을 잘 알기 때문이다. 그 저변에는 '독재는 잘못'이라는 대만 사람들의 인식이 폭넓게 깔려 있다. 한국인들 상당수의 인식과 다르다. 우리는 이 점에서 대만 사람들에게 많은 것을 배워야 한다.

일본도 그렇다. 일본은 제2차 세계대전 때 독일만큼은 아니지만 공습을 많이 당했다. 그런 폐허에서 전후 놀라운 경제 발전을 이뤄냈다. 사실 일본은 제2차 세계대전 전엔 미국이나 서유럽의 강대국에 경제력으로는 비교가 안 됐다. 그런데 1970년대에 세계 제2의 경제 대국이 된다.

이렇게 놀라운 경제 발전을 한 건 여러 국내외 요인이 작용한 결과다. 국제적으로는 한국전쟁이 여러 측면에서 디딤돌이 됐다.[*] 또 베트남전쟁 기간 동안 '월남 특수'가 얼마나 큰 역할을 했나. 그것에 더해 여러 국내 요인이 작용한 것으로 여기지, 경제 발전을 어느한 정권의 공이라는 식으로 설명하지는 않는다. 기시 노부스케 정권 때 경제가 특히 많이 발전했지만, '기시 정권 덕분'이라고 하지는 않는다는 말이다.[**]

박정희 정권은 왜
중화학 공업화를 택했나

── 한국 경제 발전의 국내외 요인으로 어떤 것을 꼽을 수 있을까.

---

[*] 패전 후 불황에 허덕이던 일본 경제는 한국전쟁이 터지면서 급속히 되살아났다. 군수 물자와 각종 서비스를 미군에 공급하는 기지였기 때문이다. 이른바 '조선 특수'다.
[**] 기시 노부스케는 아베 신조 총리의 외할아버지로 A급 전범이다. 1957년부터 1960년까지 총리를 맡았다.

경제 발전엔 교육 같은 것이 굉장히 중요한 역할을 한다. 해방 이후 쌓인 한글세대가 경제 발전 과정에서 큰 역할을 했다. 엄청난 산업예비군으로 쌓여 있던 이 세대는 밤낮 가리지 않고 일했다. 아주 근면했다. 또 교육 수준도 높았다. 아시아에서 일본 다음이었다. 통계를 보면 대만보다도 높았다.

여기에다가 국가 능력도 1960년대 중반 이후 상당히 좋아진다. 테크노크라트가 경제 발전 추진의 주축이라고들 많이 이야기하는데, 그 테크노크라트가 언제부터 형성되나. 주로 미국에서 유학을 하고 온 세대들에 의해 1950년대 중후반부터 조금씩 형성되고 1958년 부흥부 산하에 산업개발위원회가 만들어지면서 커졌다. 그런 게 쌓이면서 1960년대 중반 이후 국가 능력이 좋아졌다.

이것들과 함께 국제적인 요인도 작용했다. 무엇보다 1960~1970년대가 자본주의 흥륭기라고 불릴 정도로 엄청나게 발전하는 시기 아닌가. 아시아의 '네 마리 용'도 그렇고, 유럽도 이 시기에 자본주의 경제가 크게 팽창했다. 영화 〈자전거 도둑〉(1948년 작)이 상징적으로 보여준 것처럼 이탈리아는 패전 후 경제 상황이 몹시 나빴다. 그랬던 이탈리아가 빠르게 발전해 1970년대에 G7 중 하나가 됐다. 스페인도 빠르게 발전했다. 프랑스도 1945~1975년 사이에 공전의 경제 발전을 한다. 독일엔 약간 못 미쳤지만, 빠르게 경제가 성장했다. 지배자 한 사람의 공으로 돌리기보다는 이런 식의 경제 발전이 어떻게 일어나는가를 따지는 게 중요하다.

—— 중화학 공업에 주목한 박정희 정권의 선택이 탁월했다는 시각도 있다.

중화학 공업이 왜 1970년대 들어 발전하느냐. 박정희 정권이 적극적으로 했기 때문이라고 많은 사람이 해석하는데, 그것만은 아니다. 물론 박정희 정권도 1960년대적인 경제 정책, 그러니까 노동 집약적인 경제 정책으로는 수출이 쉽지 않아 다른 혈로를 뚫어야 한다는 것을 강하게 느끼고 있었다.

여기서 중요한 건 일본을 포함한 선진국에서 당시 일부 중화학 공업이 사양 산업이 되는 경우가 많았고 그걸 다른 나라에 떠넘겼다는 거다. 예컨대 포항제철이 그렇게 커질 수 있던 데에는 캐나다나 일본의 협력이 상당한 역할을 했다. 아주 심한 경쟁 관계처럼 보이지만 일본이 포항제철에 협력해줬다. 이런 여러 가지가 한국이 중화학 공업화로 나아가는 데 큰 역할을 했다.

대만도 한국과 마찬가지다. 대만도 한국처럼 1960년대에 경공업 제품 수출 중심으로 경제를 발전시키고, 1970년대에는 중화학 공업을 육성했다. 그러나 거듭 얘기하지만 '장개석이나 장경국 덕분에 이렇게 발전한 거다', 그렇게 이야기하지는 않는다.

일본 정계 거물
"박정희와는 부자지간"

—— 박정희 정권 시기 경제 발전 이야기에서 빠질 수 없는 것이 한일기본조약(한일협정) 자금과 베트남 파병 자금이다.

1965년경부터 1970년대 초까지 경제 발전을 하는 데에는 한일협정 자금하고 월남(베트남) 파병에서 들어온 여러 자금이 큰 역할

1961년 박정희는 군사 정권을 승인받기 위해 미국으로 가 존 F. 케네디를 만났다. 사진 출처: e 영상역사관

을 했다. 그런데 난 1960년대에 박정희 대통령이 아니라 다른 사람이 정권을 잡았더라도 한일 회담은 타결하지 않을 수 없었다고 본다. 월남 파병도 하게 돼 있던 거였다. 경제 발전을 위해서도 그렇고 군인들의 욕구를 봐서도 그렇고, 파병하지 않을 수 없었을 것이라고 본다. 한국은 60만 대병을 거느린, 세계에서 네 번째로 군대가 많은 나라라고 하지 않았나. 심지어 1950년대 중반 이승만 정권도 인도차이나에 파병하겠다고 했다.

그런데 예컨대 한일협정만 보더라도 박정희 정권이 왜 그렇게 비난을 많이 받느냐. 한일협정에 대해선 '내용이 잘못됐다', '잘못체결한 점이 많다'는 비판이 지금도 각계에서 나오고 있다. 그렇게 된 데에는 박정희 정권의 행태가 크게 작용했다고 본다.

━━ 어떤 행태가 그런 반발을 불렀나.

이승만 정권이나 장면 정권은 한일 회담을 해도 그렇게 강한 반발을 사지 않았다. 박정희 정권은 그렇지 않았다. 쿠데타로 이뤄진 정권이고 박정희 자신이 일제 때 군인이었다는 점 때문에라도 신중했어야 했다. 다른 한편으로는 정권 안보 때문에도 그랬고, 장면 정권과 마찬가지로 경제를 빨리 발전시키는 게 중요하기도 했고, 미국의 지지를 받기 위해서도 빨리 한일협정을 맺어야 했다. 그런 건 이해할 수가 있는 거다.

그렇지만 1962년도 하반기에 일본에 보인 굴욕적인 자세가 과연 정상적인 것이었나. 1963년은 선거의 해였기 때문에 한일 회담이 없었지만, 1964년 들어 이전과 마찬가지 태도를 보였다. 굴욕적 저자세라고 혹독하게 비판을 받았다. 학생과 야당뿐만 아니라 각계각층에서 박정희 정권을 비판했다.

━━ 그 무렵 박 대통령과 일본 정계 거물들 간의 일화도 인상적이다.

1961년 11월 박정희 국가재건최고회의 의장은 존 F. 케네디 대통령을 만나러 미국에 갔다. 군사 정권을 승인받기 위해 간 것이라고 볼 수 있다. 그때 일본에 들러 만주 신경군관학교 시절 교장(나구모 신이치로 예비역 중장)을 모셔 대단히 예의를 차려 인사한다. 기시 노부스케를 포함한 자민당 주요 간부들에게도 '앞으로 일본의 유신을 본받아 정치를 하려고 한다. 많이 도와주십시오'라는 식의 이야기를 하며 일본식으로 아주 깍듯이 인사했다. 이걸 한국 사람들이

납득할 수 있는 행위로 볼 수 있는 거냐.

거기 있던 사람들이 어떤 사람들인가. 다 옛날 일본의 침략자들이다. 1950년대 이후에도 일본의 대륙 경영 야심을 어떤 식으로 구현할 것이냐를 가지고 여러 가지로 활동하고 구상하던 자들이다. 그런데 그 사람들 앞에서 그런 식의 태도를 보였다. 그뿐인가. 나중에 박정희 의장이 대통령으로 취임할 때, 자민당 부총재는 특사로 오면서 "박정희 대통령과는 부자지간을 자인할 만큼 친한 사이"라고 말했다.[*]

── 그런 태도가 한일 회담에도 반영됐다는 지적이 많다.

그러면서 박정희 정권은 한일 회담을 할 때 평화선 같은 걸 너무 빨리 포기해버린다.[**] 한일협정 반대 운동의 초점 중 하나가 평화선 문제였다. 또 독도에 대해서도 참 애매한 상태로 놔뒀다. 독도에 대해 김종필은 폭파해버리자고, 박정희는 폭파해 없애버리고 싶다고까지 말하지 않았나. 한일기본조약의 핵심이라고 볼 수 있는 '을사조약(1905년)과 한일병합조약(1910년)은 무효다', 이런 것에 대해서도 박정희 대통령은 당시에 '그건 지금 거론할 문제가 아니지 않느냐'는 식으로 언급했다.

정부가 그런 식으로 나오니까 '저건 어떻게 된 정부냐', 그러면서 강한 저항과 반발이 있었던 거다. 그게 얼마만큼 많은 어려움을

---

[*] 오노 반보쿠 자민당 부총재는 이때 "대통령 취임식에 가는 건 아들의 경사를 보러 가는 것 같아 무엇보다도 기쁘다"는 말도 했다.

[**] 평화선은 1952년 이승만 대통령이 연안 수역을 보호하기 위해 선포한 해양 주권선이다. '이승만 라인'으로도 불렸다. 일본은 평화선에 지속적으로 반발했다.

던져줬나. 이렇게 한일협정 자금이 '월남 특수'만은 못했어도 경제 발전에 적지 않은 역할을 했지만, 그에 못지않게 한일협정 문제로 너무 많은 어려움을 안긴 것 아니냐. 박정희가 그런 식으로 하지 않았으면 그렇게까지 됐겠는가 하는 문제도 경제 발전 문제랑 결부해서 생각해야 한다.

뉴라이트, 극우 반공 세력이
이승만, 박정희를 찬양하는 까닭

친일파, 다섯 번째 마당

김 덕 련 교학사 교과서를 옹호하는 이들 사이에선 "친일 대 항일 구도를 자유민주주의 대 전체주의 대결로 바꿔야 한다"는 주장이 나온다. 교학사 교과서의 주요 저자들이 속한 한국현대사학회가 한반도선진화재단과 함께 2013년 9월 5일 연 '한반도 통일을 위한 역사 교육의 모색'이라는 심포지엄에서 나온 주장이다. 이 자리에선 교학사 교과서를 제외한 현행 역사 교과서를 좌편향으로 규정하는 목소리도 나왔다.

서 중 석 자유민주주의에 대해 친일파 옹호 세력은 굉장히 오해하고 있는 것 같다. 자유민주주의를 위협한 최대의 적 중 하나는 일본 군국주의라고 볼 수 있다. 해방 후엔 민주주의에 역행하며 자유민주주의를 파괴한 극우 반공 정권이다.

자유민주주의의 기본은 보통 선거다. 보통 선거에 기반을 두고 자유민주주의가 성립하는 것이다. 그런데 저들이 옹호하는 세력은 이 보통 선거에서 오랫동안 부정 선거를 하지 않았나. 노하우가 쌓이다보니 1960년 3·15 부정 선거까지 이승만 정권이 저지르는데 그거야말로 자유민주주의를 파괴한 것이다. 그래서 수많은 책이 '4월혁명으로 다시 민주주의가 한국에 자리 잡게 됐다'고 하고, 외국 언론도 '4월혁명으로 민주주의의 새로운 시금석이 놓였다'고 얘기하지 않나.

유신 체제에선 그런 선거조차 제대로 치러지지 못했다. 그런 유신 체제를 만든 박정희 정권, 그리고 이승만 정권에 힘을 실어주는 사람들이 친일-항일 구도를 자유민주주의-전체주의 구도로 바꿔야 한다고 하는 건 정말 어이없는 일이다. 상식에 어긋나는 것이고 흑을 백이라고 하는 것이다. 유신 체제야말로 전체주의에 가깝다는 비판이 많지 않나.

— 자유민주주의를 진정 중시한다면 친일 청산에 부정적인 태도
를 취하기 어렵다는 생각이 든다.

그렇다. 매국노 문제 등을 제외하면, 특히 문제가 되는 친일파
는 일제 말에 군국주의 침략 전쟁을 찬양하고 황국 신민화 운동에
앞장선 자들이다. 그런 행위는 민주주의에 정면으로 선전포고를 한
것이다. 그 때문에 역사상 처음으로 제2차 세계대전 후 나치 세력
과 일본 군국주의자들에 대한 전범 재판이 있었던 것이다. 그 부분
을 상기하면 '친일 대 항일' 구도를 '자유민주주의 대 전체주의' 구
도로 바꿔야 한다는 주장이 얼마나 잘못된 것인지 알 수 있다.

유신 체제는 쇼와昭和 유신을 이어받은 것이고, 특히 박정희는
1936년 발생한 2·26쿠데타에서 크게 영향을 받았다는 자료가 여기
저기 나온다. 이 황도파 군인들이 세우려고 한 나라가 어떤 나라겠
는가. 정당 정치, 의회 정치를 부인하는 무단 통치의 나라다. 군인들
에 의한 극단적인 효율 논리에 따라 영토를 확장해 강력한 대일본
제국을 건설해야 한다는 논리를 편 게 그자들이다. 유신 체제가 그
런 것에서 큰 영향을 받았다는 얘기를 한다. 그런 걸 보더라도, 유
신 체제가 자유민주주의와 얼마나 거리가 멀었는지가 드러난다.

1920년대 일본에선 '다이쇼 민주주의'로 불리는 정당 정치가 펼쳐졌다. 그와 동시에 부
패한 관료와 정치인, 그리고 재벌에 대한 불만도 높아졌다. 그러면서 군부를 중심으로
한 우익 일각에서 쇼와 유신이 필요하다는 주장이 대두됐다. 육군 내 극우 파벌이던 황
도파도 그런 주장을 하는 집단 중 하나였다. 젊은 장교들이 중심이 돼 총리를 살해한
1932년 5·15사건과 쿠데타를 일으킨 1936년 2·26사건을 거치면서 다이쇼 민주주의의
성과는 퇴색하고 군국주의 경향이 급속히 강해진다.

2·26쿠데타에 실패한 군인들이 자대로 복귀하고 있다. 박정희는 일본의 2·26쿠데타에서 크게 영향을 받았다고 한다.

— 기존 교과서에 좌편향 딱지를 붙이는 것도 인상적이다.

지난번 모 신문도 사설에서 "남로당식 사관" 운운하며 "좌파가 엮고 쓴 역사 교과서 채택률이 중·고교에서 90퍼센트가 넘을 것으로 추산되고 있다"고 주장했다.•• 이거야말로 전체주의로 몰아붙이는 것 아닌가. 지난 수십 년의 행태를 보면, 뉴라이트와 수구 언론들은 이런 식으로 몰아붙이면서 상대방을 제압하려 했다. 그야말로 아주 못된 습관이다.

해방 직후 친일파를 비판할 때도 그렇고 이승만 독재와 유신 체제에 대해 얘기할 때도 많이 지적하는데, 이승만 독재와 유신 체제의 핵심 인사들은 마음을 열어놓지 못하는 자라고 본다. 다원적 사회에 대한 강한 두려움을 갖고 있었다. 그자들에겐 폐쇄적인 사

•• 2013년 상반기에 뉴라이트 교과서 논란이 일었을 때 조선일보는 '남로당식 사관, 아직도 중학생들 머릿속에 집어넣다니'라는 제목의 사설을 게재했다.

회, 한 사람의 명령에 따라 움직이는 사회가 가장 능률적이고 최선의 사회다. 그래서 정당 정치나 의회 정치, 비판의 자유 같은 것을 뿌리 뽑으려 한 것이다.

북한의 친일파 청산
주사파가 이 부분을 주목하는 이유

—— 앞에서 말한 심포지엄에선 "북한이 친일 청산을 철저히 했다는 신화가 만들어진 건 선전·선동에 당했기 때문"이라는 주장도 나왔다.

북한에선 친일파 청산이 철저히 됐다고 많은 책에 쓰여 있다. 대체로 거기에 가깝지 않겠나. 물론 1948년 9월 9일 발표된 북측 내각의 주요 성원 중 한 사람은 일제 때 관료였다. 정준택이라고, 국가계획위원장을 맡았다. 친일 행위자 가운데도 기술 관료나, 정책에 유용하게 써먹을 수 있다고 판단된 자들 일부가 등용은 됐다는 말이다.

그러나 '친일파 세상'이라고 하는 건 친일파가 주도권을 쥐고 그 의도대로 세상을 움직이거나, 문화적·정치적·경제적 헤게모니를 쥐고 있는 걸 말한다. 북한은 그런 것과 너무나도 거리가 멀었다. 북한에선 친일파가 친일파로서 발언권을 갖는 경우는 있을 수가 없었다.

그런데 북한에서 강하게 친일파를 처단하다보니까 친일파가 남쪽으로 많이 내려왔다. 예컨대 김창룡만 해도 '북한에서 잡혀 곤욕을 당했고 그래서 월남을 결심했다'는 글을 남겼다.° 그런 글이 많이 나온다. 그래서 남쪽 사정을 어렵게 만드는 데 북한의 친일파 처단이 기여했다는 역설도 성립한다.

―― 이 문제와 관련해 친일 청산에 부정적인 이들의 반대편에 또 다른 편향이 있다는 생각이 든다. 주사파다. 해방 직후 친일 청산 과제에서 드러난 남한과 북한의 차이가 '북한 정통론'의 근거 중 하나로 보인다.

주사파가 왜 나왔나. 이 생각을 많은 사람이 하는데 1970~1980년대의 상황, 즉 유신 체제나 전두환 신군부 체제를 빼놓고 주사파처럼 극단적인 주장을 하는 이들이 나온 배경을 이야기할 수 있겠나. 1980년 광주항쟁 때 특히 미국이 신군부를 지원하고 그 후 5공이라고도 하는 전두환 정권이 정식으로 출범할 때도 미국이 적극 밀어준 것, 이런 것들이 사람들로 하여금 전두환 정권을 어떤 식으로 인식하게 만들었나 하는 점을 생각해봐야 한다.

난 1970~1980년대 역사적 상황이 주사파처럼 극단적인 견해를 가진 사람들을 만들었다고 보지만 그것만은 아니다. 다른 한편으로는 그만큼 우리 근현대사에 무지하다보니까, 또 극단적인 수구 냉전 이론, 반공 이데올로기에 의해 채색된 흑백 논리만 통용되고 주입되다보니까 그런 것에 강하게 반발할 수 있게 된 것이다. 그러니까 극우 반공 체제가 주입한 것과 정반대 상황으로 보이는 북측의

° 김창룡은 일본 관동군 헌병 출신으로, 월남해 육군 특무대장 등 요직을 맡았다. 이승만의 절대적인 신임을 받으며 전횡을 일삼다 살해됐다.

항일 무장 투쟁, 친일파 처단, 토지 개혁 같은 것들이 눈에 확 들어오는 면도 작용했다고 본다.

남쪽 체제가 제대로 된 다원적이고 개방적인 사회였더라면 이런 현상은 생길 수 없었다고 생각한다. 또 현대사 연구와 교육이 사실에 근거해 상당한 수준으로 이뤄졌다면 이런 일이 일어나지 않았으리라고 본다.

"뉴라이트와 주사파 모두
사실을 중시하지 않고 신앙처럼 맹신"

—— 역사적 맥락을 찬찬히 살피기보다는 자신들의 믿음을 우선시
한 결과라는 생각도 든다.

극우 반공 세력, 뉴라이트, 주사파 모두 사실을 중시하지 않고 관념이랄까 이데올로기를 한번 갖게 되면 일종의 신앙과 같은 강한 믿음을 보이는 경우가 있더라. 어째서 그렇게까지 맹신하는지 도무지 이해가 가지 않는다.

극우 반공 세력은 우리 근현대사를 제대로 연구하지도, 교육하지도 못하게 했다. 그래서 누누이 얘기한 것처럼 자료에 접근하기도 굉장히 어려웠다. 그런 것도 우리 근현대사에 대해 부정적인 생각을 많이 갖게 했다. 젊은 학생들에게 '왜 근현대사, 특히 현대사에 관심이 없냐'고 물어보면, 대개 이렇게들 이야기한다. '우리 근현대사, 특히 현대사엔 부정적인 게 많지 않나. 재미가 없다. 좋은 것, 활기찬 것, 재미난 것을 배우면 좋을 텐데, 그런 게 없다보니 현대사에 애착

과 긍지를 가질 수 없다.'

그렇게 된 데에는 극우 반공 세력이 의도한 면이 분명히 있다고 본다. 극우 반공 세력은 초지일관, 현대사에 관심을 못 갖게 하려고 했다. 그러다보니까 우리 근현대사가 굉장히 축소되고 왜곡되고 아주 부정적인 게 돼버렸다. 우리가 경제 발전을 하는 데에도 얼마나 역동적인 요소들이 많이 작용했나. 아 그걸 '박정희 혼자 다 했다'는 식으로 하니 너무 단순하고 단조롭지 않나. 그런 역사를 무엇 때문에 자세히 알고 싶겠나. 얼마나 우여곡절이 많았는지, 어떤 상황 속에서 그런 것을 만들어냈는지를 종합적으로 살펴야 하는 것 아닌가. 역사라는 건 다면적이어야 한다.

1970년대 이후 TV 등이 널리 보급되면서 획일적 사고가 더 주입된 것도 이런 것에 영향을 끼쳤다. 그런 것에 대한 추억이 작용해서인지 수구 언론들이 현대사, 특히 해방 직후 현대사에 대해 그렇게 집요하게 문제를 제기하고, 이승만 정권과 박정희 정권을 옹호하려는 것 같기도 하다. 예전의 효과를 지금도 누릴 수 있다고 생각하는 모양이다.

"일본처럼 정치인까지 합세…
　 참 두려운 일"

— 2000년대 들어서는 뉴라이트가 그런 일에 앞장서고 있다.

과거의 그런 것들을 새롭게 변형한 것이 뉴라이트 역사관 아니겠나. 많은 사람이 '뉴라이트는 자유주의 사관을 내세운 일본 극우와 비슷한 지점이 많다'고 지적하고 있다. 뉴라이트가 식민지 근대화론으로 일본의 침략을 미화하고 있지 않느냐는 얘기도 많이 한다.

그런데 뉴라이트와 일본 극우 사이엔 다른 면도 있다. 군국주의 파시즘 같은 것에 친근감을 느끼고 그걸 찬양하려는 점에선 비슷한 면이 있다. 그런데 그렇게 할 때 일본에선 국가주의자들이 자기 윗대의 침략 행위를 찬양하는 게 된다. '영광의 대일본제국'을 찬양하는 저들의 주장은 극우 내셔널리즘의 특징을 많이 갖고 있다. 한국에선 그렇지 않다. 한국의 뉴라이트나 수구 세력의 뿌리는 친일파, 그것도 매국 활동, 황국 신민화 운동, 군국주의 침략 전쟁 찬양 행위를 한 사람들로 거슬러 올라간다. 그야말로 반민족 행위자가 될 수밖에 없는 거다.

그래서 뉴라이트가 본격적으로 출현하기 전인 2000년대 이전엔 어쨌건 '친일파는 나쁘다'고 했다. 수구 냉전 세력, 극우 반공 세력도 그건 인정했다. 다만 여러 가지 논리로 합리화하려 했다. 그런데 요즘엔 식민지 근대화론과 연결 지으면서 친일파의 행위를 정당화하려 하고 있다. 그걸 비판하면 '자학 사관이다'라는 식으로 반응한다. 자학 사관이란 말도 일본 자유주의 사관에서 빌려온 말이다. 그러면서 '이승만 정권과 유신 체제를 좋게 보자'는 식으로 논리를 펴나가는 것을 볼 수 있다.

— 그런 흐름에 일부 정치인이 합류하는 것도 걱정스럽다. 김무성 의원이 주도하는 '새누리당 근현대 역사 교실' 모임은 역사 왜곡 논란을 불러일으킨 교학사 교과서에 힘을 실어줬다.

도대체가 민족 반역 행위를 한 사람들을 찬양하는 논리가 전 세계 어디에 있을 수 있단 말인가? 물론 극소수에겐 있겠지만, 교과서나 일반 교육에선 결코 용납될 수 없다. 자그마한 규모의 독립 운동이라 하더라도 필리핀에선 반스페인 독립 운동 같은 걸 아주 비중 있게 교과서에 써준다. 그런데 한국은 이상한 혼란 속에 휩싸여 들어가고 있다. 이건 아주 나쁜 현상이다. 2000년 이전에는 보기 어려웠던 이상한, 그래서 두려운 현상 아닌가.

　　더군다나 이젠 일본처럼 정치인까지 합세하는 것 아닌가. 우리의 경우, 얼마 전까지만 하더라도 정치인이 역사 논쟁에 합세하는 경우가 있긴 했지만 일반적 현상은 아니었다. 대단히 두려운 일이다.

나가는 말

1

2006년 초 필자는 당시 일하던 신문사에서 뉴라이트의 역사 인식에 관한 장기 기획을 구상했다. 2004년 무렵부터 우후죽순처럼 생긴 뉴라이트 단체들의 역사 공세가 진실과는 거리가 멀어도 한참 멀다는 것을 보여주는 기획이었다. 학자들이 현대사의 주요 쟁점에 관한 연구 성과를 정리하고, 이를 뉴라이트 쪽 주장과 비교하는 방식을 생각했다. 수십 년간 학계에서 쌓아 올린 연구 결과와 차분하게 비교하는 것만으로도 뉴라이트가 얼마나 억지 주장을 많이 하는지를 독자들이 어렵지 않게 공감하는 자리를 마련할 수 있을 것이라고 여겼다.

의욕적으로 추진했지만 기획을 실행하지는 못했다. 그렇게 된 이유 중 하나는 학자들의 뉴라이트 기피 반응이었다. 당시 접촉한 연구자들 중 다수가 '기획 취지는 공감하나, 뉴라이트가 마치 수십 년 연구한 학자들과 대등한 성과를 쌓은 것처럼 비칠 수 있지 않겠느냐'고 우려했다. "그 사람들(뉴라이트), 현대사 공부부터 제대로 하고 오라고 하세요"라고 직설적으로 이야기하는 이들도 여럿 있었다. 학문보다는 정치 공세에 주력하는 뉴라이트의 도발, 그리고 그러한 뉴라이트를 밀어주는 조·중·동(조선일보, 중앙일보, 동아일보)의 책략에 말려드느니 무시하는 게 낫다는 판단이었다.

적잖은 연구자들의 뉴라이트 기피 반응이 한편으로는 이해됐다.

그러나 다른 한편으로는 아쉬웠다. 뉴라이트를 앞세워 저들이 펼치는 공세의 핵심은 숱한 고난을 이겨내며 민주주의를 향해 한 걸음씩 내디더온 역사의 흐름을 뒤집는 것이었다. 20세기 한국사의 문제를 근본부터 파헤치고 그것을 극복하기 위한 노력들을 조명했던 1980년대 이후의 역사학에 흠집을 내려 저들이 그토록 몸부림친 것도 그 때문이었다. 그런 상황이기에, 그간 쌓은 연구 성과를 바탕으로 저들의 주장에 담긴 문제점을 지적하며 끈질기게 대응하지 않으면 사회 전반의 논의 지형 자체가 바람직하지 않은 방향으로 바뀔 수 있다는 걱정이 들었다.

그로부터 7년. 뉴라이트 세력은 한국을 좌지우지하는 힘센 신문들을 등에 업은 것에 더해 정치 권력의 지원까지 받으며 계속 목소리를 높였다. 그리고 안타깝게도 우려는 현실이 됐다. 2013년 한국은 '5·18 때 북한군 600명이 광주에 침투했다'는 등의 어처구니없는 주장이 방송 전파를 타고 나오는 사회가 됐다. 온라인에서는 입에 담기조차 민망한 '일베'식 역사 왜곡이 넘쳐났다. 이와 같은 위험한 우경화가 뉴라이트가 앞장서고 조·중·동 등이 그 뒤를 든든히 받쳐준 일련의 역사 공세와 무관하다고 볼 수 있을까?

우경화를 부른 책임을 역사학자들에게 돌릴 생각은 없다. 저들의 공세에 대응하는 것은 역사학자들만의 몫이 아니며, 역사학자들이 대응할 수 있는 범위를 넘어서는 문제이기 때문이다. 이를 전제하고 말하면, 우경화의 밑바탕을 이루는 거듭된 역사 왜곡을 바로잡기 위해서는 역사학계가 쌓아 올린 연구 성과를 더 많은 사람이 공유하는 것이 여전히, 그리고 반드시 필요하다. 이러한 생각으로 2013년 여름, 정년 퇴임을 앞둔 서중석 선생을 찾아가 현대사에 관한 연속 인터뷰를 요청했다. 선생은 흔쾌히 수락했다. '서중석의 현대사 이야기'는 그렇게 탄생했다.

2

2013년 8월 '서중석의 현대사 이야기' 첫 기사를 내보낸 후 1년 반에 가까운 시간이 흘렀다. 그동안 한국 현대사를 관통하는 굵직한 주제 중 아홉 가지에 관한 인터뷰를 진행해 프레시안에 기사로 내보냈다. 인터뷰는 필자가 사전 자료 조사를 통해 여러 장의 질문지를 만들어 보내면 서중석 선생이 그에 답하는 형식으로 진행됐다. 사전 질문지의 틀대로만 인터뷰가 진행된 건 물론 아니다. 인터뷰 현장에서 서중석 선생은 필자가 미처 생각하지 못했던 문제들을 여러 부분 짚었다. 필자 역시 서중석 선생의 이야기를 들으며 현장에서 즉석으로 또는 인터뷰를 마치고 돌아온 후 전화로 추가 질문을 해 내용을 보완했다. 그렇게 인터뷰를 진행한 아홉 가지 주제 중 해방, 친일파, 한국전쟁, 학살에 관한 이야기를 모아 이번에 두 권의 책으로 묶어내게 됐다. 프레시안 기사로 실린 내용을 기본으로 하고, 기사에 다 담지 못한 내용을 덧붙였다. 연재 기사로 게재된 나머지 다섯 가지 주제와 앞으로 인터뷰를 진행할 다른 이야기 주제 역시 같은 방식으로 책으로 묶을 예정이다. 그런 의미에서 '서중석의 현대사 이야기'는 연재 기사 측면에서도, 책 발간 측면에서도 현재 진행형이다.

'서중석의 현대사 이야기' 기획자이자 인터뷰 기사를 정리해 연재하는 담당 기자로서 이 기획에 대해 조금 더 설명하고자 한다. 먼저 말할 것은, 이 기획을 구상·진행하는 과정에서 뉴라이트를 앞세운 저들의 이념·역사 공세에 제대로 대응하는 것을 많이 염두에 뒀지만 그것이 전부는 아니라는 점이다. 부박함에 휘둘리고 편협한 진영 논리에 자신을 가두는 이들이 점점 늘어나는 듯한 진보 세력의 각성과 분발을 촉구하는 의미도 기획 곳곳에 담았다. 진보 세력이 어두운 미로에서 벗어나기 위해서는 역사와 구체적인 현실에 깊이 뿌리내려야 한다는 것에 공감하는 이들이 늘었으면 하는 바람이다.

두 번째는 이야기 마당이라는 형식을 택한 이유다. 역사를 여러 가지로 정의할 수 있겠지만, 어떻게 규정하든 '인간 삶의 총체로서 역사라는 부분을 빼놓을 수는 없다. 필자는 그러한 다양하고 구체적인 삶들을 전하는 데 유용한 방식이 바로 이야기라고 봤다. 이에 더해, 연대기 형식이 많은 현대사에 관한 기존 서술 방식과는 다르게 접근할 필요도 느꼈다. 연대기 형식은 나름의 장점을 갖고 있지만, 특정한 역사적 사건이 오늘날 현실과 어떤 관계를 맺고 있는지를 적극적으로 다루는 데 적합한 형식은 아니다. 그래서 이 기획에서는 이야기 마당이라는 형식을 통해, 특정한 역사적 사건이 발생한 당시 상황을 충실히 다루면서도 오늘날 사회적으로 그것을 어떻게 기억하고 있는가 하는 문제까지 폭넓게 짚는 것을 지향했다. 그것이 역사는 과거와 현재의 대화라는 고전적인 정의에 담긴 뜻과도 부합한다고 필자는 생각한다.

세 번째는 역사에 대한 평가 문제다. 필자가 느끼기에, 한국 학자들 중에는 사실 관계 규명에 주력하고 평가 부분에서는 말을 많이 아끼는 경우가 적잖다. 이런 경향은 전근대사 쪽에서 더 강하지만, 현대사 연구자 중에도 그런 경우가 있다. 그러한 학자들의 판단에 대해 이 자리에서 시비를 걸 생각은 없다. 연구는 제대로 하지 않고 설익은 이념 공세에 주력하는 상당수 뉴라이트 계열 인사들의 태도에 비하면, 학자들의 그런 선택은 존중받을 만하다. 다만, 그럼에도 때때로 아쉬움이 드는 건 사실이다.

이와 달리 이 기획은 역사에 대한 평가를 많이 담고 있다. 역사 왜곡에 대응한다는 측면에서도, 이야기 마당이라는 형식을 통해 과 거와 현재의 대화를 적극적으로 시도한다는 취지에서도, 역사 정의는 미래와 직결되는 문제라는 점에서도 이는 자연스러운 귀결이다. 물론 사실 관계를 명확히 정리하고 연구 성과를 충실히 반영하는 것은 역 사책의 기본이다. 이 점에 대해서는, 이 기획을 이끌어가는 분이 한국 현대사 연구를 상징하는 인물인 서중석 선생임을 상기하는 것만으로 도 충분하리라고 본다.

3

역사에 대한 평가 문제가 이 기획 곳곳에 담겨 있는데, 그중 한 가지만 이 자리에서 필자가 이야기하고자 한다. 이른바 역사를 긍정 적으로 인식해야 한다는 주장이다. 해방 후 거듭 들어선 독재 정권은 현대사의 진실을 두려워했다. 그걸 밝혀내려는 노력을 힘으로 막았다. 그러한 탄압을 뚫고, 1980년대 이후 수많은 사람이 현대사의 진실을 밝히고자 분투하며 많은 성과를 쌓았다. 뉴라이트를 앞세운 저들이 '역사에 대한 긍정적 인식' 운운하며 표적으로 삼은 건 바로 그러한 현대사 연구 성과다. 제국주의, 분단, 독재로 얼룩진 20세기 한국사의 문제를 정면으로 응시하는 연구에 대해 '그건 역사를 부정적으로 인식하는 잘못된 것'이라고 저들은 주장한다. 또한 그것이 한국 역사를 자랑스럽게 여겨야 할 자라나는 세대에게 부정적인 영향을 끼친다고 강변한다. 더 큰 문제는 이것이 몇몇 뉴라이트 계열 인사들에게서만 나오는 이야기가 아니라는 것이다. 여권의 유력 정치인들까지 나서 이런 위험한 주장을 거리낌 없이 하고 있다.

저들은 자신들을 '긍정'으로 포장하고 상대편에는 '부정'이라는 딱지를 붙이고 있지만, 그 속을 들여다보면 새로울 것 하나 없는 궤변이다. 한마디로 일본 우익의 자학 사관 논리와 다를 게 없다. 한 번 생각해보자. 일제에 부역하면서 사람들을 괴롭힌 친일파를 비판하는 것이 역사를 부정적으로 인식하는 것인가? 분단을 획책해 수많은 사람의 가슴에 대못을 박은 세력의 잘못된 행태를 지적하는 것이 자라나는 청소년에게 나쁜 영향을 끼치는 것인가? 권력욕에 사로잡혀 죄 없는 사람들을 고문하고 죽인 독재자를 비판하는 것이 한국의 앞날에 어두운 그림자를 드리우는 것인가? 그렇지 않다. 자랑스럽게 여겨야 할 건 제국주의, 분단, 독재 같은 역사의 오물이 아니다. 그런 역사의 오물에 맞서면서 그 문제를 극복하는 방향으로 한 걸음씩 나아간 것, 자랑스럽게 여길 것은 바로 그것이다. 그렇게 나아가기 위해 수많은 한국인이 피와 눈물과 노력을 쏟았고, 그 결과 상당한 성과를 거뒀다. 물론 아직 완전하게 극복하지 못했기에 앞으로도 갈 길은 멀다. '긍정적 인식' 운운하며 자신들의 치부를 가리고 진실을 덮으려는 저들의 궤변에 속지 않는 것은 더 나은 미래를 향한 첫걸음이다.

4

서중석 선생과 함께 이 기획을 진행할 수 있었던 것은 필자에게 큰 복이다. 오월의봄 출판사와 함께하게 된 것도 행운이다. 연재를 시작한 후 몇몇 출판사에서 출간 제안을 받았지만, 오월의봄에서 내민 손을 잡는 데 주저하지 않았다. 부박한 시대에 휩쓸리지 않는 뚝심을 갖춘 곳이며, 그 점에서 '서중석의 현대사 이야기' 기획과 잘 맞을 것이라고 여겼기 때문이다. 출간 작업 과정은 그 선택이 옳았음을 확인하는 자리이기도 했다. 인터뷰 정리를 도와준 프레시안 후배 최하얀·서어리 기자에게도 감사 인사를 전한다.

2015년 3·1절 프레시안 편집국에서
김덕련

서중석의 현대사 이야기 ❶

초판 1쇄 펴낸날	2015년 3월 18일
초판 5쇄 펴낸날	2021년 12월 22일
지은이	서중석·김덕련
펴낸이	박재영
편집	이정신·임세현·한의영
마케팅	신연경
디자인	조하늘
제작	제이오
펴낸곳	도서출판 오월의봄
주소	경기도 파주시 회동길 363-15 201호
등록	제406-2010-000111호
전화	070-7704-2131
팩스	0505-300-0518
이메일	maybook05@naver.com
트위터	@oohbom
블로그	blog.naver.com/maybook05
페이스북	facebook.com/maybook05
인스타그램	instagram.com/maybooks_05
ISBN	978-89-97889-57-0 04900
	978-89-97889-56-3 (세트)

만든 사람들

책임편집	박재영
디자인	조하늘

이 책에 실린 사진은 저작권을 가지고 있는 분들과 기관의 허락을 받아 게재했습니다.
저작권자를 찾지 못하여 게재 허가를 받지 못한 일부 사진은 저작권자가 확인되는 대로
게재 허락을 받고 통산 기준에 따라 사용료를 지불하겠습니다.